인터뷰 四柱學

■ 글갈 정대엽

국립 전북대학교 상과대학 졸업
저서 『운명을 팝니다』
　　　『이야기 사주학』
　　　『사주학(5대원서 핵심과 실용)』
현재 명보철학원 원장

전화 02-2696-6448
　　　　010-3123-4100

사주학

1판 1쇄 인쇄일 ｜ 2006년 4월 10일

1판 1쇄 발행일 ｜ 2006년 4월 16일

발행처 ｜ 삼한출판사
발행인 ｜ 김충호
지은이 ｜ 정대엽

등록일 ｜ 1975년 10월 18일
등록번호 ｜ 제13-47호

서울·동대문구 신설동 103-6호 아세아빌딩 201호
대표전화 (02) 2231-4460
팩시밀리 (02) 2231-4461

값 16,000원
ISBN 89-7460-109-5　03180

신비한 동양철학 · 70

인터뷰 四柱學

글갈 丁大燁 先生 編著

삼
한

얼마 전까지만 해도 사주학을 취급하는 사람들은 미신을 다루는 부류로 취급되었다. 그러나 지금은 하루가 다르게 이 학문을 공부하는 사람들이 폭증하고 있는 것으로 보인다. 젊은 층에서 사주 카페니 사주 방이니 또는 사주 동아리니 하는 것들이 만들어지고 그 모임이 활발하게 움직이고 있다는 점이 그것을 증명해 준다. 그뿐 아니라 대학원에는 역학(사주)교수들이 점차로 증가하고 있다.

필자의 체험으로도 그 동안 시중에 내보낸 책들을 읽은 독자들이 전국에서 보내온 전화나 서신들을 수없이 접하게 되는데 의외로 젊은층들이 사주학에 상당한 지식들을 가지고 있다는 사실을 알게 되었다. 이대로 세월이 좀 지나면, 특정인의 전유물이었던 국악이 보편화된 것과 마찬가지로 사주학도 머지 않아 확고한 자리를 잡을 것으로 사료된다. 바꿔 말하면 지금은 음지의 사주학이지만 머지않아 양지의 사주학으로서 자리 잡을 것이 확실시 된다.

그러나 아쉬운 점은 이 방면을 공부하는 사람들 대부분이 체계적인 실력을 쌓지 않는 것으로 보인다는 것이다. 아마도 전문적으로 실력을 쌓지 않고 취미나 심심풀이 정도로 공부를 해서 그런 것 같다. 대개 사주학이 일반에게 미신으로 보여질 때가 있는 것은 이런 이유에서이다. 그런 시각을 하루라도 빨리 불식 시키려면 이 학문에 몸담은 사람들이 먼저 전문성을 길러야 한다.

그러기 위해서는 사주학자들의 구체적인 연구 논문들이 활발하게 쏟아져 나와야 한다. 필자를 위시한 사주학 종사자들은 나도 저자라는 식의 책을 낼 것이 아니라 후학들에게 두고두고 밑거름이 될 만한 연구 리포트들을 발표해야 한다. 그렇게 해서 건전한 토양이 마련된다면 사주학도 눈부신 발전을 거듭할 것이다. 그런 의미에서 부족하지만 필자는 이 책을 발표해 보았다.

이 책이 나오기 바로 얼마 전에 778쪽에 달하는 필자의 책이 출간되었다. '오대원서의 핵심과 실용'에 관한 것으로 책명은 「四柱學」(삼한출판사)이다. 오대원서(五大原書)란 명서(命書)의 경전인 「연해자평」과 「명리정종」, 「적천수」, 「궁통보감」, 「삼명통회」이다.

다섯 권에는 책마다 각기 용신을 정하는 방법들이 독특하고 색다르게 전개되어 있다. 그것들의 핵심들을 모조리 뽑아 현대사주들이 임상실험에서 과연 얼마나 어떻게 적중하는가를 이 책에서 실증적으로 보여주고 있다.

필자가 약 30여 년 동안 검증한 사주들과 기타들을 실예(實例)로 소개했는데 예조(例造)들이 약 500개가 넘는다. 이론과 실제가 얼마나 부합하는가를 집대성한 책이다.

이 한권만으로 오대원서를 다 읽은 효과가 나타나도록 했다.

좋은 책은 독자와 저자가 함께 만들어 가는 것이다. 따라서 독자 여러분의 참여가 매우 중요하다. 독자와 저자 사이의 원활한 커뮤니케이션이 바탕이 될 때 더욱 완성도 높은 책들이 선보여질 수 있기 때문이다. 이 책을 위시한 필자의 모든 저서에 관해 독자 제위의 기탄없는 비평을 부탁드린다.

끝으로 이 책이 나오기까지 교정을 위해 노력해 주신 국립 사범대 국어교육과 출신 옥미정(玉美貞) 선생님과 우영진(寓榮辰)씨 그리고 열정적으로 사주학 전 과정의 수강을 끝마친 후 역시 교정에 참여해 주신 신성희·이순자 콤비에게 감사드린다. 덧붙여 사주학의 저변 확대를 위해 원하는 독자들에게 면담을 거친 후 사주학 초급 편을 그냥 강의해 드리겠으니 많은 지도 편달을 바란다.

이 책은 단지 상담 사례를 소개하는 측면만 있는 것이 아니고 이 방면의 학도들을 위해 사주읽기 즉, 사주의 분석력을 키워주자는 목적도 있다. 그러므로 어떤 마당(장)을 읽을 때는 거기에 소개된 사주를 따로 베껴서 들고, 이야기와 대조하면서 보면 훨씬 빨리 이해할 수 있을 뿐만 아니라 분석력도 급속하게 키울 수 있을 것이다.

이 방면에 전혀 초보지식이 없는 사람은 도표와 필기체로 된 사주읽기를 건너뛰면서 읽어도 무언가 긴요한 정보를 얻을 수 있을 것이다. 도표와 사주읽기를 넣은 것은 근거가 확실해야 하기 때문이다.

한편 사주학에 대한 초보자를 위해 부록편을 마련해 두었으니 이 책을 읽기 전에 꼭 한두 번쯤 읽어두기를 권한다.

부록편은 사주학의 기초학문이므로 만일 더 세밀히 공부하려는 사람은 완전히 익혀 두어야 할 것이다.

사주 도표 아래에 있는 사주읽기는 다음과 같은 목적으로 쓰여졌다.

첫째, 그 사주의 세력 판도를 읽어서 어떤 것을 용신으로 정할 것인가를 밝히는 과정을 설명한다.

둘째, 용신을 정하기 위해서 어떤 원리와 어떤 격들이 그 사주에 적용되는가를 설명한다.

셋째, 명보(命譜)를 구성한다. 명보란 방문객과 상담하면서 좋은 내용이든 그렇지 못한 것이든 그 사주의 주요한 행적을 적어 남긴 것이다. 그러니까 사주읽기는 그 사주의 명보나 다름 없는 것이다.

필자는 어떤 사주이든 상담을 마치면 그 내용들을 PC에 반드시 입력해 둔다. 사주는 일회용이 아니고 주기적인 법칙에 의해 또다시 반복적으로 구성되기 때문에 어느 때든 그 사주에 태어난 주인공들은 그 기록을 보면 자기의 앞날을 한눈에 알아볼 수 있다.

그리고 후일에 산모들이 자녀를 낳을 때 그것을 정보로 활용할 수도 있고 후학들이 공부하는 데도 참고가 될 수 있다. 그래서 필자의 기록철(記錄綴)에는 사주마다 그 행적을 기록해 두었는데 이 책을 쓸 때 그것을 사주읽기로 옮겨온 것이다.

상담 중에 빠진 설명이 사주읽기에서 보완될 것으로 믿는다.

도표에 위아래로 숫자가 있는 경우는 주기적인 법칙에 의해서 위에 있는 숫자는 똑같이 구성된 60년 전 사주의 운행 수이고 아래에 있는 숫자는 그로부터 똑같이 구성된 60년 후 사주의 운행 수이다.

목 · 차

1
힘내세요!

땅속 깊이 박힌 뿌리 끝이 채 녹지도 않았는데, 꽃심을 서둘러 참 곱게도 피워낸 목련화가 한창인 이른 봄 어느 날 오십대의 부인이 방문했다.

정장을 하지 않은 꾸밈없는 평범한 옷을 입은 그녀는 왠지 얼굴에 생기가 전혀 없어 보였다.

그녀의 첫마디다.

"저는 지금 너무나 궁해서 돈이 없다시피 합니다. 요금은 조금만 내고 무엇 좀 물어봐도 될까요?"

공손한 말씨로 사정이 어려워 그렇다고 하니 얼마든지 그럴 수 있다.

"정 그렇다면 그렇게 합시다. 무엇이 궁금해서 오셨습니까? 말씀해 보십시오."

그러자 그녀가 마음이 내켰는지 약간 생기가 돌며 장황하게 자기 형편을 설명하기 시작했다.

남편이 사업을 하다가 몇 년 전에 실패하고 지금 지하방 두 칸을 얻어 시어머님을 포함해 여덟 식구가 옹색하기 이를 데 없이 살고 있다는 것이다. 그래서 살기가 막막해 한 번 들렀다는 것이다. 살다보면 그런 일을 겪는 사람들이 적지 않은데 그 말을 듣고 보니 그녀가 왜 그렇게 생기가 없었는지 이해할 수 있었다. 그래서 그녀의 요청에 따라 남편의 사주를 보았는데 남은 운행이 더 이상 기대를 걸기가 어려워 무엇을 하라고 권하기가 어려웠다. 그래서 내친 김에 자식들 사주나 한 번 보자고 했다.

만약 자녀들 중에 앞으로 닥칠 운이 좋은 사람이 있으면 아예 거기에 기대를 걸어보는 것이 나을 것 같았다. 그리하여 이 자녀 저 자녀의 사주들을 보는 중에 아래에 있는 명조(命造:운명, 즉 사주의 짜임새)가 나왔다.

[1964-04-08 男命]

편관 甲(木土)辰 비견
겁재 己(土火)巳 편인 庚 辛 壬 癸 甲 乙 丙
신주 戊(土土)辰 비견 午 未 申 酉 戌 亥 子
편관 甲(木木)寅 편관 06 16 26 36 46 56 66

나는 내심 깜짝 놀랐다. 아니 이건 어디서 많이 공부했던 사주가 아닌가! 나는 시간 나는 대로 평소 명서(命書)들의 경전(經典)인 연해자평, 명리정종, 적천수, 궁통보감 등을 자주 익혀왔는데 거기서 공부한 사주들과 유사한 명조가 나오면 낯익은 감이 드는 것이다. 이 사주가 바로 그런 케이스였다.

나는 그 부인을 다시 한 번 살펴보았다. 이만한 사주를 둘 수 있는 상을 가지고 있는가를 확인해 보기 위해서다. 그리고는 이 사주가 있는 경전을 떠올려 보았다. 이것은 적천수 관살편에 있는 것으로 보여 다시 그 명서(命書)를 꺼내 뒤적여 보았다. 거기에 있는 사주와는 생시만 乙卯시로 다를 뿐 거의 똑같은 사주였다. 확인을 끝내고 부인을 향해 거두절미하고 이렇게 말했다.

"힘내세요, 이 사주는 장관이나 차관 감입니다. 장관이나 차관 중에서도 억센 쪽 다시 말해 법무부나 내무부 또는 국방부 같은 계통입니다. 축하드립니다."

이렇게 말하자 그녀는 처음처럼 떨떠름한 표정 그대로였다. 말하자면 무표정이었는데 마치 내가 그녀의 비위라도 맞추기 위해서 일부러 좋게 말해주는 것이 아닌가 하는 태도였다. 다른 사람들 같으면 조금만 좋게 말해 주어도 그 아이 가질 때 태몽이 어떠했다느니 하면서 장광설을 늘어놓기가 바쁜데 이 부인은 그런 기색은 전혀 보이지 않고 처음과 같이 덤덤한 표정 그대로가 아닌가.

나는 갑자기 속으로 이상한 생각이 들었다. 아니 내가 분명히 확인까지 했는데 저 부인의 표정으로 보아 이것 참! 이상하지 않는가? 내가 공부한 그 경전이 틀리게 설명을 했다는 말인가? 아니면 실제의 본인은 지금 하고 있는 상태가 그렇게 될만한 사람이 아니란 말인가? 혹 건축 현장에서 노동자로 일하고 있는 사람을 그렇게까지 된다고 말한 것은 아니었을까? 나는 잔뜩 의심이 생겼다. 그래서 부리나케 물었다.

"이 아들 지금 무엇을 하고 있습니까?"

그러자 그녀는 나를 한 번 바라보고 나더니 이렇게 말하는 것이 아닌가.

"지금 경찰대학 2학년입니다. 고등학교 때 교장선생님의 추천을 받아 재작년에 처음으로 생긴 그 대학에 들어갔어요."

나는 그제야 크게 안도했다. 그리고 힘차게 말했다.

"그것 보십시오. 내가 뭐라고 말했습니까? 그런 억센 계통이라고 말씀드렸지 않습니까? 무슨 과에 다닙니까?"

"법학과요."

"됐습니다. 아무 염려 말고 이제부터 힘내세요. 아, 이만한 아들을 두었는데 지금 형편만 한탄하고 있을 일이 아니잖습니까?"

그래도 그녀는 떨떠름한 표정 그대로이다. 그리고는 한다는 말이 이렇다.

"과연 사주라는 것이 맞기는 맞는 것인가요?"

이거야 원, 기껏 보고 나서 한다는 말이 이 정도라니! 못 믿을 것 같으면 애시당초 보지를 말든지 실컷 보고 나서 그게 무슨 말인가? 나는 헛심이 빠졌다. 그래서 더 이상 그녀에게 사주 운운한다는 것이 별 의미가 없을 것 같아 이렇게 말했다.

"그럼 이제부터 약 10여 년쯤 지난 뒤에 봅시다. 그래야 믿을 만한 것인가 아닌가가 그 때 판별이 날 것이니까요."

그렇게 하여 그 부인을 돌려보냈다. 아마도 그녀는 언젠가 다시 나를 찾아오게 되리라.

그럼 잠시 여기서 동양철학인 사주학 다시 말해 명리학이 우주와 어떤 상관관계를 이루고 있는가를 살펴보기로 하자.

태양계는 태양을 중심으로 수성, 금성, 지구, 화성, 목성, 토성이라는 행성들이 돌고 있다. 그 행성들은 각각 질량과 거리가 달라 태양을 도는 공전 속도가 각기 다르다. 그래서 그 위치가 서로 각기 다를 수밖에 없다. 그런데 이것들이 모두 일직선상에 놓일 때가 있다. 그것은 주기적으로 180년마다 이루어진다. 그 일직선이 이루어질 때를 옛 사람들은 甲子년이라고 정했다.

그래서 맨 처음에 甲子라는 간지(干支)가 정해졌는데 갑골문(甲骨文)에 그 흔적이 발굴된 것으로 보아 대략 3000년 전부터 사용해온 것이다. 간지(干支)를 옛 사람들은 간지(幹枝)라고 했는데 간(幹)은 일신(日神)을, 지(枝)는 월령(月靈)을 각각 상징한 것이다. 숫자를 나타내는 한자(一, 二, 三, 百, 千, 萬 등)가 있었음에도 불구하고 그 당시 사람들이 연월일시를 간지로 적었던 것은 태양(日神)과 달(月靈) 그리고 모든 행성(수성, 금성 등등)들의 위치를 참작했던 것이다. 그로 보아 그 속에는 철학적인 뜻이 담겨있다고 보아야 한다. 동양철학이 태동한 것이다.

인간들이 살고 있는 지구는 태양을 중심으로 영원히 공전과 자전을 거듭하고 있다. 공전은 지구가 태양을 중심으로 한 바퀴 돌며 일년이란 연도가 생긴다. 그에 따라 사주에 연주(年柱)가 생기고 공전하는 가운데 절기가 바뀌면서 달이 생기므로 월주(月柱)가 정해진다. 그리고 지구가 자전하면서 날짜가 바뀌고 시간이 생겨 일주(日柱)와 시주(時柱)가 정해진 것이다. 그리하여 사주는 여덟 자로 구성되기 때문에 사주팔자(四柱八字)라고도 말한다. 이때 사주란 기둥 주(柱)자를 써서 네 기둥이란 뜻이다.

그럼 8(八)자는 무슨 의미가 있을까?

우주와 인간은 이 8자와 밀접한 관계가 있다. 저명한 과학 칼럼니스트인 K.C.콜이 쓴 「우주의 구멍」을 보면 우주의 초기 역사에 관한 한 이론에서 우주를 낳은 태초의 무(無 또는 진공) 조각이 8자 또는 아령 모양이었다고 한다. 금세기 천재 천문학자인 스티븐 호킹은 이것이 구겨진 완두콩처럼 생겼을 거라고 말했다. 이 우주 공간은 하프의 현(絃)처럼 진동하는 줄(거대한 직물)이 있고 별들에서 나오는 이 현은 8헤르츠의 파동으로 떨린다. 현과 실로 짜여진 우주는 하나의 현, 하나의 거미줄이다. 그 파동으로 전자 하나가 태양 속에서 흔들리면, 이것이 전자기 마당을 흔들고 8분 뒤에 마당의 요동이 지구에 도착하여 눈 속의 전자를 건드려 우리가 빛을 볼 수 있게 된다. 한편 달은 자기에게 비친 태양 빛의 8%만 반사한다.

위에서 본 바와 같이 우주는 하나의 그림이고 생각이 지어낸 이미지들로 인간과도 밀접한 관계를 이루고 있다.

우리의 신체에는 중요한 세 가지가 있다. 하나는 송과체요 또 하나는 심장이며 나머지 하나는 성기이다. 머리에 있는 송과체는 송과선 또는 솔방울샘이라고도 한다. 이것은 사람의 분비샘 가운데 가장 작은 것으로 무게는 0.16그램이고 빨간색이다. 17세기 데카르트는 이것이 영혼의 중심이라고 생각했다. 이 내분비샘은 임신 49일 째 성기와 한 날 한 시 똑같이 생긴다.

1950년에 송과체에서 두 가지 물질이 생산된다는 사실이 발견되었다. 멜라토닌과 DMT, 즉 디메틸트립타민이다. DMT는 아주 정확한 파동으로 다른 물체를 진동시킨다. 그 파동의 주파수는 8헤르츠인데 별들이 발하는 우주의 파동과 비슷한 아주 낮은 파동으로 우주를 가로지르고 물질을 통과하고 육신을 통과하는 파동이다. 헤르츠(Hertz, Hz. 진동수의 단위)는 심장(heart)이라는 뜻인데 그 심장이 8헤르츠로 박동하면, 대뇌 반구들 역시 8헤르츠의 사이클로 기능한다. 이 파동이 성기에 미치면 하나의 전지로 변해서 8헤르츠의 인간 전기가 방출된다. 그리하여 뇌와 심장과 성기가 하나로 연결되어 마침내 8헤르츠의 파동에 스스로 맞추는 것이다. 그러므로 남녀간의 애정은 성기(육체)와 관련된 사랑 즉 에로스와 심장(감정)과 관련된 사랑인 아가페 그리고 뇌(정신)와 관련된 사랑인 필리아가 혼연일체를 이루어 동시에 폭발하는 것이다.

한편 불도(佛道)의 거두였던 성철 큰스님은 사람은 누구나 제8 아뢰야식(무의식)이 있다고 말했다. 보고(眼識) 듣고(耳識) 냄새 맡고(鼻識) 맛보고(舌識) 느끼고(身識) 분별(意識)하는 여섯 가지 의식 외에도 제7 말라식인 자아의식이 있고 그 다음은 앞에서 말한 제8 아뢰야(阿賴耶)식(識)으로 이것은 장식(藏識) 또는 무몰식(無沒識)이라고도 한다. 장식이란 과거, 현재 할 것 없이 모든 기억을 저장해 둔다는 뜻이고 무몰식이란 없어지지 않는 의식이다. 이 의식은 과거 현재 할 것 없이 모든 기억을 마치 곳간에 물건을 간수해 놓듯 전부 기억해 두고 있다가 어떤 기회가 되면 녹음기에서 녹음이 재생되듯 되살아난다는 것이다. 이것은 목숨이 끊어져도 미래겁이 다하도록 반복(윤회)된다는 것이다.

이상에서 본 바와 같이 태초의 우주는 아령처럼 8자 모양이었고 현(絃)의 줄처럼 8헤르츠로 파동치고 있으며 인간의 신체와 정신 역시 그 파동에서 벗어날 수 없기 때문에 제8 장식이 자리 잡게 된 것이다. 그 외에 빛이 우리 눈에 도착하는 시간도 8분이 걸리며 달도 태양빛의 8%만 반사하고 있다는 사실이다. 이처럼 우주와 인간은 8과 매우 밀접한 관계를 맺고 있는 것이다. 따라서 사주팔자는 이 우주 가운데 지구가 공전과 자전을 되풀이 하면서 생겨난 것으로서 인간은 지구에서 생사를 거듭하고 있기 때문에 시시각각으로 공전과 자전하는 지구의 기운을 그때 그때 다르게 받고 태어나는 것이다. 그러므로 사주팔자에는 우주와 나의 심오한 관계가 들어있다.

그런 일이 있고 나서 십여 년쯤 지났을까? 그 일을 까마득히 잊고 있었는데 어느 날 그 부인이 찾아왔다. 워낙 세월이 오래되어 나는 그녀의 얼굴을 잊고 있었다. 그녀가 사무실로 들어서

며 인사한다.

"저를 알아 보시겠어요?"

그렇게 말하고 그녀는 잔잔한 미소를 띠고 있었다. 아무리 생각해 보아도 기억이 떠오르지 않았다. 그래서 내가 좀 엉거주춤하고 있자 그녀가 또 말한다.

"오래 전에 한 번 들러 제 아들 사주를 본 적이 있는데, 그때 선생님이 하셨던 말씀이 생각나서 또 왔어요. 지금 그 아들이 회사에서 잘나가고 있어요. 그래서 그때 그 말씀이 맞다고 생각되어 이렇게 다시 또 온 것이랍니다."

"그래요, 무슨 회사에 있는데요?" 뭐 부장쯤 되었나 봅니다?"

"아니, 그런 게 아니고…"

그렇게 말하면서 그녀는 좀 주춤거리며 연방 더 활짝 미소를 짓는 것이었다.

마치 동문서답을 하고 있는 것 같았다. 그래서 내가 어색한 표정을 짓자 그녀가 말한다.

"저 있잖아요? 경찰에 근무하고 있는 사람들은 바깥세상 사람들에게 자기들이 있는 곳을 회사라고 한답니다."

그렇다면 자기 아들이 경찰인데 지금 승진이 잘 되어 상당한 지위에 올라갔다는 뜻이 아닌가. 그래서 머리에 뭔가 번뜩 떠올랐다. 언젠가 맥이 하나도 없이 찾아왔던 그 부인이란 말인가. 강산도 변한다는 십여 년이 지나서 그런지 그녀의 그때 그 얼굴이 전혀 떠오르지는 않지만 경찰 운운하는 것으로 보아 그 당시의 여인 같았다. 무슨 실수가 생길까 염려되어 내가 잠깐 망설이고 있었다. 그러자 그녀가 그 공백을 메우려는 듯 말했다.

"한 십 년 전쯤 선생님께 찾아와 제 식구들 사주를 모두 본 적이 있었지요. 요즘은 내는 둥 마는 둥 하면서 말이에요. 그 때 제 아들 사주를 보고 굉장히 크게 될 운을 타고났다고 말씀하셨는데, 그때는 믿어지지 않아 그냥 돌아간 적이 있었어요. 혹 기억 나시나요?"

"아, 그래요? 그 모친이신가요? 워낙 오래돼서 그런지 얼른 기억이 나지 않았습니다. 그때 일이라면 생생하게 기억하고 있는데 얼굴만은 확실히 기억이 안 나는군요. 미안합니다."

그렇게 말하자 오히려 그녀가 더 미안하다는 표정을 짓고 말한다.

"그때 정말 너무 실례했어요. 저는 사주라는 것을 그때 처음 보았는데 선생님이 그 당시에는 아주 이상하게 보였어요. 제 자식을 한 번도 본 적이 없으면서 어떻게 그렇게 단언할 수 있다는 말인가. 그때 내 처지가 너무 한심하게 보이니까 희망을 가지라고 그냥 괜히 그렇게 말해주는 것이 아닌가 하고…. 정말 미안했어요."

"그런데 그 아들이 지금 어떻게 되었다는 말입니까?"

이렇게 묻자 그녀는 더욱 환한 웃음을 머금고 이렇게 말한다.

"선생님 말씀 뒤 그 애는 파출소 소장을 거쳐 지금(癸未년 40세) 모 경찰서 경위-5급으로 군대로 보면 중령급-로 승진되었습니다. 그런데 선생님 미안합니다만 정말 더 높이 될까요?"

"이제는 제가 뭐라고 말해도 믿겠습니까?"

"믿고 말고요. 정말 미안했어요, 선생님! 제가 오죽했으면 이렇게 자꾸 미안하다고 하겠어요"

"그럼 됐습니다. 가장 황금기는 오십부터 십여 년간입니다. 그때 매우 높이 될 것이 틀림없으니 기다려 보십시오."

이렇게 말하자 그녀는 약간 서운한 표정으로 말한다.

"그때 우리는 다 늙어빠져 뭐, 덕 볼 일도 없겠네요."

"무슨 말씀입니까? 옛말에 자식은 울타리라고 하지 않던가요? 자식이 큰 성공을 거두면 그게 정신적으로 집안에 얼마나 큰 힘이 되는데요. 자식이 잘못 풀려 늙어서까지 짐이 되는 사람들이 얼마나 많은데 그러십니까? 부인은 그만한 큰 복을 타고났으니 마음 놓고 활발하게 사십시오."

"저도 그러니까 지금 이렇게 웃고 선생님을 다시 찾아뵙게 된 것이랍니다."

그러면서 그녀는 더욱 환하게 웃음을 머금었다. 그리고 그때 경험이 있어선지 자기 딸 궁합을 보러 왔다는 것이다. 상담을 끝내고 돌아간 뒤에도 그녀는 필자를 자주 찾아와 집안일을 종종 상담할 뿐만 아니라 손님들을 계속 소개하고 있다.

· 사주읽기 ·

신주 戊土가 火왕절의 巳월에 태어나 火生土로 생신(生身:신주를 생조함)하니 득기(得氣:기세를 얻음)했고 甲己合土와 더불어 네 개의 土들이 신주의 土와 함께 단결했기 때문에 신강사주(身强四柱:신주가 강해짐)다. 고로 신강의극(身强宜克)의 용법에 의해 木이 용신이 되어 왕성한 땅(土) 위에서 거목으로 성장해 대들보가 되든지 또는 추수를 많이 거둘 큰 과수나무가 되든지 양단간에 하나는 틀림이 없다.

그리고 시주(時柱)가 寅辰으로 木方을 이루어 용신인 甲木이 반석(木方) 위에 있으므로 용신유력의 형상이다. 그런 가운데 편관이 용신이니 군·경·율―군인이나 경찰 또는 법률인―의 계통에 출신(出身)할 형상이다. 木이 사용할 용신이니 그 木 즉, 나무를 키워(生助)줄 물(水)은 희신(기쁜 오행)이다. 이때 마침 운행(運行) 중에 乙亥라는 木水운이 십년 간 말년을 차지했다. 이거야말로 나무가 크게 성과를 나타낼 운이다. 그래서 그 나무는 보기 좋은 열매(사과나 배 등)를 주렁주렁 맺어 추수는 만당(滿堂)할 것이다. 그러니 일생에 황금기가 아니고 무엇이랴!

이렇게 편관이 용신이기 때문에 처음 그 사주를 보고 억센 직업에 종사할 것으로 보았고 乙亥운행이 있으므로 대성할 것으로 예측했던 것이다. 이와 비슷한 사주가 「적천수(滴天隨)」라는 명서(命書)에 실려있다.

본조의 주인공들이 다시 올 시기는 각

甲辰(2144 · 2204, 2384 · 2444)년 입하 후 戊辰일 卯시다.

여기는 앞에서 본 사주와 생시만 다른 것으로 「적천수」에 나온 명조이다.

편관 甲(木土)辰 비견 男命

```
겁재 己(土火)巳 편인   庚  辛  壬  癸  甲  乙  丙
신주 戊(土土)辰 비견   午  未  申  酉  戌  亥  子
정관 乙(木木)卯 정관   06  16  26  36  46  56  66
```

· 사주읽기 ·

이 사주는 생년월일이 똑같고 다만 생시만 앞서 본 寅시생보다
약 한두 시간 늦은 卯시생이다. 이 사주도 앞에서 보았던 대로
신강사주이기 때문에 그 사주처럼 신강의극의 용법에 의해 木이
용신이고, 水가 희신이다. 그래서 그 경전에 소개된 주인공은 당
시에 일생 동안 승진하여 부귀했다고 설명되어 있다.

寅시생은 편관이 용신이므로 억센 직업에 해당되고, 이 卯시생
은 정관이 용신이므로 지금으로는 행정관이나 사무관 즉 억세지
않은 직업에 해당된다고 보여진다. 그렇다고 꼭 그런 것만은 아
니고 대개 그런 통계에 속한다. 아무튼 寅시생이나 卯시생 둘
다 상당히 성공할 수 있는 명기(命器:사주를 그릇에 비유함)임
에 틀림없다.

이 사주도 모든 사주들처럼 일회용이 아니고 주기적인 법칙에
의해서 윤회하므로 甲辰년이 돌아올 때 己巳월에 戊辰일이 있는
가를 살펴 寅시나 卯시에 남아로 태어나게 하면 앞에서 본 그
주인공들과 똑같이 크게 성공하는 삶을 영위한다. 모두 다 그렇
게 응용 내지 활용할 수 있는 것이 사주이다.

본조의 주인공들이 다시 올 시기는 각

甲辰(2144 · 2204, 2384 · 2444)년 입하 후 戊辰일 寅시다.

2
정말 한창 신났지요

어느 날 여동생이 권해서 찾아 왔다며 한 부인이 방문했다. 자기 여동생이 이 동네 사는 아무개라고 했다. 들어보니 얼른 기억나는 여자였기 때문에 반갑게 맞이했다. 둘이 자매라서 그런지 그 동생과 상당히 많이 닮았는데 동생처럼 아주 상냥했다. 그녀는 전부 세를 놓은 상가주택이 하나 있는데 요즘 골목 장사들이 대형에 치여서 잘 안 되다 보니 가게가 잘 나가지 않고 비어 있단다. 그래서 자금 회전이 안 되어 애로가 많다는 것이다. 그러니까 언제쯤 풀릴 것인지 그게 궁금해서 방문했다고 그 목적을 말했다. 그녀는 지금 50세다.

나는 상담을 마친 방문객의 사주들을 빠짐없이 전부 컴퓨터에 입력시킨다. 왜냐하면 명보(命譜)를 남겨두기 위해서다. 명보라는 것은 마치 족보와 비슷한 것이다. 족보를 보면 자기 선조 중 누가 어떤 행적을 남겼는가가 기록되어 있어서 그에 대한 내력을 소상히 알 수가 있는 것이다. 그처럼 명보는 그 사주의 먼저 주인공이 어느 운에 어떻게 살았는가를 상세히 기록한 것이다.

사주는 60년이나 120년 만에 똑같은 사주가 다시 구성된다. 사주는 일회용이 아닌 것이다. 그러므로 명보를 남겨두면 후에 그 사주가 다시 구성될 때 태어난 사람도 먼저 번의 그 주인공이 남긴 내력이 적힌 그 명보를 보고 자기가 어느 운에 좋아질 것인가 또는 나빠질 것인가를 미리 정확하게 알 수 있다. 이름은 달라도 운은 똑같이 작용하기 때문에 먼저 번의 성명을 그 명보에 남겨둘 필요는 없다. 다만 그 사주의 주인공의 내력만 남겨두면 되는 것이다. 그런 까닭으로 나는 상담을 마친 사주들의 명보를 PC에 저장시켜 놓는다.

그렇게 하려면 상담자가 살아온 과거를 점검해야 한다. 그래야 비교적 소상하게 명보를 구성해 놓을 수 있기 때문이다. 그러므로 나는 방문객들의 사주를 보면서 그들이 지나온 발자취를 짚어본다. 이 여성도 그런 차원에서 상담하기는 예외가 아니다.

그 부인의 명조(命造:운명의 구조)는 다음과 같다.

[1950-09-10 女命]

식신 庚(金木)寅 편관　04　14　24　34　44　54　64

편인 丙(火土)戌 비견　乙　甲　癸　壬　辛　庚　己

신주 戊(土水)子 정재　酉　申　未　午　巳　辰　卯

식신 庚(金金)申 식신

그녀의 사주를 보면 약 30세에서 50여 세까지가 전성기로 그 중 40세를 전후해서 약 5년간이 황금기이다. 지금 나이는 50이니 이미 그 세월을 지나왔으므로 점검해 볼 수 있는 것이다. 나는 그녀의 명조(命造)를 보고 차근차근 이야기를 시작했다.

"어려운 집안에서 성장하고 학력도 좋지 않겠으며 부친이 좀 무능했겠습니다?"

부친성(父親星)이자 재물성인 水를 생(生助)하는 金운을 일찍 만나 신약사주가 감당할 수 없기 때문에 그렇게 물어서 점검하기 시작한 것이다. 그러자 그녀가 말한다.

"그래서 저는 일찍 직장생활을 했습니다. 그래도 직장생활을 했기 때문에 돈벌이는 괜찮아 어려움은 모르고 지냈습니다."

"그렇지만 그렇게 번 돈이 내 창고에는 채워지지 않았겠는데요?"

"그건 그래요. 돈을 벌어 놓으면 아버지가 다 가져가 딴 곳에 써버렸기 때문에 선생님 말씀대로 제 창고는 항상 텅텅 비어 있는 것이나 마찬가지였지요. 내가 번 돈을 모아 두었다가 시집갈 때 고스란히 가져갔으면 상당했을 겁니다."

"그 후 약 30이 넘어서면서부터 서서히 가정이 안정되더니 40을 전후해서 약 5년 동안에 일생 중 가장 신나게 살았지 않았습니까?"

이렇게 하나하나 순서대로 점검하고 있는데 그녀가 이 대목에 이르러서는 갑자기 얼굴이 환해진다. 그러더니 앉았던 의자에서 궁둥이를 약간 들었다 다시 안정시키며 들뜬 목소리로 힘 있게 말하기 시작했다.

"그 무렵 저는 채소 장사를 하고 있었어요. 근데 어땠는지 아세요? 시장 가에서 노점상을 하고 있던 어느 해 가을이었어요. 차에서 배추와 무를 받아 장사를 했는데 이게 웬 일인지 제 것만 팔리기 시작한 거예요. 옆에도 같은 장사꾼들이 몇 명 있었지만 왜 사람들이 저에게만 몰리는 것 그런 것 있죠? 저는 하루에도 몇 차분을 팔았는데 옆 사람들은 한 차도 제대로 소비를 못시킨 것 있죠. 제가 민망해질 정도였어요. 그러나 그것을 어떻게 하겠어요. 어떻게 된 일인지 그 해 가을 내내 그랬습니다. 며칠 동안에 당시 돈으로 순수하게 7백 만원을 벌었어요. 이런 돈은 생전 처음이라서 저 자신도 깜짝 놀랐어요. 계산을 잘못해서 그런 것이 아닌가하고 몇 번씩이나 다시 계산을 해보기도 했었습니다. 다시 또 다시 해봐도 틀림이 없었어요. 그 바람에 잠잘 줄도 모르고 새벽부터 도매상으로 달려가 겁도 없이 오늘은 몇 차분을 보내달라는 주문과 동시에 선금도 주었어요. 아, 그런데 그게 도착대로 팔리는 것 있죠. 어떤 날은 주문을 더 해야 했었습니다. 그 해는 가을 김장철도 길었습니다. 그 바람에 저는 더 큰돈을 벌게 되었습니다. 김장철이 어느 정도 지나가 잠잠해지기에 결산을 해보니 어땠는지 아세요?"

그녀는 그때 일이 눈앞에 선하게 잡히는 듯 만면에 웃음을 띠우고 스스로 놀란 표정을 짓는다. 그리고는 힘차게 이어 말한다.

"그때 마침 50평짜리 헌 집이 나와 있었는데 번 돈으로 그 집을 사서 새로 지어도 될 정도였습니다. 선생님 한 번 생각해 보세요. 헌 집이든 새 집이든 전셋집에서 내 집으로 간다는 생각만 해도 가슴이 벅찼는데 꿈같은 일이잖아요? 더 생각하고 말 것도 없이 그 집을 바로 사서 새로 건축을 했습니다. 아, 그런데 집을 다 짓기도 전에 돈을 많이 남겨줄 테니 다시 팔라는 것입니다. 당시는 뭐가 뭔지 알 수가 없어 그냥 지었죠. 나중에 알고 보니 안 팔기를 잘했어요. 다 지어 이사도 않고 팔았는데 그게 더 훨씬 돈이 되더라구요. 팔고는 다시 헌 집을 사서 또 지어 이듬해 가을철이 오기 전까지 그러니까 두 채를 지어 팔았습니다. 그걸 해보니 배추 장사는 저만치 가라였습니다. 그래서 이듬해 가을에는 한편으로는 건축도 하고 한편으로는 배추장사도 했습니다. 몇 년간 그 짓을 했더니 사놓은 집말고도 가게가 낀 큰 상가를 장만했습니다. 그때 정말 한창 신났었지요."

여기까지 그녀는 단숨에 말하고 잠시 쉬었다. 듣고 보니 그녀가 감격할 만도 하다. 아무리 황금기의 운이 들어왔다고는 하지만 노점 배추장사로 시작해서 큰 상가를 장만하고도 넓은 집까지 소유하고 있으니 그렇게 감격할 수밖에.

어떤 때는 나 스스로도 사주라는 것이 참 묘하다는 생각이 든다. 좋은 운(이 사주에서는 午火운)이 들어오면 어떻게 그렇게 번창할까? 아니, 火라는 기운이 그녀에게 작용하는 것을 눈으로 직접 볼 수 있는 방법이 없지 않은가? 그런데도 현실적으로 어떻게 그 주인공이 그렇게 성공할 수 있다는 말인가? 火의 기운이 그녀에게 작용하고 있다는 것을 눈으로 확인할 수 있다면 묘

할 것이 하나도 없는 것이다. 그러나 그 작용이 눈으로 보이지 않아 확인할 길이 없는데도 그 영향이 나타나기 때문에 참 묘한 것이라는 생각을 버릴 수가 없다.

그러나 그런 운이 항상 계속되는 것은 아니다. 황금기가 있으면 황혼기로 접어드는 것이 자연 현상이다. 그녀는 그때 장만해 놓은 상가가 지금은 잘 나가지 않아 자금 회전이 제대로 안되기 때문에 여러 가지로 애로를 겪고 있었고 그것이 언제쯤 풀리는지를 궁금해 했다.

다음 해는 辛巳년이고 壬午년 그리고 癸未년이 이어 들어온다. 그러니까 운행은 불길해도 해 운은 그런 대로 좀 나으니 내년부터 풀리기 시작할 것이라고 했다. 그 뒤 우리 경제가 조금 활기를 찾아 골목 상가들도 비어있는 것이 없어졌으니 그녀의 상가도 나갔을 것이다.

· 사주읽기 ·

이 여조는 신주 戊土가 간직된 土왕절의 戌월에 태어나 득령해서 신강사주로 출발했으나 申戌의 金方과 두 庚金에게 설신되고 申子의 수국을 金生水하여 金水가 강해진 바람에 신약사주로 변했다. 따라서 신약방조의 용법에 의해 火土가 용신이고, 水金은 병신이다.

그러므로 50년생 중 한 여성은 申酉의 金운행에 직장생활로 돈을 벌었으나 결국 모두 아버지 것이 되고 말았다. 그 후 부군 (甲申, 辛未, 甲午, ?)과 1남 1녀를 두고 巳午未의 화방운행에 용신이 득세하여 상가를 장만하고 집을 다시 한 채 샀다. 전성기는 午火운행인데 그녀의 말을 빌리면 이렇다.

그 때 차떼기로 채소 장사를 하는데 다른 사람들 것은 팔리지 않지만 자기는 하루 몇 차례씩 차로 물건을 실어 날라도 금방 없어지고 해서 며칠 만에 당시 돈으로 7백만 원을 벌기도 했다는 것이다. 그래서 불과 몇 년 만에 몇 억을 거머쥐었다고 한다. 그때는 寅午戌로 완전히 화국을 결성해 용신이 득세하는 황금기였기 때문이다. 그러나 辛巳운행은 巳중 庚金이 장생하고 있어서 늦게 산 집의 빚 때문에 庚辰년 현재 약간 고전하고 있으며 상가 점포가 잘 나가지 않고 있다. 庚辰운행은 불길하니 무리하지 말라고 당부해 두었다.

본조의 주인공들이 다시 올 시기는 각

庚寅(2130 · 2190, 2370 · 2430)년 한로 후 戊子일 申시다.

3

벼락부자

저 머나먼 남쪽 끝 섬에서 장거리 전화가 걸려왔다. 그녀는 필자의 글을 읽은 독자였다. 전화로 들려오는 목소리는 무척 상냥했다. 먼저 자기 남편의 생년월일시를 불러주어서 아래와 같이 도표를 작성했다.

[1956-03-12, 2016-03-01 男命]
```
정인 丙(火金)申 상관   04  14  24  34  44  54  64
정재 壬(水土)辰 겁재   癸  甲  乙  丙  丁  戊  己
신주 己(土土)未 비견   巳  午  未  申  酉  戌  亥
겁재 戊(土土)辰 겁재   09  19  29  39  49  59  69
```

이 사주를 본 나는 깜짝 놀랐다. 지금 몇 십억 재산가일 텐데 무엇 때문에 전화를 걸었을까 하는 생각이 들었던 것이다. 대부분의 사람들은 잘나가고 있을 때는 운명 감정을 청하지 않는다.

그런데도 사주를 봐달라는 것이다. 속으로 부군이 바람을 피워 그럴까 하고 생각하며 그 방면도 검토했다. 가정궁에 편처(偏妻)가 있기는 했지만 그게 충살이나 공망살이 없어 큰 문제는 없어 보였다. 그래서 긍정 반 물음 반으로 이렇게 말했다.

"남편이 지금 억수로 큰돈을 벌고 있을 텐데요?"

그러자 그녀가 말한다.

"그 사주가 그렇다는 것인가요?"

"그렇습니다만…혹 쇠와 물에 관련된 일로 어마어마한 돈을 만지고 있는 것 아닙니까?"

그때 그녀가 이상한 말을 한다.

"그래요? 거 참 이상하네요."

"뭐가 말입니까?"

"그 양반 사주에 그렇게 나온다는 말 같은데… 사실 그 양반은 ○○조선에서 일하다가 독립해서 회사를 차려 놓고 전에 다녔던 그 회사를 상대로 배(船舶)에 관한 것들을 납품하고 있습니다. 약 50억 회사는 될 거래요."

"그러면 조선소와 관련된 일을 하는가 봅니다. 그게 金과 水에 속한 직업이니 사주대로 살고 있는 것 같습니다."

"저희 바깥양반은 그 조선소는 물론이고 세계적으로도 알아주는 고도의 기능 보유자랍니다. 그 양반은 그 회사에서도 놓지 않으려고 했을 만큼 고도의 기능인입니다."

"그래요. 대단히 존경할 만한 분이군요. 그래도 약 35살까지는 어려운 세월을 살아왔지 않습니까?"

"삼남매 중 독자였는데 일찍 부모님과 사별하고 떠돌다가 그 조선소에 취업했습니다. 그리고는 거기서 일하며 부지런히 연구해서 오늘날과 같은 기능 보유자가 되었어요. 지금도 감히 그 누구든 그 양반 기술을 따라잡을 수 없다고 합니다."

"아주 대단한 분이시군요. 초반운이 나쁘면 돌밭길에 넘어져 빗나가는 경우들이 많은데 그것을 극복하고 세계적인 기능 보유자가 되었다니 아주 놀랍습니다."

대부분의 사람들은 힘든 일을 싫어해서 기술은 버린 돌 취급하기 일쑤다. 그러나 이 주인공은 남들이 버린 돌을 주춧돌로 삼아 세계적인 기능인이 되었다. 그뿐 아니라 어렸을 적에는 어려운 환경이 걸림돌이었지만 그것을 디딤돌로 삼아 오늘날과 같은 성과를 이루어냈다. 돌은 다 같은 돌인데 이 주인공은 그것을 주춧돌이나 디딤돌로 삼아 성공한 것이다. 그러니 얼마나 자랑스러운 일인가?

다른 사람들은 IMF로 실직을 당해 실의에 빠져 있지만 이 주인공은 워낙 운을 잘 만났고 뛰어난 기능을 보유하고 있어 오히려 더욱 번창을 하고 있는 것이다. 아직도 십여 년은 탄탄대로다. 戊戌운행은 辰戌이 상충하여 申辰의 수국이 흔들리기 때문에 예상 밖으로 부진할 수 있다. 그러므로 나는 존경해 마지않는 그 주인공을 위해 이렇게 말해 주었다.

"대략 쉰 둘 정도부터 약 십여 년은 침체할 수 있는 기간이므로 사업 규모를 단단히 단속하도록 조언해 주십시오. 말하자면 확장하지 말고 내실을 공고히 다지라는 말입니다."

"고맙습니다, 선생님. 사실은 제가 몸이 좋지 않아요. 사주로 병명도 알아낼 수 있습니까?"

"그런 문제라면 병원에 빨리 가서 알아내 치료해야 합니다. 사주는 언제 운이 좋고 언제 나쁜가를 주로 다루는 학문입니다. 사주로는 약간 어림짐작은 할 수 있지만 병원처럼 병명을 꼭 집어 낼 수 없습니다."

"병원에서 오래도록 치료를 받아오고 있는데 조금도 나아지지 않고 오히려 심해지고 있는 것 같아서 사주로는 알 수 있는가 싶어 전화 드린 것입니다."

· 사주읽기 ·

신주 己土가 土왕절의 辰월에 태어나 득령했고 火生土로 土가 많아 신강하다. 따라서 신강의재의 용법에 의해 水가 용신이고, 金이 희신이며, 土는 병신이고, 火는 구신이며, 木은 약신이다. 이 경우 壬水가 申辰의 수국에 뿌리박고 나타나 용신유력이다.

그러므로 56년생 중 한 명은 巳午未의 화방(火方)운행에 3남매 가운데 독자로 태어나 양친을 일찍 여의고 고생하며 성장했다. 그 후 부인(丙申, 庚子, 乙丑, 丙戌)과 형제를 두고 申酉의 금방운행에 식상생재가 잘 이루어져 국내 굴지의 조선소에서 기술을 익혀 독립해 납품업으로 庚辰년 선박회사를 가져 현재 약 50억 재산가이다. 금방(金方)운행에 비로소 재명유기격이 강하게 작용되었다.

다만 처성에 해당되는 壬辰이 용신이면서 백호대살이므로 부인의 운행이 구신운이기 때문에 간경화로 오래 고생하고 있는 중이다. 이 사주는 처성이 시지(時支)의 辰중 癸水가 또 있는데 그게 편재이니 인연이 바뀔 가능성도 배제할 수 없다. 戊戌의 土운행은 병신운이고 辰戌이 상충하므로 수국이 와해되니 불길하리라.

본조의 주인공들이 다시 올 시기는 각

丙申(2196 · 2256, 2436 · 2496)년 청명 후 己未일 辰시다.

그녀의 명기(命器:타고난 운명의 그릇)는 아래와 같다.

[1956-11-23, 2016-11-11 女命]

상관 丙(火金)申 정관	06	16	26	36	46	56	66
정관 庚(金水)子 편인	己	戊	丁	丙	乙	甲	癸
신주 乙(木土)丑 편재	亥	戌	酉	申	未	午	巳
상관 丙(火土)戌 정재	01	11	21	31	41	51	61

이 여명은 신주가 木인데 사주에 극신(克身)하는 金이 많다. 이렇게 구성되고 다시 운행에서 金운을 만난 주인공들은 몸이 아픈 것을 많이 보았다. 그런데 그런 사람들 중에는 위가 나빠 소화불량이거나 또는 온 몸이 무력해져 뼈마디가 저리고 시리거나 아니면 머리가 쑤시는 것을 호소했다. 그래서 사주학으로는 어디가 아프다고 꼭 집어 말하기가 아직은 이른 것이다. 이 여명도 그런 것들 중에 하나일 수 있다.

그래서 병명이 무엇이냐고 물었더니 간경화라고 했다. 이 경우 몸이 아프다는 운행임은 증명되지만 간경화라는 병명은 사주로 꼭 집어 낼 수 없는 것이다. 그와 같은 실정을 그녀에게 솔직히 말해 주고 병원에서 부지런히 치료를 받으라고 했다. 귀중한 생명에 대한 상담인데 무책임하게 아는 체 할 수는 없는 노릇이다.

지금 나이가 45살로 접어들었으니 사주에 金이 많은 가운데 운행도 申金운이고 금년도 庚辰이니 金이 무더기로 강해져 극신한다. 그리고 辛巳년도 巳丑이 合金된다. 그래서 그녀에게 병원 지시를 잘 따르고 부지런히 치료를 받으라고 말해주었다. 乙酉년만 넘기면 乙未운행부터 건강이 회복될 것이고, 甲午운행은 이 사주의 황금기라는 것도 빼놓지 않고 말해 주었다.

· 사주읽기 ·

이 여조는 신주 乙木이 水왕절의 子월에 태어나 土生金해서 金克木으로 극신이 심하다. 따라서 진태오리(震兌五理)의 난법(暖法)에 의해 火가 용신이고, 木이 희신이며, 水는 병신이고, 金은 구신이며, 건토는 약신이다. 이 경우 火가 두 개나 있지만 지지에 寅巳午 등이 없어 용신이 강력하지 못하다.

그러므로 56년생 중 한 여성은 丙申운행 중 庚辰년 현재 부군(丙申, 壬辰, 己未, 戊辰)과 형제(두 丙火)를 두고 재력은 막강한데 간경화(木)로 오래도록 고생중이다. 申金운행에 木을 극신하기 때문으로 생각되는데 庚辰년에 더욱 심하다. 辛巳년을 넘기고 乙酉년을 지나면 甲午운행은 건강의 호전과 더불어 황금기이다.

본조의 주인공들이 다시 올 시기는 각

丙申(2196 · 2256, 2436 · 2496)년 대설 후 乙丑일 戌시다.

4
타고난 궁합

　부부 사이에 가장 기본이 되는 것은 사랑일 것이다. 여기서 사랑이라고 하는 것은 남녀간의 애정을 말한다. 그런데 그 애정이라는 것이 한결같이 지속되는 경우가 매우 드물다. 어떤 때는 뜨겁다가도 그게 차츰 식어버린 나머지 어떤 때는 차디차게 변하기도 한다. 그게 바로 애정의 속성일 게다.

　그런데도 사람들은 항상 변함없는 애정을 바라고 있기 때문에 그 속성과 어긋날 때는 몹시 괴로워한다. 그런 시기가 닥치면 사람들은 새삼스럽게 궁합이라는 문제로 상담을 청한다. 그런 문제로 고민하는 사람들이라면 아래와 같은 내용을 참고함이 좋을 것이다.

　나는 초저녁잠이 많아 보통 밤 9시경이면 잠자리에 들므로 밤 늦게 진행되는 방송 프로는 거의 볼 수가 없다. 그래서 인터넷을 이용하여 낮에 내가 선별한 프로들을 가끔 보는데 그 중 KBS의 「책을 말하다」는 빼놓지 않고 다 보는 편이다. 그런 가운데 어느 날 '인연'이란 수필을 쓴 피천득 선생님이 소개되었다. 거기에는 93세인 그 분이 직접 나오셨다. 여러 가지 대화가 오 가던 중 진행자가 이와 같이 물었다.

"선생님, 평생 지금까지 간절하게 갖고 싶었던 것이 있었다면 그게 무엇입니까?"

그러자 피선생은 조금도 망설임 없이 이렇게 말한다.

"사랑이죠!"

진행자는 뜻밖이라는 듯 호기심 어린 표정으로 다시 재촉한다.

"어떤 사랑이지요?"

선생님은 이번에도 서슴없이 단호하게 말한다.

"나도 이루지 못했지만, 나도 사랑하고 저쪽에서도 나를 사랑 하는 그런 사랑이죠"

평범하면서도 매우 인상적인 말이다. 남녀를 막론하고 사람이 라면 누구나 다 함께 가장 원하는 것이 그런 사랑일 것이다. 특 히 이것을 가장 더 원하는 층은 부부간일지도 모른다. 그러나 피천득 선생님도 이루지 못했단다. 어찌 그 분 뿐이랴! 다른 사 람들도 그 범주를 벗어나지 못하리라.

그분은 그렇게 말하며 그의 수필 '인연'의 주인공인 옛날 '아사 꼬'를 끝내 마음에 두고 있는 것 같았다. 그녀와 젊은 시절에 '세 월'이라는 소설로 밤을 새워 이야기하면서 지낸 적이 있었는데 그게 두 사람이 같은 취향을 가지고 있음을 드러내는 추억거리 가 된 듯하다. 그로 보아 부부는 취향이랄까 취미 같은 것이 서 로 비슷해야 그래도 조금이나마 이상적인 관계가 성립되지 않을까 여겨진다. 그렇지만 그런 사람들끼리 만나기가 어디 그렇게 쉬운 일이겠는가?

 흔히들 궁합이라고 하면 상대끼리 무엇인가를 맞추어 보는 것으로 생각하고 있다. 그들 중 대부분은 주로 서로의 성격이 맞는가를 따지는 것이 상례이다. 그렇지만 그 성격이라는 것도 운이 좋을 때는 활발하다가도 운이 나쁠 때는 침울해진다. 그래서 성격도 변하기 때문에 사실 그것으로 궁합을 맞추어 본다는 것도 정확하게 말하면 무의미한 일이다. 그러므로 궁합에 대해서 정확한 정의를 내리기가 매우 어려운 것이다.

 필자의 경험으로 본다면 타고난 궁합이 매우 중요하다. 사주학에서 말하는 궁합은 자기의 배우자궁(配偶者宮)과 배우자성(配偶者星)이 '어떻게 타고 났는가'를 점검하는 것이다. 그것은 남녀를 막론하고 다같이 적용된다. 그것이 짜임새 있게 타고났다면 평생 서로 호흡을 같이 할 수 있다. 대개 그런 부부를 부창부수(夫唱婦隨)라고도 하는데 그런 가정은 서로 취향이 비슷한 것을 많이 보게 된다. 예를 들면 남편이 불우한 사람들을 돕는 취미를 가지고 있으면 아내도 그 일에 협조한다든지 부군이 출판업에 관심이 많아 그 방면에 노력하고 있다면 부인도 그 일에 협조적인 태도를 가진다든지 하는 그런 것이다.

 그러나 타고난 궁합이 불미한 짜임새의 주인공들은 그렇지 못하고 서로가 이기심만 챙기는 스타일에서 벗어나지 못한다. 그런 사람들은 남녀를 가릴 것 없이 잘못된 결과는 모두가 '네 탓이라는 굴레에 갇혀 있다. 우물 안의 개구리는 하늘의 크기를 우물의 구멍 만큼만 주장한다. 그도 그럴 것이 넓은 강에서 태어나지 못하고 좁은 우물에서 태어났기 때문이다.

마찬가지로 불미한 사주에 태어난 주인공들도 그 한계 내에서만 상대를 바라볼 뿐이다. 더 큰 범위를 아무리 말해 보았자 도저히 가늠조차 못하는 것은 타고난 한계 때문이다. 그런 사람이 상대가 되어 있다면 이거야말로 타고난 궁합에 문제가 있는 것이다.

이 마당에서는 궁합 관계로 상담해 온 사례들을 살펴보기로 하자.

어느 일요일, 산 속 계곡이나 찾아가려고 별렀는데 아침부터 장대비가 억수로 쏟아져 예정은 물거품이 된 채 집안에 갇히고 말았다. 그런데 뜻밖에도 아침 식사를 끝내자마자 전화가 걸려왔다. 받아보니 아주 먼 남쪽 지방 도시에서 궁합관계로 상담을 요청한다. 그는 자기와 여자 생년월일 및 생시를 불러주고 통장번호를 물었다. 사주 뽑는 시간이 필요하므로 약 10분 후에 다시 통화하자고 말했다.

[1908-12-06, 1968-10-24 男命]

상관 戊(土金)申 정재	03	13	23	33	43	53	63
정인 甲(木水)子 편관	乙	丙	丁	戊	己	庚	辛
신주 丁(火火)巳 겁재	丑	寅	卯	辰	巳	午	未

편재 辛(金土)丑 식신　08　18　28　38　48　58　68

[1910-07-30. 1970-07-18 女命]

겁재 庚(金土)戌 정인　09　19　29　39　49　59　69

정재 甲(木金)申 겁재　癸　壬　辛　庚　己　戊　丁

신주 辛(金土)未 편인　未　午　巳　辰　卯　寅　丑

정인 戊(土土)戌 정인　04　14　24　34　44　54　64

　두 사람의 사주를 정리해 놓고 살펴보니 남명은 살인상생격(殺印相生格)이다. 이 사주는 살성인 子水가 인성인 甲木을 水生木해서 甲木이 신주인 丁火를 木生火로 생신한다.

　다시 말해 살성인 편관이 정인을 생조해서 생신(生身)하는 과정을 밟고 있으므로 이것을 사주학 용어로 살인상생격이라고 한다.

　이런 격을 구성하고 운행이 잘 나가면 생사(生死)를 다루는 문서를 취급하는 일에 종사하는 통계에 속한다. 한참 후 약속대로 예정 시간이 되자 전화벨이 울린다.

　먼저 필자가 말했다.

　"댁의 사주는 약 20여 세까지 어려운 환경에서 성장하고 대학을 나와 지금은 문서를 장악한 곳에서 괜찮게 나가고 있는 중이라고 보이는데 그렇지 않습니까?"

　"네, 그렇습니다. 제가 대학에 다닐 때까지도 집안이 무척 어려웠습니다. 그리고 지금은 변호사로 일하고 있습니다."

　그 대답으로 보아 사주읽기가 제대로 된 것이다. 이제 궁합에 대해서 말해 주어야 할 때이다.

"두 사람의 애정이 깊지 않다면 다른 여자를…"

여기까지 말하면서 궁합에 문제가 있으므로 다소 주저하고 있는데 바로 그때 이렇게 말한다.

"실은 금년 6월에 결혼했습니다. 그런데 문제가 좀 있어서…, 미안합니다. 처음부터 솔직하게 말씀드리고 상담해야 하는 것인데…"

그는 연속 더듬거리고 있었다.

"그렇다면 말씀드리죠. 앞으로 약 15년 동안은 가정을 유지해 가는데 무척 어려움이 따를 것입니다. 아마 백년해로하기가 매우 어려울 텐데… 그렇지 않고 그 기간을 의지로 극복하려면 남다른 인고가 엄청나게 필요할 것입니다."

그러자 그가 단호하게 말한다.

"장모님이 여러 군데서 궁합을 보았는데 이구동성으로 아주 잘 어울리는 한 쌍이라고 했답니다. 장모님이 저 외에도 다른 많은 남자들의 사주와 궁합을 맞추어 보았지만 이렇게 좋은 궁합은 처음이라고 해서 결국 우리의 혼사가 이루어진 것인데요."

"그래요? 그럼 내가 이렇게 말하면 어떻게 생각할지 모르겠으나 사주를 다루는 학자들의 실력이 20점 자리도 많고 40점, 60점, 80점 자리, 이렇게 그 실력들이 하늘과 땅 차이만큼이나 심한데 그걸 모르고 다 똑같은 실력을 가진 역학자로 보기 때문에… 아무튼 그런 상태에서 발생한 것이라고 보여집니다."

다시 그 목소리가 이어진다.

"지금 결혼 두 달여 만에 우리 사이가 매우 험악해져 최악의 경우인데 이걸 어떻게 해결해야 할지 난감해서 이렇게 문의를 한 것입니다."

"부인이 너무 고집이 세고 자기주장이 강하지 않습니까? 자기주장을 굽히지 않는 형국의 사주에, 그런 증상이 더욱 강해지는 운을 또 다시 만나고 있습니다."

금실(金實:金이 튼튼해짐)사주가 지금부터 또다시 金운행을 만났으니 제련은 커녕 금실무성(金實無聲)이 되거나 쇳덩이만 쌓여 고물로 녹이 슬 정도이다. 그렇기 때문에 고집불통의 기간으로 보고 그렇게 말한 것이다.

"결혼 전까지 미용 관계의 디자인 학원을 하다가 결혼했는데 자기 고집을 한 번 주장하면 막무가내로 융통이 없어 대화까지 거절해 버립니다. 그래서 더욱 험악해지고 있습니다."

"미안하지만 못 꺾을 것입니다. 대략 15년간은…"

"뭐라구요? 10년이나…, 아니 15년이나요? 거 참!"

그의 말소리에 힘이 빠져 있었다.

이 사주는 丁巳라는 일주와 辛丑이라는 시주가 지지끼리 巳丑으로 합한다. 그러면서 함께 배치된 辛金이라는 편재, 즉 편처(偏妻)가 합신(合身)한다.

이렇게 구성되면 일지편재와 유사한 일이 벌어지는 것이다. 일지편재(日支偏財)라는 것은 본처와 백년해로하지 못하고 결국에는 헤어진 다음 편법으로 만난 여자와 일생을 함께 하는 통계에 속한다.

게다가 이 사주는 申金이라는 정처(正妻 일명 本妻)와 내 몸인 일주가 巳申으로 형살이기 때문에 처음 만난 여자와는 헤어지는 (刑沖) 형상이다. 따라서 이 주인공은 처음 만난 여자와는 헤어지고 다음에 만난 여자와 동고동락하는 궁합을 타고난 것이다. 이것이 그가 '타고난 궁합'이다.

그러니까 '타고난 바탕'이 중요한 것이다. 예수께서도 '타고난 자라야 알아들을 수 있다'고 말씀하면서 타고난 것을 중요시했고 공자께서도 '바탕'을 강조했다. 옛 성인들이 '타고난 바탕'이 중요하다는 것을 체험했기 때문에 그렇게 강조했던 것이다.

이 사주도 십중팔구 그럴 소지가 다분하기 때문에 벌써부터 그런 상대를 만났으리라. 그런데 공교롭게도 상대 여자 역시 타고난 궁합이 그런 식이다. 부군성인 火가 표면에 나타나지 않아서 무부상(無夫像)이고, 丁火가 암장(暗藏)된 未戌은 가정궁이 불안하다는 일시형충이며-未戌로 형살-그 丁火라는 부군성이 세 개나 암장되어 있는 가운데 그것들을 속으로 간직-暗藏-하고 있는 戌土들은 입묘살(入墓殺)로 부성입묘(夫星入墓)다.

부군성이 입묘되었다는 이 말은 이 사주의 주인공이 태어날 때 이미 사주상 부군이 땅속에 묻혀버린 것이나 유사하다는 뜻이다. 이런 부성입묘가 구성된 여명은 운행이 여간 좋지 않고서는 부군 덕보기가 매우 어려운 것으로 이혼하거나 심하면 상부(喪夫)하기도 한다. 그런데 이 여명은 중반운행에 불운이 오래도록 계속된다. 그러므로 벌써부터 사단을 벌이고 있는 것이리라.

이렇게 두 사주를 견주어 볼 때 헤어지는 것은 기정사실로 보여진다. 그렇지만 어떻게 헤어지라고 조언할 수 있겠는가. 그걸 걱정하고 있는데 아니나 다를까 상대가 이렇게 질문한다.

"재혼해야 할까요?"

"글쎄요, 그것은 댁이 알아서 해야 할 일입니다. 내가 결정해줄 일이 아닙니다."

왜 그렇게 대답했는가. 인고를 겪더라도 영적인 진화를 위해서 그런 사람을 만나야 할 인연을 맺었다면 끝까지 평생을 같이 할 수도 있기 때문이다. 필자가 판정해 주지 않아도 그들은 전생의 인연이나 타고난 궁합에 따라 살아갈 것이다. 벌써부터 재혼하라고 말해 줄 수는 없는 노릇이다. 그는 맥이 빠진 목소리로 인사를 하며 수화기를 놓았다.

· 사주읽기 ·

신주 丁火가 水왕절의 子월에 태어나 극신(克身)을 당하고 申金이 子와 수국을 이루면서 金生水하여 연속 극신하니 신약하다. 따라서 신약방조의 용법에 의해 木火가 용신이고, 金水는 병신이며, 건토는 약신이고, 습토는 기신이다. 이 경우 丁火가 좋아하는 건목(乾木), 즉 甲木이 나타나서 水吸木으로 水를 흡수해서 木生火로 생신하니 살인상생격을 이루었다.

그렇다면 乙丑의 습목(乙木)과 습기 찬 丑土운행은 丑중 辛金이 모친성이자 용신인 甲木을 극하고 부친성이자 병신인 申金을

土生金으로 도우니 병신이 더욱 기세를 부려 부모님이 그 활동을 제대로 전개할 수가 없다. 그러므로 어려운 환경이 지속된 기간이다.

다음 丙丁의 火를 대동한 寅卯의 목방운행은 용신이 득세하면서 사주에 있는 甲木이라는 인성 즉 학문성이자 문서가 그 힘을 크게 발휘한다. 그렇다면 대단한 실력을 발휘하여 상당히 크게 발전했을 뿐만 아니라 木이라는 문서가 계속 작용하고 있으니 그 방면에 종사하고 있는 기간이다. 辰土와 己土운행에 잠시 답보하고 巳午未의 화방운행은 안정적이리라.

한편 이 남명(男命:남자 운명)은 연지(年支)에 있는 申金이라는 여자성은 일주와 巳申으로 형살이니 첫 여자와는 다툼이 일어나 헤어질 형상이다. 그 반면에 가정궁인 일시(日時)에 있는 辛金이라는 여자는 辛丑으로 배치된 채 일주(日柱)와 巳丑으로 합하면서 편재와 합신하니 편처와 동거한다는 일지편재와 유사한 형상이다.

타고난 궁합이 이렇게 생겼는데 처음 여자와 찰떡궁합이라고 말할 수 있겠는가? 궁합은 맞추어 보는 것이 아니고 타고난 궁합이 어떻게 생겼는가를 관찰해야 하는 것이다. 이 남자의 타고난 궁합은 초혼보다 재혼에 맞는 사주이다. 필자는 그런 경험을 여러 번 겪었다.

본조의 주인공들이 다시 올 시기는 각

戊申(2148 · 2208, 2388 · 2448)년 대설 후 丁巳일 丑시다.

· 사주읽기 ·

이 여명(女命:여자 운명)은 신주 辛金이 金왕절의 申월에 태어나 득령(得氣)했고 네 개의 土들이 土生金으로 생신하며 申戌의 금방(金方)과 연간의 庚金이 신주에게 합세하니 신주가 지나치게 태강(太强)하다.

金신주가 이렇게 金이 실(金實)한 사주는 제련용인 丁火가 나타나고 그것을 생조(生助)해줄 甲木이나 寅木이 있어야 성기(成器)되어 쓸모가 있는 그릇이 된다. 그런데 외부로는 丁火가 전혀 없고 戌未중에서 형출되어 있다. 따라서 화방운행은 그 형출된 丁火가 힘을 받아 성기(成器)시킨다.

그러나 화방운이 지나면 丁火가 제련을 멈추어 그릇 노릇을 할 수 없게 되는데 庚辰운행은 명맥뿐인 용광로(丁火)에 쇳덩이를 잔뜩 더 밀어 넣는 형상이니 어떻게 그릇 노릇을 할 수 있겠는가? 그 丁火는 여명에 남자성인데 庚辰과 己土운행은 그 남자성인 丁火가 꺼질—금다화식(金多火熄)— 지경이다. 게다가 未戌은 가정이 불안하다는 일시형충이고 丁火가 未戌마다 암장되어 한 남자로 끝날 형국이 아닌 가운데 이제부터 약 15년 간 불운이 계속될 문턱에 들어섰다. 그리고 그 기간은 군겁쟁재(群劫爭財)이니 재물도 상당히 손상시킬 운이다.

본조의 주인공들이 다시 올 시기는 각

庚戌(2150·2210, 2390·2450)년 입추 후 辛未일 戌시다.

이 마당이 타고난 궁합 편이므로 그런 경우를 하나 더 소개해 보겠다.

[1902-10-02, 1962-09-19 女命]

편재 壬(水木)寅 편관	08	18	28	38	48	58	68
식신 庚(金土)戌 비견	己	戊	丁	丙	乙	甲	癸
신주 戊(土水)子 정재	酉	申	未	午	巳	辰	卯
비견 戊(土火)午 정인	03	13	23	33	43	53	63

이 여자 사주는 신주가 戊土로서 土왕절의 戌월에 태어나 득령 (得令)했다. 득령이란 무엇이 왕성하는 절기에 신주가 무엇으로 태어났는가를 말하는 것이다.

이 사주는 土가 왕성한 戌土라는 월령(月令)에 신주가 태어났다. 戌土중에는 戊土가 정기(正氣)로서 왕성할 때인데 그 戊土에 기(氣)를 얻고 신주가 태어나서 득기(得氣)했다는 말이다. '적천수'라는 저자는 득기라는 말 대신에 진기(進氣)라는 말을 쓰기도 했다. 진기라는 말은 土가 왕성한 때로 들어(進入)가서 그 기가 득세하고 있다는 말이다.

그래서 신주가 득기 내지 득령해서 힘이 있는데 寅午戌이란 것이 세 개가 합—三合—해서 화국(火局)을 이루어 火生土로 또 신주를 생신(生身)하므로 신강사주가 되었다. 그러므로 신강의설의 용법에 의해 金이 용신이고 그 용신을 공격(克)하는 火는 병신이며 火를 뒤에서 생조하는 木은 구신이 된다. 木은 木生火로 불을 더 세게 지피기 때문이다. 따라서 火木운행은 만나면 매우 불길하고 土金운행을 만났을 적에는 발전하는 것이다.

이 여명의 경우 운행이 중년부터 말년까지 火木운이니 중년부터 불선(不善)의 세월이다. 그리고 부군성은 木인데 그것이 화국(火局)에 가담해서 木洩火로 타버렸다. 그것을 사주 용어로 목분비회(木焚飛灰)라고 한다.

다시 말해 木이 많은 불(火)로 인해서 다 타버린 채 재가 되어 날아가 버렸다는 뜻이다. 그렇게 재가 되어 날아간 木은 부군성이다. 그리고 가정궁인 일시(日時)는 子午가 충극하여 일시형충이니 어지러운 형국이며, 午火는 텅 비었다는 공망살로 이것이 가정궁에 있다. 운행도 중년과 후반이 불길한데 부군성은 재가 되었고, 가정궁은 텅 빈 채 어지러운 형상이니 그야말로 '타고난 궁합이 엉망'이다.

이런 형상을 지닌 여명은 처음 결혼할 때 어떤 남자 명조와 맞추어 보아도 자기가 한 번 타고난 궁합이 정해져 있기 때문에 소용없는 일이다. 어떤 남명을 갖다 맞추던지 똑같다. 그러므로 타고난 궁합이 엉망일 경우는 열 명의 남자 사주를 맞추어 보아도 결과는 맞아지지도 않고 타고난 대로 살아가게 되는 것이다.

실제로 1962년생 중 한 여성은 중년에 이혼하고 외로운 세상살이를 하고 있다. 사주읽기를 보면 그녀가 얼마나 괴로운 역정의 삶을 유지하고 있는가 짐작할 것이다.

· 사주읽기 ·

이 여명은 신주 戊土가 간직된 土왕절의 戌월에 태어나 득령했고, 寅午戌의 화국과 양인인 午火가 생신하며, 시간에 戊土가 또 나타나서 신주에게 가세하니 신강하다. 따라서 신강의설의 용법에 의해 金이 용신이고, 습토가 희신이며, 火는 병신이고, 木은 구신이다. 이 경우 庚金이 戌중 辛金에게 통근했으나 화국에게 반극(反克)을 당해 용신이 유력하지 못하니 평상조다.

　그러므로 62년생 중 한 여성은 子午가 일시형충이 되면서 부친(子)과 모친(午)이 싸우(克)는 형상이다. 그리하여 언니만 있는 이 여주인공은 모친이 일찍 아버지를 떠나 버렸고, 寅戌이 화국을 이루니 또 다른 대모(代母)가 생겨 모외유모(母外有母)했으며, 이복 형제자매들도 있다. 그래서 申酉의 金운행에 고등학교를 졸업하고 피아노, 컴퓨터—모두 金에 속함—등을 익혀 그 방면으로 나갔다.

　그녀는 두 아이를 둔 혼혈남자가 운영하는 고아원에서 봉사 활동을 하다가 그 아이들이 불쌍해 그 남자에게 정을 쏟았다. 그리고는 혼혈 남아를 한 명 낳았는데 이게 웬 일인가? 아, 글쎄, 그 아이가 자기 아들이 아니라며 어느 놈의 아들이냐고 날마다 이 여인을 두들겨 패 '매 맞는 아내'가 되었다. 아무리 일시형충이고 남자성인 寅木이 화국에 목분비회(木焚飛灰) 되었다고는 하지만 세상에 이럴 수가! 남자들 세계 다 버려놓는 별 희한한 x도 다 보았다. 배은망덕도 유분수지 아니 글쎄! 저를 그렇게 도와주었는데… 설령 그 아이가 남의 아이라고 해도 그렇지. 에라!

그녀는 매 맞는 일이 지겨워 가출해 어느 시골 빈농가 집에서 아이와 함께 살면서 교회에 나가 피아노를 쳐주며 컴퓨터를 교육하기도 했다. 그러다 아이-己卯년 현재 5학년-교육 때문에 다시 어느 도시로 가서 방을 얻어 컴퓨터 일에 종사하고 있다.

그럼 후반운은 어떤가? 전생에 어떤 형태의 발자국을 남겨 놓았기에 그런지는 모르겠지만 미안하게도 목방운은 구신운이므로 필자도 할 말이 없다. 여고 시절 사귀던 남자 친구는 지금 소령이 되어 있는데… 이게 웬일이냐?

본조의 여주인공들이 다시 올 시기는 각

壬寅(2142 · 2202, 2382 · 2442)년 한로 후 戊子일 午시다.

5
세 여자를 골탕 먹였군요.

초가을 어느 날 사무실로 60대와 30대로 보이는 두 여자가 사무실로 성큼 들어섰다. 나는 인사를 하고 자리를 권했다. 그렇지만 두 사람은 무엇에 놀란 듯 자리에 앉을 생각은 않고 한참 동안 서성거렸다. 그러다 무언가 좀 진정이 되었는지 60대가 먼저 자리에 앉아 둘째 놈 사주 좀 보아달란다.

만세력 책을 펴 1963년 간지(干支)를 보았더니 그 해는 癸卯년이고, 7월 달의 간지는 庚申월이며, 태어난 초사흘의 일진은 丁酉일이고, 巳시생이니 乙巳시였다. 그것을 도표로 정리해 보니 아래와 같았다.

[1903-07-15, 1963-07-04 男命]

편관	癸(水木)卯	편인	09	19	29	39	49	59	69
정재	庚(金金)申	정재	己	戊	丁	丙	乙	甲	癸
신주	丁(火金)酉	편재	未	午	巳	辰	卯	寅	丑

편인 乙(未火)巳 겁재　05　15　25　35　45　55　65

이 명조의 사주읽기를 대강 마친 다음 이렇게 묻듯이 말했다.

"이 사주의 주인공은 대학을 나와 지금 직장에 있겠는데 빚을 많이 지고 있겠습니까?"

그러자 30대 여자를 한 번 바라보고 나서 이렇게 묻는다.

"그건 그렇고 그 둘째 놈 처복은 어떤지 좀 봐 주세요"

그래서 나는 그 처덕이란 것을 사주에서 살핀 다음 무어라고 말을 해야겠는데 그 어머니를 보아하니 시골에서 농사를 짓는 듯한 형상이므로 학문적으로 말해 보았자 어리둥절 할 것 같아 알아듣기 쉽게 한 마디로 요약해서 말해 주어야 할 것 같았다. 그래서 다짜고짜 이렇게 말했다.

"이 사주는 전생에 세 여자를 골탕 먹인 적이 있어 처를 세 번이나 바꿀 팔자입니다."

그러자 그 부인이 다시 30대를 뚫어지게 바라본다. 그러자 그 여성도 그 부인을 역시 뚫어지게 바라본다. 그렇게 서로 한참 눈빛을 마주치더니 어머니가 이렇게 말하는 것이다.

"얘는 내 딸인데 이 동네 살고 있어요. 얘가 여기서 사주를 본 적이 있는데 잘 보더라고 해서 함께 온 것입니다. 둘째 놈이 본 처와 이혼하고 재혼해서 무역회사 경리로 일하고 있는데 카드를 마구 써서 빚이 대추나무 연 걸리듯 걸렸습니다. 그래서 이 어미도 그 아들 때문에 항상 골치를 앓고 있는데…, 그러니 어떤 여자가 그런 남자하고 같이 살려고 하겠습니까? 재혼한 그 며느리도 여차하면 사네 못 사네 할 수밖에 없지요. 그래서 내가 어떻게든지 그 놈과 살게 해보려고 그 며느리를 시골로 데려와서 신주단지 받들 듯 모시고 살아왔습니다. 그 놈은 전처에서 아이가 둘이나 있으니 더욱 그럴 수밖에 없습니다."

여기까지 일사천리로 말하고 나서 그 모친이 긴 한숨을 내뿜는다. 그리고는 옆에 있는 딸을 한 번 다시 바라본 다음 이어 말한다.

"방금 시골에 있는 그 며느리에게서 전화가 걸려왔어요. '어머니 지금 저 짐 싸들고 밖에 나와서 전화 드립니다. 어머님이 계시면 어머님께 입은 정 때문에 도저히 나갈 수가 없어서 안 계실 때 떠납니다. 용서해주세요' 이렇게 말하고 내가 말할 틈도 주지 않고 전화를 끊어버렸어요. 그 말을 듣고 바로 여기로 달려온 것입니다."

'아, 그래서 들어섰을 때 모녀가 무엇에 놀란 듯한 표정이었구나.'

나는 속으로 생각하고 내용을 들어보니 그 처가 떠나버린 것만은 틀림없다. 다시 남아 있는 처성(妻星)이 또 있으니 다시 다른 여자를 만날 것이다.

"아직 한 명 더 남아 있으니 또 다른 여자를 만날 것입니다."

그러자 그 모친이 확답이라도 받고 싶은지 확인하듯 묻는다.

"꼭 있을까요? 아이구! 이제 나도 지칠 대로 지쳐버렸어요. 전처에게서 낳아놓은 두 아이를 내가 맡아 키우고 있는데 제 애비란 놈이 돈은 보내주기는커녕 빚 문서만 계속 집으로 날려보내 그 뒤치다꺼리도 못할 지경이고…, 좋든 말든 제 여자가 생겨야 내가 좀 짐을 덜고 한 숨을 돌릴텐데… 무자식이 상팔자란 말이 틀림없는가 봅니다."

그녀는 끝이 안 보인다는 듯이 말을 끊었다 이었다 하며 긴 한숨만 연거푸 뿜어내고 있었다. 남아 있는 운행도 살펴보니 넘기 힘든 태산준령이다. 그러니 위로 할 말이 없어 나까지 답답했다. 그래도 분명히 여자를 나타내는 별자리(妻星)가 또 있으므로 그 어머니에게 확신을 주듯 말했다.

"여자는 한 명 더 있으니 다시 만날 것은 틀림없습니다. 이 아들은 전생에 자기 이익을 위해서 수단방법을 가리지 않고 여자들을 세 명이나 함부로 골탕 먹였기 때문에 이생에서 그 앙갚음을 톡톡히 당하고 있는 것입니다. 윤회를 안 믿기 때문에 사람들이 자기 인생을 일회용으로 마구 살아서 이런 사단들이 생기고 있습니다. 보복을 당한다는 윤회를 믿으면 함부로 세상을 살수 없습니다. 자녀들에게 윤회 교육을 시키지 않아서 이런 일들이 생긴 것입니다."

이 때 옆에 있던 딸이 말한다.

"제가 어떤 친구한테 들은 말인데 윤회를 믿어서는 안 된다고 그랬어요. 왜냐하면 만약 현실이 불행하다면 다음 세상에나 잘살아 보려는 맘이 생겨 자살을 저지르기 때문이랍니다. 그래서 살아보려고 노력도 않고 여기저기서 자살만 벌어진다는 것입니다."

"그래요? 그렇다면 만약 이 사주의 주인공도 살기가 힘드니까 에라 모르겠다 하고 자살했다가 다시 태어난다면 그 전에 어질 러놓은 여자관계가 무조건 다 없어지고 느닷없이 새참한 여자를 만날 수 있다고 보십니까? 절대 그럴 수 없습니다. 자기가 지어 놓은 빚은 자살해 버린다 해서 절대 탕감이 되지 않습니다. 성 실하게 청산하지 않고 자살하면 오히려 빚만 더 짊어져 다음 삶 은 보나마나 더욱 엉망진창이 됩니다. 그런데도 자살할 수 있겠 습니까?"

"…"

"그런 말을 하는 사람들은 이상한 믿음을 가지고 있어서 그처 럼 말한 것에 불과합니다. 이 세상에는 전통 때문에 간혹 잘못 된 믿음이 군중을 지배하고 있는 경우가 많아요. 예를 들면 많 은 사람들이 예사롭게 '해가 뜬다'고 말하지 않습니까? 이것도 잘못된 믿음에서 나온 말입니다. 그 말은 지구를 중심으로 태양 이 돈다고 믿었던 중세기 때에나 맞는 말입니다. 말하자면 천동 설을 믿고 있던 때는 지구를 중심으로 해가 돌면서 떠오르는 것 처럼 생각되었기 때문에 그렇게 말한 것이었지요. 그러나 코페 르니쿠스라는 사람이 나타나서 지구를 중심으로 태양이 도는 것 이 아니라 태양을 중심으로 지구가 돈다는 과학적 사실을 밝힌 뒤에는 전혀 틀린 말이 되었어요. 이렇게 과학적인 사실이 밝혀 졌으니까 태양이 보이기 시작한다고 말해야 옳은 것입니다. 해 가 진다는 말도 틀린 말입니다. 어둠이 깔리기 시작했다고 말해 야 옳아요. 그런데도 사람들은 대다수 군중들이 해가 뜬다 또는 해가 진다고 말하니까 무심코 자기도 따라서 그렇게 말합니다.

남이 전통적으로 믿어왔으니까 나도 덮어 놓고 무조건 그냥 믿는다는 것은 얼마나 잘못된 믿음입니까? 마찬가지로 극락이나 지옥으로 간다고 하는 신앙 역시 잘못된 믿음입니다. 나라고 하는 존재가 어머니 뱃속에 들어오기 전에는 과연 어디에 있었습니까? 극락이나 지옥에 있었던가요? 모두 다 사람들이라고 하는 '나'가 만들어 놓은 잘못된 믿음들입니다."

내가 그녀를 향해서 이렇게 한참 동안 말하자 그녀가 이번에는 이렇게 반문한다.

"그렇다면 뚜렷한 근거도 없이 윤회를 어떻게 믿어요?"

그래서 나는 헤아릴 수 없는 사례들이 소개된 책을 꺼내 한가지 실례를 소개했다.

"여기서 보면 일류 미용사의 전생이 나와 있습니다. 그녀는 대도시에 미용실을 운영하면서 일류 미용사라는 이름을 얻고 엄청난 돈을 벌고 있었는데, 그녀는 전생에 궁전에서 남의 머리를 손질해주는 일을 했었습니다. 그때의 삶에서 그녀는 항상 남의 머리를 일일이 궁리하며 그들 각자의 머리형에 맞도록 손질해주는 습관을 길렀어요. 그 습관이 그 당시 무의식에 그대로 새겨진 채 이생으로 넘어와 이 세상에서 한껏 자기 자질을 발휘하게 된 것입니다.

세상에는 믿지 못할 만큼 남다른 재능을 어려서부터 발휘하고 있는 사람들이 나타나지 않습니까? 그건 그냥 우연히 나타난 것이 아닙니다. 다른 사람들이 전생에 자기 인생을 일회용으로 생각하고 그냥 저냥 살아버릴 때 그 사람들은 다음을 준비하는 마음으로 어떤 방면에 특별히 노력을 기울였고 또 그것을 습관화했었지요. 그게 다음 생으로 넘어와 남다른 재능을 보인 것입니다.

그러니까 자신이 현재 처한 처지는 자기가 과거에 생각하고 행했던 것이 모여진 것입니다. 미래도 마찬가지로 현재 생각하고 행한 모든 것들이 모여진 삶이 됩니다. 결국 자기가 짓고 자기가 받는 것(自作自受)이지요. 우연히 된 게 아닙니다. 이런 사례들이 이 책에는 무수히 소개되어 있습니다."

"그 책 이름이 무엇인가요?"

그녀가 그렇게 묻자 나는 어정쩡하게 대답할 일이 아니라 확실하게 밝혀주어야겠다는 생각이 들었다.

"「윤회의 비밀」입니다. 저자는 심리학을 전공한 철학박사인 지나 서미나라 (Dr. Gina Cerminara)이고 장경각에서 출판했습니다. 미국 여자입니다. 동양사람 같으면 윤회사상에 어느 정도 익숙해서 그런 책을 내도 별 것 아니게 생각해 버릴 수도 있지만 그녀는 서양 사람인데도 그런 사례들을 무수히 수집해서 발표했습니다. 그 내용을 보고 성철 큰스님이 국내에 발간하도록 했습니다. 성철 큰스님이라면 근대 한국 사회의 정신적 지주였지 않습니까? 쓸데없는 것을 발간하라고 할 분이 아니죠."

그녀는 그런 책도 있었느냐며 한 번 사 보겠다고 했다. 그리고는 이렇게 말했다.

"그렇다면 제 남동생도 전생에 여러 여자들과 놀아나는 쪽으로 습관이 박혔다는 말이 되겠군요. 그랬으니까 이 세상에서 그와 같은 일을 번번이 당하고 있다는 것 같은데… 듣고 보니 그럴 수도 있을 것 같습니다. 습관이 참 무섭긴 무섭네요."

"그래서 부처님께서는 '전생을 알고 싶으면 지금 네가 현재 받고 있는 것을 보라. 그리고 내생을 알고 싶으면 그것도 지금 네가 행하고 있는 현재를 보라'고 하셨습니다. -欲知前生事(욕지전생사) 今生受者是(금생수자시) 欲知來生事(욕지내생사) 今生作者是(금생작자시) -(법화경에서) 전생이나 지금이나 내생이나 다같이 하나의 선상에 놓여 있다고 했습니다. 죽으면 다 끝나버리는 것이 아니고 육체만 벗을 뿐이지 다음 생도 이생이 연결되어 똑같다는 것입니다. 한 마디로 이생이나 다음 생이나 다른 것이 하나도 없다는 것입니다. 그렇기 때문에 이생의 삶에서 습관을 잘 들여 놓아야 합니다.

습관은 기가 모인 것이고 기는 생각에서 나옵니다. 생각은 힘입니다. 엄지손가락을 굽히려고 생각하면 기가 그리로 몰려 굽혀집니다. 마찬가지로 우리의 얼굴은 자신의 생각을 담고 있어서 성을 내야겠다고 생각하면 기가 얼굴로 몰려 붉으락푸르락해집니다. 그런 일을 반복하면 그게 습관이 되고 나중에는 그 습관이 쌓여 체질이 된 채 무의식에 기록되어 그게 다음 생으로 넘어갑니다. 그래서 전생의 버릇대로 이생도 그와 같이 살게 됩니다. 이 원리를 알면 결코 이 세상을 함부로 살 수 없습니다."

내 장광설을 모녀가 심각하게 듣고 나더니 딸이 말한다.

"한 번 죽으면 모든 것이 끝나는 게 아니네요?"

"끝나버린다면 얼마나 좋겠습니까. 두고두고 걱정할 일이 없으니 죽으면 시원섭섭할 일이지요. 그러나 거기서 끝나지 않는다는 사실 때문에 우리의 삶을 가다듬어 더 발전하도록 해야 합니다. 그래서 긍정적인 사람들에게는 윤회가 희망적 사상입니다. 노력한 만큼 언젠가는 그에 따른 삶이 나아질 수 있으니까요."

그때 조용히 듣고만 있던 그녀의 어머니가 말한다.

"나도 절에 다닌다오. 어쩌다 간혹 가는 것이지만…. 절에 갈 때마다 저희들을 위해 얼마나 내가 간절하게 소원을 빌었는지 자식들은 모를 거요. 그래도 처음에는 정성이 통했는지 자식들 중에서 그 놈이 제일 똑똑하게 공부도 잘하고 무난히 대학도 들어가고 그랬지요. 그래서 속으로 기대가 컸는데 결혼하고 나서부터 그 애가 완전히 달라졌어요. 이게 무슨 일인지 나도 모르겠소. 언제까지 그렇게 살겠소?"

불교를 복이나 비는 기복종교(祈福宗敎)로 알고 있어서 그럴 것이다. 하여튼 운행을 보니 대답하기 참으로 딱한 노릇이다. 일생에 좋은 운은 이미 다 지나가 버렸고 남아 있는 운들은 그 전의 운만 못하니 무어라고 말해 주어야 좋을지 난처했다. 그렇다고 거짓말을 해 줄 수도 없는 노릇이 아닌가. 그래도 낙심천만인 그 어머니에게 무언가 위로가 될 만한 말을 찾아서 해 주어야 할 처지다.

그래서 운행을 더 상세히 따져보니 丙火운행에 좀 활기를 찾을 것 같다. 왜냐하면 전등(電燈)이나 태양의 여광(餘光)인 丁火가 태양인 丙火를 만나면 그래도 좀 더 밝아질 수 있기 때문이다. 즉 丁火라는 주인공이 덕을 좀 볼 수 있을 때다. 다만 丙辰으로 배치되어 그 丙火가 辰土에게 설기되므로 힘이 부족한 것이 흠이지만 그래도 丙火니까 좀 낫지 않겠는가. 그래서 그녀에게 다소나마 위로 겸 말했다.

"약 사십부터 속 좀 챙길 것이니 너무 낙심하지 말고 살아보세요. 항상 죽으란 법은 없습니다. 그때 운이 좀 들어오니 풀릴 것입니다."

그러자 부인은 한숨을 내몰아쉬며 일어나 돌아갔다. 모녀가 떠난 뒤에도 한동안 그 부인의 큰 한숨이 내 사무실을 짓누르고 있었다.

· 사주읽기 ·

신주 丁火가 金왕절의 申월에 태어나 실령했고 巳酉(丑)의 金局 때문에 재다신약 사주다. 그러므로 신약의방의 용법에 따라 火가 용신이고, 木이 희신이며, 水는 병신이고, 金은 구신이며, 건조한 土는 약신이다.

이 경우 巳火가 金局에 가담해버려 용신무력이므로 火木운을 만나도 크게 발전하기가 어렵다. 그래도 전반운이 午未의 火方운이므로 63년생 중 한 명은 대학을 나와 경리로 취업했다. 그렇지만 丁巳운행은 巳申으로 형살이 가중되면서 金水운으로 작용(巳申合水, 巳酉금국)하기 때문에 불길하다. 그리고 丙辰운행은 화몰(火沒)되어 매우 불미한 기간이며, 乙卯의 木은 습기 찬 木이니 생신이 시원치 않아 이 또한 태산이다. 나머지 甲寅운행이 좀 낫겠지만 그나마 寅申이 충극해서 큰 효험이 나타나지 않을 것이다.

한편 가정궁인 巳火는 공망살이면서 巳중 庚金이 내 몸인 丁酉
와 酉丑으로 합신하고 일지편재로 편처동거 형상이다. 이렇게
세 개나 있으므로 이 명기의 주인공은 전생에 세 여자를 골탕먹
여 처가 세 번이나 바뀔 사주라고 말해 주었다.

이혼한 본처에서 두 딸을 두었는데 癸水와 申중 壬水가 丁壬
으로 합신하기 때문이다. 처성인 재성은 재물성인데 그렇게 함
부로 했으니 그는 중소기업의 경리로써 카드로 돈을 남용해서
궁지에 몰려있는 중이었다. 丙辰의 辰土운행은 화몰이니 이야말
로 태산준령이 아닐 수 없다.

본조의 주인공들이 다시 올 시기는 각

癸卯(2143 · 2203, 2383 · 2443)년 입추 후 丁酉일 巳시다.

6
경천동지(驚天動地)

　나라의 달러($) 보유고가 바닥이 나서 IMF가 터졌을 때다. 실업자가 홍수를 이루어 지하철의 지하도에서 생활하는 행려자가 즐비하고 방방곡곡에서 무수한 가정이 파괴되어 세상이 뒤숭숭해졌다.

　그 무렵 회사에서 과장으로 근무하던 신사가 찾아와 사업을 해보고 싶다는 것이다. 남들은 하던 사업이 막혀 치우는 시절인데 그런 상담을 하니 여간 신경 쓰이는 것이 아니었지만 그 신사의 사주를 검토해 보니 운이 강력하게 좋아지고 있어서 해보라고 했더니 아닌게 아니라 겁도 없이 시작했다. 그리고는 아주 잘 나가는 것이다. 그 후 그 신사는 나를 상당히 신임한 것 같았다. 그래서 그런지 직원을 채용할 때라든가 아니면 친인척에 대한 것들을 자주 상담 하고는 했다.

　그런 그가 하루는 전화를 해놓고 약속 시간에 방문해서 아래와 같은 생년월일과 생시를 말해준 다음 감정을 의뢰한다. 때는 庚

辰년 양력 4(庚辰月)월이다.

[1955-05-18, 2015-05-07 남명]
편관 乙(木土)未 비견　10　20　30　40　50　60　70
정재 壬(水火)午 편인　辛　庚　己　戊　丁　丙　乙
신주 己(土火)巳 정인　巳　辰　卯　寅　丑　子　亥
편관 乙(木水)亥 정재　05　15　25　35　45　55　65

나는 사주를 뽑아 놓고 말했다.

"이 사람 금년 운세가 매우 나쁩니다. 모든 것이 한순간에 수포로 돌아가는 운을 만났는데 이게 누구요?"

그러자 사장이 말한다.

"제 친척입니다. 잘 한 번 보아주십시오. 선생님 말씀대로 지금 매우 큰 곤경에 처했습니다."

"그래요? 명관과마격이니 고관인 것 같은데 목이 달아날 판이요"

그러자 그가 가방에서 신문을 꺼내더니 내민다.

[○○구청장 직위 상실]대법, 선거법 위반 100-200만원 벌금형 확정.

그가 이어 묻는다.

"어째서 그렇습니까? 그리고 재기할 수 있겠습니까?"

나는 다시 사주를 한 번 검토한 다음 말했다.

"어떤 관계인지 모르겠으나 이제부터 한량입니다. 재기는 불가능합니다."

"전혀 안되겠습니까?"

"그래요. 왜냐하면 전성기는 지나갔고 남아 있는 운이 불길하기 때문입니다."

그러자 그가 시무룩해졌다. 그래서 내가 이어 말했다.

"이 사주는 약 30세 전까지 대단히 운이 불길해서 학력도 매우 좋지 않아 보이고 부모 집안도 매우 어렵게 살았겠습니다?"

그러자 그가 다음과 같이 이야기했다.

"저와 시골 한 동네에서 자랐습니다. 그는 4남3녀 중 장남으로 얼마나 가난했는지 아십니까? 흙담집 그마저도 다 무너져내려 겨우 기어들고 날 정도로 험상한 집에서 보리밥도 모자라 광주리에 밥을 담아 내놓으면 그 많은 형제자매들이 서로 한 주먹이라도 더 먹으려고 울고불고 아우성을 치며 난리가 났습니다. 그러니 어떻게 교육을 제대로 받았겠습니까. 겨우 고등학교도 나오는 둥 마는 둥 졸업했지요. 제 이웃집에 살았기 때문에 제 눈으로 보았어요."

"혹시 어머니가 둘이거나 재취로 시집오지는 않았습니까?"

"그런 관계도 사주로 알 수 있습니까? 사실 그 아버지가 두 번째 만난 여자에게서 이 사람이 태어났지요. 그 사람 아버지의 본처는 할머니 등쌀에 쫓겨 가고 이 어머니도 이상하게 첫 결혼에서 쫓겨 나와 이 사람 아버지를 만났지요. 그렇지만 이복은 없습니다. 큰어머니랄까 쫓겨 간 그 여자에게서 난 자녀는 없었으니까요."

필자는 다음 운행에 대해서 이야기했다.

"그렇게 어렵게 성장했으나 약 35세 경부터 큰 운을 만났으니 정식이 아닌 다른 방법으로 관직에 나갔겠는데요?"

그러자 그가 참 기가 막힌 일이라도 생겼다는 듯 얼굴에 잔뜩 미소를 머금고 이렇게 말한다.

"겨우 고등학교를 졸업하고 읍내로 나가더니 이상하게도 웅변을 열심히 배워 그 실력이 차츰 널리 알려지기 시작했습니다. 그런 다음 상경해서 웅변학원을 차렸지요. 그래서 그럭저럭 운영하고 있다가 ○○구 구의원에 출마했습니다. 그런데 어쨌는지 아십니까?"

그는 여기까지 말해놓고 참 어이없는 일이 벌어졌다는 듯 허허하고 소리 내어 웃었다. 그리고는 재미있는 이야기를 이제부터 하겠으니 잘 들어보라는 듯 긴장감을 나타내며 이렇게 말했다.

"그가 구의원에 출마했을 때 그 상황이 어땠는지 아십니까? 그는 겨우 고졸입니다. 그런데 그와 함께 출마한 다른 사람들 가운데는 속칭 일류대 출신이 있었어요. 그게 게임이 되겠습니까? 보나마나죠. 아 그런데, 개표 결과 이 사람이 그 막강한 상대들을 물리치고 당선이 되었지 않았습니까. 저도 깜짝 놀았어요. 도저히 믿어지지 않는 일이 벌어진 것입니다. 말 그대로 경천동지 (驚天動地) 할 일이었습니다."

여기까지 말하고 그는 또 한바탕 소리 내어 큰 소리로 웃었다. 그리고는 나에게 묻는다.

"세상에 이런 일이 있다니, 선생님은 믿어지십니까?"

"그거야 누구 운이 더 강력하게 작용하고 있었느냐에 따라서 학력과 재산에 관계없이 얼마든지 가능한 일이죠. 운은 우리 인간이 이성으로 생각할 수 없는 힘을 가졌기 때문에 학력과 재력을 뛰어넘어 작용합니다. 태어나서 약 30여 세까지, 즉 전반운(前半運)이 대단히 좋아 괜찮은 집안에서 성장하며 일류대를 졸업했어도 후반운(後半運)이 불길하면 한량이 되고 마는 것을 얼마든지 보고 있습니다. 그런 사례에 속한 명기(命器)들을 내가 제법 가지고 있습니다."

"정말로 운이라는 게 있긴 있는가 봅니다. 그렇지 않고서야 어떻게 그런 막강한 실력자들을 물리치고 당선 되었겠습니까? 그는 그 후로도 연속 구의원에 당선되더니 급기야는 구청장에 도전했습니다. 구의원은 구청장에 비하면 별 거 아니니까 제 아무리 운이 좋다지만 설마 구청장까지 될까 하고 저는 매우 궁금했습니다."

"이어진 다음 운으로 봐선 충분히 될 수 있었겠는데…"

내가 그렇게 말하자 그는 그렇다는 듯 고개를 끄덕이며 말했다.

"그 때에도 그 어려운 싸움에서 내로라하는 사람들을 거뜬히 물리치고 보기 좋게 당선해서 다시 한번 경천동지 했습니다. 아니 시골뜨기, 그것도 겨우 고졸인 사람이 뛰어난 상대들을 모조리 제치고 거뜬히 당선되다니… 허, 그거 참! 그럴 줄을 누가 감히 짐작이나 했겠습니까?"

"운발이 강하게 작용할 때니까 그런 일이 벌어진 것이죠. 그때가 이 사주 주인공의 전성기죠. 그러나 금년은 매우 불길한 해이고 이 달 역시 대단히 나쁜 달입니다. 그래서 그 신문의 기사대로 된 것이라고 사료됩니다."

그때 그가 그에 대해서 관심이 많다는 듯 이렇게 물었다.

"재기 할 수 있을까요?"

"아까도 말했듯이 전성기가 지났습니다."

"그래도 그 사람을 보아주는 정당에서 잠시만 기다리라고 했답니다. 그러면 다시 자리를 마련하겠다며 위로했답니다. 그러면서 다음에는 국회에 진출하겠다고 벼르고 있는데요. 가능할까요? 그는 하도 엉뚱하게 오뚝이처럼 성공한 전례가 있으니까 또 누가 압니까?"

"글쎄요, 대단히 어렵습니다. 지금부터라도 본연의 자세로 빨리 돌아가 본업에 열심히 종사하는 것이 오히려 득이 될 것인데…, 권력에 맛을 들여서 그 향수 때문에 자칫 허송세월이나 하는 한량이 되지 않을까 그게 걱정입니다."

"정말 불가능할까요?"

"이제는 사주에서 사용하는 운(용신)이 없습니다. 木과 水가 용신인데 다음은 丁丑이라고 하는 火土운이 기다리고 있으니 과거와 같은 경천동지 할 일이 생기기 어려운 여정(旅程)만 남았습니다. 그래서 불가능하다고 진단한 것이지요."

그 중소기업 사장은 내 말을 몇 번 확인하더니 그것 참 안되었다는 듯한 표정을 짓고 돌아갔다. 그 후 이 사주의 주인공은 17대 총선에 출마했으나 무위로 끝나고 말았으니 명기대로 된 것이다.

· 사주읽기 ·

신주 己土가 간직된 火왕절의 午월에 태어나 巳午未의 화방이 火生土로 생신하니 신강하다. 따라서 신강의극의 용법에 의해 木이 용신이고, 水가 희신이며 金은 병신이고, 土는 구신이며, 火는 기신이다.

이 경우 亥중 壬水가 월간에 나타나 용신인 乙木을 水生木으로 재생관하고 乙亥 역시 그러하며 亥未로 목국을 이루어 용신유력이자 명관과마격이다..

그러므로 55년생 중 한 명은 4남3녀의 형제자매 중 장남으로 태어나 庚辛의 金운행이 병신운이기 때문에 다 허물어져 가는 초가삼간에서 밥 한 소쿠리를 놓고 서로 먼저 먹으려고 허구헌 날 벌떼처럼 달려들기도 했다. 그래서 고졸인데 그런 가운데서도 웅변 하나만은 뛰어났다.

그렇게 성장하여 중졸인 아내와 형제만 낳고 상경해 웅변학원을 운영하던 중 己卯운행에 卯중에는 乙木이라는 용신이 작용하므로 서울 복판에서 구의원에 두 번이나 당선됐다. 그러더니 급기야 戊寅운행 중 戊寅년에는 寅亥合木해서 용신이 더욱 기승을 떨치므로 한국 최고의 지성인 후보들과 당당히 겨루어 구청장에 당선되었다. 그리하여 경천동지(驚天動地)했던 것이다.

그런데 庚辰년 庚辰월은 두 庚金들이 사주에 두 乙木들 즉 용신들과 각각 乙庚으로 합해 金으로 변하며 용신반합으로 된 병신운이 된다. 그 바람에 그는 대법원에서 벌금형을 받고 느닷없이 직위를 상실하고 말았다.

선거 기간에 모 교회 목사가 그 교회에 속하는 신문사 배달직원들을 회식시키면서 이 주인공을 잠시 불러들였는데 그 회식대가 사건으로 터져 이렇게 되고 말았다. 丁丑의 火土운행은 기신과 구신운이니 앞으로 그런 영광은 기대하기 어려우리라.

그 후 그는 2004(甲申)년 양력 4월 15일에 실시된 17대 총선에 출마했으나 낙마하고 말았다.

한편 모친성이 둘이나 있고 巳午로 합신하자 같이 배치된 壬水라는 재성도 합해 재인합신이기 때문에 그는 모가재취였다. 부친의 첫 부인은 할머니의 등쌀에 떠나가고, 이 어머니도 첫 결혼에서 쫓겨나서 아버지를 만났는데 이복형제는 없었다.

본조의 주인공들이 다시 올 시기는 각

乙未(2195 · 2255, 2435 · 2495)년 망종 후 己巳일 亥시다.

7

생시(生時)를 바르게 찾자.

양력으로 2002년 6월 20일 오후 2시 30분경 전화벨이 울려 수화기를 들자 서울 근교에 사는 어느 여자에게서 걸려온 전화였다.

그녀는 독자(讀者)라며 자기 사주를 감정해 달라고 했다. 그래서 생시가 분명해야 빨리 정확하게 볼 수 있다고 말했더니 자기도 사주에 관한 책을 이삼 년 보아오고 있다며 생년월일을 말해 주고 寅시생이라고 한다. 지금까지 寅시로 여러 군데서 사주 감정을 받았다고 덧붙였다. 그래도 생시가 틀릴 수 있기 때문에 내가 말했다.

"몇 시 몇 분에 태어났는지 알고 있습니까?"

"예, 새벽 3시 15분이라고 어머니가 정확하게 말해 주었습니다."

"그래요? 그렇다면 10분 후에 다시 전화하십시오. 그 동안에 사주를 뽑아 놓겠습니다."

잠시 전화를 끊고 그녀의 사주를 아래와 같이 정리했다.

대개의 사주학자들은 오전 3시부터 5시 사이에 태어난 생시를 寅시로 정해서 보고 있다. 그래서 그녀가 아까 여러 군데서도 寅시로 보았다고 한 것 같다.

그러나 필자는 오전 3시 30분전까지는 丑시로 보기 때문에 그녀의 사주를 壬寅시보다 빠른 辛丑시로 해야 될 것으로 보았다. 그래서 연월일까지 사주를 뽑고 辛丑시 옆에다 壬寅시도 적었다. 그렇게 도표를 작성해 놓고 辛丑시생의 경우와 壬寅시생의 경우 각각 어떤 다른 상황이 벌어졌을 것인가를 한참 추리했다.

[1908-03-27, 1968-03-15 여명]

편관	戊(土金)申 편인	07	17	27	37	47	57	67
편재	丙(火土)辰 편관	乙	甲	癸	壬	辛	庚	己
신주	壬(水水)子 양인	卯	寅	丑	子	亥	戌	酉
정인	辛(金土)丑 정관	02	12	22	32	42	52	62
	(壬(水木)寅)							

만약 辛丑시에 태어났다면 申金이라는 모친성이 있고, 또 辛金이라는 모친성도 있다. 그것들은 부친성인 丙火에게는 처성(妻星)들이니 이 주인공에게는 어머니 외에 또 다른 어머니가 있을 수 있다. 이것을 사주학 용어로는 모외유모(母外有母)라고 한다.

그런데 丙火라는 아버지가 申金은 제쳐두고 辛金이라는 여자와

丙辛으로 합했다. 그런 중에 신주인 壬水와 아버지인 丙火가 水克火로 다툰(克)다. 그뿐 아니라 사주에 가득 찬 水의 세력들이 그 丙火라는 아버지를 水克火로 몰아(克)낸다.

그리고 土가 용신이니 木은 병신인데 일찍 寅卯의 목방운행을 만났으니 이것은 병신운으로 어릴 적에 매우 어려운 환경이 되었을 것이고, 부모에게도 문제가 발생했을 것이며, 본인도 학력이 좋지 않을 것이다.

다음 壬寅시에 태어났다면 申金이라는 어머니만 있고 辛金이라는 어머니는 없다. 그러면 丙火라는 아버지에게 다른 여인(辛金)이 생기지 않는다. 그래서 모외유모가 되지 않으니 어머니가 생모뿐이다.

그리고 寅시라면 寅중 丙火에 뿌리박고 부모궁인 월주에 아버지라는 丙火(태양)가 불끈 솟아 힘차게 자리를 잡고 있다. 그 丙火는 아버지이자 재물성이다. 그렇다면 어릴 적 寅卯의 목방(木方)운행은 부친성인 丙火를 木生火하므로 아버지가 재물을 괜찮게 벌어 집안이 넉넉했을 것이고, 그 바람에 주인공도 학력이 좋았을 것이다.

그녀가 다른 곳에서는 寅시로만 보았다고 했기 때문에 나는 전화가 걸려오기 전에 위와 같이 丑시생일 경우와 寅시생일 경우를 다 같이 검토해 놓고 있었다.

다시 전화가 걸려왔다.

"여보세요. 생시 때문에 내가 몇 가지 물어보겠는데 혹시 어머니 외에 또 다른 어머니가 있습니까?"

그렇지 않다면 寅시생일 것이다 그러나 본인의 말을 들어보아야 하므로 이렇게 확인하자 그녀가 무슨 뜻인지 잘 모르는 듯 머뭇거리고 있었다. 그래서 말을 바꾸어 다시 물었다.

"아버지가 댁을 낳은 생모(生母) 말고 다른 여자를 보지 않았느냐 그 말입니다."

그러자 그녀가 말한다.

"아버지는 제 어머니에게서 딸만 셋을 낳자 다른 여자를 만나서 일찍 나가버렸습니다."

"예. 알았습니다. 그렇다면 댁은 寅시생이 아니고 丑시생입니다. 아까 새벽 3시 15분에 태어났다고 했지요?"

"예. 어머니가 분명하게 기억하고 있어요."

"다른 철학원에서 여러 번 보았다고 했지요? 그때 3시 15분이라고 분명히 말해주었습니까?"

"그럼요. 그뿐만이 아닙니다. 선생님 책에 3시 30분까지는 丑시로 되어 있어서 그 말을 어떤 철학원에 가서 말했더니 그 사람 말이 어쩌다 그렇게 말하는 사람도 있지만 정통 사주학자들은 거의 30분을 따지지 않는다며 그 사람 역시 寅시로 봐 주었어요."

"그건 그렇고 사주 공부를 좀 했다니까 빨리빨리 진행하기 위해서 간단한 사주학 용어를 사용하겠습니다."

"예, 말씀해보세요."

"어릴 적 寅卯운행은 병신운이니까 어려운 환경에서 겨우 고등학교쯤 나왔겠는데 그랬습니까?"

"맞아요. 딸만 셋인데 저는 맏이거든요. 고등학교를 겨우 졸업했습니다. 학교가 가기 싫어 중간치기를 자주 했어요. 그런데 그때마다 어머니에게 붙잡혀 억지 춘향으로 졸업하게 되었습니다."

木운이 학교에 해당된 戊土를 木克土했으니 그럴 만도 하다. 아무튼 그녀의 말을 들어보니 역시 寅시가 아니라 丑시생이 더욱 분명해졌다. 나는 丑시생으로 보고 계속 상담에 응했다.

"그래도 서른 살을 전후해서 약 5년 동안은 약간 안정되었을 것이고 혹시 그 기간에 남자를 만나지 않았습니까?"

"그 때 연하의 남자와 결혼해서 술집을 했어요. 그런 대로 돈이 벌렸습니다. 그래서 두 동생 학비를 대주어 대학을 마쳤습니다."

"그렇게 된 것을 사주로 한 번 설명해 주실 수 있나요?"

"예, 이 사주는 억지로 戊土가 용신인데 丑土운행은 그래도 같은 土로 용신운이자 관성으로 남자에 해당되기 때문에 그렇게 확인해 본 것입니다. 다음을 말씀드릴 테니 들어보십시오."

"예."

"지금 나이가 서른 세 살이니까 庚辰년으로 金土가 오행이고 壬子의 水운행에 들어왔습니다. 또 申子辰이 수국(水局)을 이루어 강력해진 水의 세력이 재물성인 丙火를 水克火로 강타(克)합니다. 그러니 재물이 바닥났을 때인데 지금 아주 어려운 지경 아닙니까?"

"선생님. 저는 술집을 할 때 돈이 그런 대로 벌렸고 동생들도 학교를 마쳤으니까 이제는 돈 들어갈 데가 없어졌기 때문에 상당히 저축할 수 있겠다고 생각하고 더 크게 벌렸었어요. 그런데 완전히 빗나가더군요. 영 장사가 안 되는 것 있죠. 집세도 벌리지 않아 여기저기서 둘러대다 결국 엄청난 빚만 짊어지고 말았어요. 그것 때문에 이혼하고 제 정신도 갈피를 못 잡아 이리저리 흔들리고 있어요."

"만약 寅시에 태어났더라면 亥子丑의 수방(水方) 운행을 만나도 寅(생시) 木이 水를 흡수―木吸水―해서 水生木으로 소통시키기 때문에 재물성인 丙火가 강타 당하지 않아서 그렇게까지 곤궁에 처하지는 안 했을 것인데 그만 丑시에 태어나서 그런 고생을 겪고 있습니다."

"그럼 그 날 寅시에 태어난 여자는 지금 나처럼 빚더미에 올라앉지도 않고 큰 어려움 없이 살아가고 있다는 그런 말씀인가요?"

"그렇습니다. 寅시생은 절대로 댁처럼 궁지에 몰려있지 않을 겁니다. 실제 寅시생을 한 번 확인해 볼 수 있다면 내 말이 틀리지 않다는 것이 증명될 것이오."

그렇게 말하면서 사주를 보니 水가 홍수처럼 범람하고 있다. 그러면 술(水)을 무척 좋아할 것이다. 그래서 그것을 확인하려고 말했다.

"술을 너무 많이 마시지 않습니까?"

"예. 너무 마시는 정도가 아닙니다. 술 없이는 못 살 지경입니다. 전에 만났던 남자도 술을 지나치게 마셔서 생활력이 없었기 때문에 헤어지고 말았는데 저도 술 없이는 살 수가 없으니 이 일을 어떻게 하면 좋을까요?"

그녀는 대면해서 상담하는 것이 아니고 전화로 해서 그런지 솔직하게 털어놓고 있었다.

"술은 생령(生靈) 즉 생체(生體)와 영혼(靈魂)을 녹슬게 하는 녹물입니다. 그 뿐 아니라 댁의 재물성은 火인데 그것을 술(水)이 水克火로 꺼버리는 주범입니다. 게다가 水가 범람하면 부군성인 土도 흙탕물이 되어버립니다. 그러니까 폭탄주는 돈과 남자를 쫓아내고 동시에 생령까지 녹슬게 하는 시뻘건 녹물입니다. 누구든 폭탄주를 마시는 버릇이 있으면 지금이 아니라도 언젠가는 자기와 가정이 폭격을 당할 확률이 높습니다. 댁도 그럴 확률에 속하므로 절대 금주해야 할 사줍니다."

"지금 저는 제 정신이 다 허물어져 버렸어요. 하루하루 사는 것이 지옥입니다. 정신을 차릴 수가 없어요."

얼마나 괴로웠으면 지옥 같은 삶을 살고 있다고 할까? 그도 그럴 것이 과음은 정신과 육신을 뒤집어 놓기 때문에 온갖 번뇌를 들끓게 하여 여차하면 불꽃같은 화가 치밀어 오르게 한다. 그러면 마치 화염검(火焰劒)에 시달리는 아담과 하와와 같은 처지가 된다.

화염검은 치솟는 불꽃이다. 이것은 선악과를 따먹은 아담과 하와가 생명나무 실과를 따 먹고 영생할까 걱정되어 에덴동산에 들어가지 못하도록 신이 동편에 설치한 장애물이다. 그것 때문에 신(엘로힘, elohim)의 형상대로 복제된 바이블의 조상은 천국과 같은 에덴동산에 영영 들어가지 못하고 화염검에 시달리는 지옥과 같은 세상을 살게 되었다.

이때 화염검은 태양 표면에서 뱀의 혀처럼 날름거리며 분출되는 홍염검(紅焰劍)과 비슷한 것이다. 홍염검은 코로나와 함께 태양에서 수천 키로 높이로 엄청나게 폭발하는 폭염(暴炎)인데 그것들이 모두 태양의 흑점에서 발산하는 자기장의 힘 때문에 솟았다가 다시 태양으로 돌아오는 역동적인 활동을 계속한다. 그런 현상을 쉴 새 없이 계속하니 태양은 아닌 게 아니라 지옥 같은 모습이다.

그러한 홍염검 즉 화염검에 그녀가 시달리고 있으니 그야말로 지옥일 것이다. 그 지옥에서 벗어나게 하려면 내가 즐겨 쓰는 '방법부적'을 말해 주어야 할 차례이다.

"금주는 물론이고 밤에 일하는 업소에서 손을 떼야 합니다. 그러니까 낮에 일하는 직종을 찾아 건전하게 사는 길을 택하세요. 그게 내가 댁에게 해줄 부적이자 처방입니다."

내가 제시한 방법이 마음에 안 들었던지 말없이 잠잠하다. 왜 밤에 하는 일을 그만두고 낮에 하는 일을 찾으라고 했는가? 필자가 평소 느낀 바를 수필처럼 적어 놓은 이 글을 읽어보면 그 까닭을 알고도 남을 것이다.

봄빛이 약간이라도 비치기 시작하면 나는 여름과 가을에 두고 볼 화분들을 챙긴다. 국화꽃의 색깔에 따라 화분도 각각 준비하고 그 향기가 천리까지 전한다는 천리향이 담길 것도 몇 개 마련한다. 그 중에는 나팔꽃을 위한 것들도 있는데 이들에는 분홍색과 자주색 나팔꽃을 심는다. 나팔꽃 씨를 흙 속에 넣어두면 봄비를 몇 차례 맞고 그 싹이 돋아난다. 시간이 좀 더 지나면 떡잎이 나고 이어서 줄기가 뻗기 시작한다. 그리고 어느 정도 크면 그 중에 분홍색 꽃이 필 나팔꽃 화분을 사람들이 왕래하며 볼 수 있는 길가 이층 창문에 옮겨 놓는다. 그곳을 오가는 사람들만 보는 것이 아니고 거실에서도 항상 볼 수 있어 집안 사람들도 즐길 수 있는 일석이조의 효과가 있다.

그런데 첫 해에 분홍색 나팔꽃을 창문에 내어 놓았더니 거름을 주어서 그런지 야산에서 채취해 올 당시의 꽃에 비해 두 배 이상의 큰 꽃들이 피기 시작하여 여름 내내 창문을 화려하게 장식할 뿐만 아니라 가을까지 연달아 피는 것이다.

그러면 시장을 보려고 고샅을 지나다니는 사람들마다 별로 보지 않고 눈길을 멈추고 환히 웃다, 어떤 아이 엄마는 걸음을 멈추고 아이에게 '저 꽃을 나팔꽃 이라고 한다'며 가르쳐 주기도 한다. 그런 모습들을 보면 나는 마음이 왠지 즐거워지는 것이다. 그런 나팔꽃을 다음 해에 다시 보려고 그 씨를 채취해서 늦가을에 모아두었다. 나처럼 그런 생각들이 들었던지 지나다니는 사람들도 그 씨를 부탁할 정도였다.

그리하여 나는 다음 해 봄에 표시해 둔 그 씨를 싹 틔우는 모종판에 심어 놓았다. 그와 동시에 들에서 채취해 온 자주색 나팔꽃도 같은 판에 따로 심어 두었다. 올해에는 자주색도 창가에 내놓고 싶어서 지난 가을 들에서 채취해 놓았던 것이다.

그리고는 비가 내린 뒤에 모종판을 살피기 시작했는데 자주색 것은 힘차게 솟아 나오고 있었지만 왠지 분홍색 것은 아무 소식이 없는 것이다. 비가 또 내려 궁금증에 쌓인 나는 다시 살펴보았으나 자주색은 떡잎에서 잎까지 돋고 있었지만 분홍색은 아직도 떡잎조차 보이지 않는다.

들에서 가져온 자주색 씨에 비해 창문에서 채취한 분홍색 씨는 더 크고 탐스러워 자주색보다 일찍 힘차게 솟을 것으로 기대했지만 예상과는 완전히 빗나갔다. 혼동을 피하기 위해 씨들을 여러 모종에 구분지어 넣어두었으므로 어느 것인지 내 나름대로 판별은 정확했었는데 이게 이만저만 궁금한 일이 아니었다. 보름도 더 지났다. 그래도 역시 분홍색 씨는 떡잎마저 보이질 않는다. 나는 그 원인을 찾으려고 여러 생각들을 해보지만 마땅한 해답을 얻지 못하였다.

거의 한 달이 다 될 무렵에야 분홍색 씨들이 겨우 떡잎을 내밀기 시작한다. 자주색 것들은 이미 이파리까지 몇 개 더 활짝 벌리고 줄기까지 줄기차게 뻗고 있어서, 준비해 둔 큰 화분에 옮겨 올라갈 막대를 꽂지 않으면 안 될 때에 이르렀는데 분홍색은 이게 어찌된 노릇인지 이제야 그 모습을 드러내더니 이거야말로 도무지 이해가 되지를 않는 것이다. 두 알씩 세 개나 부어 놓은 모종판이 다 그런 것이다. 그나마 모두 한결같이 힘없이 억지로 돋고 있는 것이 아닌가. 가만히 살펴보니 저게 제대로 클 지 의심스러울 정도였다. 아니나 다를까 걱정했던 대로 비가 또 내렸지만 역시 힘없이 나오기는 마찬가지다.

나는 궁리에 궁리를 거듭한 끝에 그 원인을 알아냈다. 그 분홍색 씨들은 작년 창가에 내놓았을 때 아래에 있는 상가에서 저녁마다 전구를 켜놓아 휴식을 취하지 못했던 것이다. 낮에는 햇빛에 밤에는 전구 불빛에 계속해서 빛을 받았기 때문에 밤낮으로 시달렸던 것이다. 그러니 휴식할 시간이 없었으므로 제대로 씨가 익지 못해서 유전자가 희미해진 것이다.

나는 그 경험을 통하여 다음과 같은 생각이 들었다. 그 꽃들은 생겨난 이래 지금까지 낮에는 햇빛을 쬐다가 밤에는 쉬었던 습관을 지니고 있었던 것인데 그것을 나 보기 좋다고 창가로 옮겨와 태초이래 지녀온 그들의 리듬을 바꾸어 놓았던 것이다.

그러자 그들은 갑자기 바뀐 환경에 적응하지 못하고 연약한 모습으로 변하고 말았던 것이다. 창가를 거친 것들은 허약해져 도무지 제 노릇을 못하고 만 것이다. 자연의 섭리가 얼마나 규칙적이고 정확한가를 실감했다.

그런데 지금 세상에는 밤에만 활동하는 직업에 종사하는 사람들이 부쩍 늘고 있지 않은가? 특히 유흥업과 서비스업 계통의 종사자들이 그러한데 이들의 숫자가 늘어 요새는 밤에 일하는 사람들이 적지 않다.

인류는 태고 적부터 낮에는 햇빛을 받으며 일하고 밤에는 쉬는 리듬을 수억만년 반복해 왔다. 그게 일종의 생체 리듬이 되었는데 지금 시대는 돈과 그에 따른 명예를 얻기 위해 그렇게 오랫동안 지속되어온 습관을 무시하고 밤낮을 가리지 않고 뛰고 있는 것이다. 과연 그렇게 해서 궁극적으로 무엇을 얻고 남기겠다는 것인가?

일설에 의하면 에디슨이 전구를 발명한 뒤로 인간의 건강이 날로 약화되었고 그에 따라 이상한 질병들이 더 생겨났으며 수명에도 영향을 끼쳤다고 한다. 내가 나팔꽃씨들을 통해서 얻은 경험으로 볼 때 그 말이 틀린 것은 아닌 것 같다.

가끔은 언론 매체에서도 이러한 사실을 암시하는 보도를 하곤한다. 지금 남성들은 정자수가 크게 줄어들었다고 하는 것이 그것이다.

이것은 어찌 보면 자기가 지닌 사람의 씨가 줄어들었고 그나마 그 정자의 힘이 약해졌다는 것을 의미하는 것이다. 그렇게 된 사람들이 2세를 낳으면 그 아이들에게 어떤 장애가 나타날지 걱정스럽다. 장애 가족들이 얼마나 어려운 십자가를 짊어지고 나날이 고단하게 살고 있는가를 보면 부질없는 노파심이라고 무시해버릴 일이 아닌 것이다.

화려한 창가에서 더 큰 꽃으로 살기보다는 본래 야생화 그대로 건강하게 살면서 씨받이도 제대로 하여 후손도 장애 없이 살아가게 하는 것이 더 지혜로운 삶이 아닐까.

잠시 조용했던 전화에서 그녀의 가냘픈 목소리가 이어진다.

"선생님이 말씀한 대로 살기도 어렵고 어떻게 해야 좋을지…. 남아 있는 운은 어떤가요?"

지금은 壬子로 水운이 계속되고 있다. 그리고 辛亥운도 金水운으로 丙辛合水해서 재물성인 丙火마저 없어진다. 이거야 원! 할 말이 없다. 그래서 우선 술만이라도 끊으면 좀 나아질 거라고 재차 강조하며 상담을 끝냈다.

寅시에 태어났으면 辛亥운행도 寅亥合木되어 木生火하므로 괜찮고 庚戌운행은 寅戌로 화국을 이루니 아주 나쁜 운도 아니다.

그런데 왜 하필 丑시에 태어나 아버지가 다른 여인을 만나게 해서 어머니도 쓸쓸하게 하고 자기도 亥子丑의 수방운을 만나 밑바닥을 헤매야 하는가? 30분 정도만 늦게 태어났다면 그런 일들이 생기지 않았을 것이다. 丑시에 태어난 이유가 전생에 잠재되어 있었을 것이다.

이 사주를 寅시로 본 사람들은 水운행을 만나도 木이 소통시켜 줄 것으로 보고 사업을 확장하려 했을 때 괜찮다고 말 해주었을지도 모른다. 그러나 그녀는 지금 엄청난 고통 속에 빠져있다.

따라서 사주학을 다루는 사람들은 이 경우로 보아 이제부터라도 늦지 않았으니 생시를 정확하게 바로잡아야 할 것이다. 그래야 남의 운명을 정확하게 감정해 줄 수 있지 않겠는가!

· 사주읽기 ·

이 여조는 신주 壬水가 土왕절의 辰월에 태어나 극신을 당하니 신약사주로 출발했다. 그러나 申子辰의 수국과 子丑의 수방이 신주에게 합세하고, 辛申의 金이 생신하니 신강사주로 변했다. 따라서 신강의극의 용법에 의해 土가 용신이고, 火가 희신이며, 木은 병신이고, 水는 구신이며, 金은 기신이다. 이 경우 辰월은

土왕절인데 그 진신(眞神)인 戊土가 월령에 뿌리박고 나타났으며 丙火는 3월의 태양이니 土를 생조할 수 있어 희신이 된 것이다.

그러나 木이 없어 급신이지(及身而止:사주에 기세가 신주로 몰렸는데 식상이 나타나지 않을 때)에 순환이 안된 채 水克火로 火를 강극하니 태양인 丙火가 비(水)에 가려져 버렸다. 그러니 어떻게 땅인 土를 데워서 사용할 수 있겠는가? 그래서 火土가 모두 무능하므로 용신무력이요 운행도 火土가 없어 시원한 삶을 언제 누리랴.

그리하여 68년생 중 한 여성은 乙卯운행에 아버지(丙火)가 첩(辛金)과 놀아난 바람에 집안이 조용할 날이 없었고, 申金이 있어 모외유모(母外侑母)했다. 申중에는 庚金이 있고 시간(時干)의 辛金도 있어 그렇게 되었는데 아버지와 나는 壬丙으로 충극하여 부친이 다른 여자와 나가서 살고 있다.

주인공은 세 자매 중 맏딸로 태어나 고졸이고, 丑土운행은 그래도 土운이라고 술집을 운영해서 돈을 벌어 동생들을 대학까지 졸업시켰다. 그러나 壬子의 水운행은 군겁쟁재이기 때문에 동생들이 졸업해서 돈 쓸 일이 없는데도 술집으로 빚을 걸머지고 壬午년 현재 고뇌하고 있다.

그녀는 7년이나 연하인 남자-水일여명-와 일년 남짓 결혼생활을 하다가 자립심이 없어 보여 辛巳년 이혼해 버렸다. 丑辰의 土들도 남자성인데 그것들이 술(水) 때문에 흙탕물이 되었으므로 그 남자가 술꾼이었고 본인도 술을 무척 즐긴다고 한다.

辛亥운행은 더 골칫거리다. 왜냐하면 丙辛이 合水하여 용신반합이고 合水가 많은 수방과 수국들과 함께 水克火로 재물성을 사정없이 극해 버리기 때문이다. 戊土운행이 그나마 좀 더 나을 것이나 좌우지간 별 할 말이 없는 여명이다.

본조의 주인공들이 다시 올 시기는 각

戊申(2148 · 2208, 2388 · 2448)년 청명 후 壬子일 丑시다.

아래는 폭탄주로 사거(死去)한 사주이다.

[1955-12-05 남명]

식신 乙(木土)未 편관　04　14　24　34　44　54　64

편관 己(土土)丑 편관　戊　丁　丙　乙　甲　癸　壬

신주 癸(水土)未 편관　子　亥　戌　酉　申　未　午

비견 癸(水土)丑 편관

· 사주읽기 ·

신주 癸水가 간직된 土왕절의 丑월에 태어나 다섯 개의 土에게 극신을 당하니 신약하다. 따라서 식상제살의 용법에 의해 木이 용신이고, 水가 희신이며, 金은 병신이고, 土는 구신이며, 火는 기신이다.

이 경우 丑未가 각각 상충하여 未중 乙木과 丑중 癸水가 모두 손상되어 용신무력이고, 乙未와 癸丑은 백호대살이다.

그러므로 55년생 중 한 명은 亥子의 水方운행에 부족함이 없는 집안에서 성장했다. 그러나 丙戌의 火土운행에는 아들 한 명을 낳은 부인과 이혼하고 직업을 전전하면서 다른 여자(壬寅, 乙巳, 庚申, 癸未)를 만나 딸을 또 낳았다.

그리고 성질을 난폭─식상제살─하게 쓰면서 부인에게 폭력을 사용하므로 결국 甲戌년에 이혼하더니 두 달 후 술에 만취한 채 아파트에서 실족한 바람에 추락해서 사거(死去)하고 말았다. 乙酉운행이다.

본조의 주인공들이 다시 올 시기는 각

乙未(2135 · 2195, 2375 · 2435)년 소한 후 癸未일 丑시다.

블랙홀에 걸렸다.

 한겨울 어느 날 체격도 건장하고 몸도 튼튼해서 풍채가 아주
건사한 칠십 대 노신사가 자기 장남의 차로 필자를 방문했다.
몹시도 추운 날씨 탓인지 아니면 다른 이유가 있어서 그런지 얼
굴이 상당히 굳어 있었다. 그 분은 자리에 앉자 차남의 사주를
보러 왔다며 생년월일과 생시를 분명하게 말해준다. 그래서 사
주를 정리해보니 아래와 같이 나왔다.

[1957 윤8-23 남명]
 편관 丁(火金)酉 비견   03 13 23 33 43 53 63
 겁재 庚(金土)戌 정인   己 戊 丁 丙 乙 甲 癸
 신주 辛(金金)酉 비견   酉 申 未 午 巳 辰 卯
 편관 丁(火金)酉 비견

 이 사주는 주인공인 신주가 金이 왕성한 계절의 끝이자 土왕절

인 戌월에 태어나 土生金으로 생신하고 간여지동(干與支同)이며 사주에 신주와 같은 金이 많아 매우 신강(身强)하다.

간여지동이란 일주(日柱)가 같은 오행으로 되어있는 것으로 이 경우 辛酉라는 金으로 된 것을 말한다. 이렇게 金이 엄청나도록 많으면 그것을 단련시킬 火가 필요하니 용신은 火이고, 희신은 木이다.

이때 戌중 丁火에 뿌리박고 두 丁火가 천간에 나타나서 언뜻 보면 용신이 유력한 것처럼 보인다. 그러나 그 丁火가 좋아하는 건조한 甲寅의 木이 원국(原局 일명 사주)에 없어 불운을 만나면 금방 큰 곤경에 처한다.

지금 찾아온 때는 辛巳년으로 45살이니 乙巳운행을 걸어가고 있는 중이다. 이 운행은 겉으로 보기에 木火운이니 희신과 용신운이므로 매우 잘 나가는 운일 것 같다. 그러나 원국과 운행이 乙庚으로 合金하고 巳酉로 合金해서 木火운이 아니라 완전히 金운으로 변했다.

원국에 金이 아주 많고 제련용인 火는 약한데 또 운행에서 金을 용광로에 더 집어넣으니 그 많은 金을 약한 火가 제련을 시키지 못하고 오히려 불이 꺼질 지경이다. 이것을 사주학 용어로 금다화식(金多火熄)이라고 한다.

그러면 金이 성기(成器)될 수 없다. 그렇게 되면 주인공인 金이 무용지물이 될 수 있다는 것을 암시하는 것이다. 이 사주는 불이 필요한 사주인데 그게 꺼져버리면 금실무성(金實無聲)이다. 다시 말해서 쇠가 종(鐘)이 되지 못하여 소리를 낼 수 없다는 뜻이니 그렇게 되면 소용이 없는 종이다.

따라서 乙巳운행은 매우 어려운 곤경을 겪는 운행인데 게다가 작년에는 庚辰년으로 金土이고, 금년도 辛巳년으로 巳火가 또 원국에 있는 많은 酉와 巳酉로 금국을 이루어 운행과 연도들이 모두 金으로 변했다. 그러므로 이 사주가 귀하게 사용해야 할 용신인 火가 완전히 꺼져버릴 지경이다. 따라서 엄청난 재앙운이다.

그 앞에 지나온 운행은 丁未와 丙午로 火운들이니 한참 발전해서 그 이름이 주변에 널리 퍼졌을 것이다. 그러다 느닷없이 乙巳라는 金운행을 만났으니 곤두박질을 당해서 지금은 감옥이나 아니면 생명마저 위협을 받고 있을 것이다.

그리고 간여지동이므로 처와도 별거하거나 이혼까지도 했을 가능성이 있다. 처는 木으로 재물성과 부친성에도 해당되는데 그게 사주에 없으면서 간여지동이니 처궁인 일지에 들어갈 수 없다. 더군다나 乙巳의 金운행을 만났으니 더욱 木이 원국에 발붙일 수가 없는 것이므로 그와 같은 추리가 가능해진 것이다.

이렇게 살핀 나는 노신사와 그 장남을 향해 말했다.

"이 사람 지금 매우 불길한 운을 만났는데 혹시 파산을 당하지 않았습니까?"

"그렇게 되었소."

"혹시 감옥에 들어가지는 않았는지요?"

"행방불명된 지 벌써 몇 달이 지났소."

"대략 서른 살부터 마흔 둘 정도까지 아주 크게 발전해서 주위의 이목이 집중되었겠는데 그 후로 대단히 나쁜 운을 만나 느닷없이 실패해서 잠적하게 되었군요."

"걔가 주식에 손대고 있었는데 거기서 아주 큰돈을 벌었소. 그러자 제 형제자매가 8남매나 되는데 걔들도 그 판에 끌어들여 이 돈 저 돈 할 것 없이 몽땅 몰아넣었던가 보오. 그런데 어떻게 된 판인지 작년(庚辰) 가을쯤 해서 깡통을 찼다는 것입니다. 그 돈이 무려 23억이나 되오. 제 돈만 날렸다면 모르지만 형제자매들에게 더 돈을 끌어오도록 해서 많은 빚을 지게 해 놓고 깡통을 차 버렸으니 형제들은 물론 제 매제나 자형들마저 지금 전셋집으로 나앉아야 할 판이오. 그러자 행방을 감춰버린 것이오."

"빨아들이기만 하는 블랙홀에 걸렸군요. 그게 먹을 것이 없어지면 겨울잠을 자는 기간이 오래 지속됩니다. 그렇게 되면 투자 금액을 다 날리게 마련이죠. 아무튼 쉽게 나타나지 않을 것 같습니다."

"나타날 것인가가 문제가 아니고 살아 있는지 그게 문젭니다. 벌써 석 달이 지나도록 행방을 전혀 모르고 있어요. 살아 있겠소? 아니면 혹시 무슨 일을 저지르지나 않았는지?"

"금년(辛巳년) 상반기는 그래도 운이 아주 나쁘지는 않으니까 피신할만한 운입니다. 양력 5월경은 그 중에서도 좀 더 나으니 어떤 소식이 있을지도 모릅니다. 그때까지 기다려 보아야 할 것 같습니다."

"아직도 그렇게나 많이 기다려야 한다고! 그러나 저러나 통화환수(通貨還收)에 협조했다고 치고 돌아오기만 했으면 좋겠는데, 돌아올지… 그리고 돌아오면 복구할 때가 있겠는지 그것도 궁금한데 말이오."

"방금 통화환수에 협조했다고 말씀하셨죠? 그렇습니다. 그 곳은 누구 돈이든 삼켜버리는 블랙홀입니다. 거기서 복구한다는 것은 상상조차 할 수 없는 곳이죠. 그리고 남아있는 운들이 과거 주목을 끌었던 그런 운보다 매우 약합니다. 때문에 오랜 기간 고전을 면하기가 쉽지 않을 겁니다."

"그렇다면 돌아와도 산송장이나 마찬가지란 말인데 그렇다면 누가 벌어서 가정을 이끈단 말이오."

"부인이 있지 않습니까?"

"며느리도 작년 내내 못산다고 이혼하자며 난리통이었는데, 가정이 유지될지…?"

참으로 딱한 노릇이다. 앞에서 추리한 대로 처성이자 재물성인 木이 乙巳라는 金운행에는 발붙이기가 더욱 어려워진다. 그리고 나타난다 해도 채권자 때문에 수형을 받을 가능성도 매우 높은 운이다. 그러니 부친인 노신사의 염려가 괜한 것이 아닌 것이다.

한참 후 노신사가 이렇게 물어본다.

"선생, 혹시 부적이라는 것도 효험이 있습니까?"

다급하면 지푸라기라도 잡고 싶은 것이 인지상정이라 때문에 부모인 노신사도 혹시 방법이 있을까 하고 물어보았을 것이다. 나는 고개를 저으며 말했다.

"한 번 닥친 운은 부적이나 굿 또는 다른 어떤 방법으로도 그 운을 지우거나 바꿀 수 없습니다. 불운을 해결하는 방법이 없기 때문에 사주학의 단점이 바로 그것입니다. 그러나 사주학의 장점은 바로 그 문제를 사전에 예방하자는 데 있지요. 미리 사주를 보고 그런 운이 들어올 것 같으면 사전에 조심을 하는 것입니다. 어떤 학문이든지 만병통치란 있을 수 없듯이 사주학도 마찬가지죠. 아무튼 사후약방문이 없어 죄송합니다. 심려가 크실 것인데, 한 번 그렇게 된 것을 속상해 한다고 금방 해결이 되겠습니까? 한숨 돌리시고 건강을 생각하십시오."

"오래 사는 것 좋지 않습디다. 댁도 적당히만 살도록 해요. 이게 뭡니까. 나이가 낼모레면 팔십인데 이런 꼴까지 보며 살고 있으니 하는 말이오."

노신사는 장남이 운전하는 차를 타고 돌아갔다.

사람들은 운을 잘 만나서 한창 잘 나가면 거기에 도취되어 한없이 확장한다. 그러나 지구가 태양을 중심으로 돌면서 낮과 밤이 교차하듯이 운도 운행하는 것이므로 호운(好運)과 불운(不運)이 교차하기 때문에 항상 잘 나가기만 하는 것이 아니다. 장미꽃에 가시가 있듯이 호운 속에 불운이 싹트고 있는 것이다. 그러므로 특별히 좋은 사주가 아니면 여의(如意)하게 돌아갈 때 무리해서 확장하는 것은 매우 조심해야 할 일이다.

- 사주읽기 -

신주 辛金이 간직된 土왕절의 戌월에 태어나 득령했고 신주와 같은 金이 많으니 신강하다. 따라서 신강의극의 용법에 의해 火가 용신이고, 木이 희신이며, 水는 병신이고, 金은 구신이며, 건토는 약신이고, 습토는 기신이다.

이 경우 戌중 丁火에 뿌리박고 두 개나 나타났는데 木이 전무하여 용신이 유력하지 못하다.

그러므로 57년생 중 한 명은 申酉의 金운행에 공부는 시원치 않았으나 丁未운행에 대학을 졸업하고 증권회사에 취업했다. 그래서 丙午의 火土운행에 한창 잘 나갔다.

그러나 乙巳운행은 乙庚合金하고 巳酉로 금국을 이루어 金운이 되었다. 그래서 구신으로 변했기 때문에 그는 형제자매와 자형 그리고 매제의 돈을 끌어 모아 주식에 투자했다가 23억을 손해 보았다. 그 바람에 그 형제자매들이 모두 전셋집으로 나앉는 현상이 벌어졌고 辛巳년 현재 잠적해서 행방이 묘연해지고 말았다.

원국에 水木이 없어 金운을 소통시키지 못하기 때문에 그런 괴변을 당했는데 나머지 운행들이 모두 신통치 않아 원상복귀가 되기 어려우리라. 甲木운행은 약간 안정할 수 있지만 辰土운행은 辰戌이 상충하여 戌중 丁火가 손상되므로 매우 불길할 것이다.

본조의 주인공들이 다시 올 시기는 각

丁酉(2137·2197, 2377·2437)년 한로 후 辛酉일 酉시다.

9
미국에서 걸려온 전화상담

나는 평소 사주가 동양권이 아닌 서양권에 사는 사람들에게는 어떻게 적용되고 있을까 하는 궁금증이 많았다. 왜냐하면 한국과 외국은 시간차가 있기 때문이다.

가령 미국과 한국은 대강 12시간 정도 차이가 있다. 그 시간만큼 한국은 빠르고 미국은 늦은 것이다. 여기가 10일 아침이라면 미국은 9일 저녁이다. 그러면 날짜가 바뀔 뿐만 아니라 그곳이 甲子일 戌시라면 여기는 乙丑일 辰시쯤이라 사주 구성 자체가 달라질 것은 뻔하다.

어느 곳을 기준으로 삼아 사주를 뽑아야 하며 과연 그 주인공을 어떤 사주로 보아야 할 것인가? 체험이 없으니 대단히 궁금할 수밖에 없었다.

그러던 차에 庚辰년 어느 날 전화벨 소리가 울려 수화기를 들었다.

"아무개 선생님이십니까?"

"그렇습니다만…?"

"여기는 미국 텍사스입니다. 선생님 책을 읽고 상담 할 수 있을까 해서 연락드린 것인데 가능할까요?"

중년쯤 되어 보이는 여자의 목소리였다. 나는 평소 그런 곳에서 사는 사람들의 사주에 호기심이 많았기 때문에 마침 좋은 기회가 될 것으로 여기고 그녀의 요청에 응했다.

그러자 뜻밖에도 자기 아들들이라며 83년생과 87년생 어린 남아들의 생년월일을 말한다. 그래서 내가 물었다.

"그 사람들이 태어난 곳이 미국입니까 한국입니까?"

"둘 다 이곳 텍사스에서 태어났습니다."

나는 전화를 받으면서 그 사주들을 한국 시간으로 환산해서 뽑아보고 또 그곳을 기준으로 해서 뽑아 다함께 검토 해야겠다고 생각했다. 그래서 형제이니 네 개의 사주를 작성해서 잠시 검토해야 할 시간적 여유가 필요할 것 같아 이렇게 제안했다.

"사주도 뽑아야 하고 검토도 해야 할 것 같으니 30분 후 다시 전화해 주시겠습니까?"

그녀가 요청한 계좌번호를 일러주고 아래와 같이 사주들을 정리했다.

[1923-02-07, 1983-01-24 오후 8:20생 장남]

편인 癸(水水)亥 정인	06	16	26	36	46	56	66
비견 乙(木木)卯 비견	甲	癸	壬	辛	庚	己	戊
신주 乙(木土)未 편재	寅	丑	子	亥	戌	酉	申

상관 丙(火土)戌 정재 01 11 21 31 41 51 61

편인 癸(水水)亥 정인 06 16 26 36 46 56 66
비견 乙(木木)卯 비견 甲 癸 壬 辛 庚 己 戊
신주 乙(木土)未 편재 寅 丑 子 亥 戌 酉 申
정관 庚(金土)辰 정재 01 11 21 31 41 51 61

　위의 것은 현지 시간으로 뽑은 것이고 아래는 한국 시간으로
환산해서 만든 것이다.

　이 남명(男命:남자 사주)은 戌시로 보면 신강의설의 용법에 의
해 火가 용신이니 木이 희신이다. 지금 18살이므로 甲寅의 木운
행이 寅戌로 화국을 이루니까 희신과 용신운이다. 그러면 약 열
살까지 길운을 만났기 때문에 목화통명(木火通明)이 시원하게
이루어져 공부를 잘했을 것이다. 그러나 辰시로 보면 金이 용신
이기 때문에 甲寅운행은 불길하여 실력이 부진했을 것이고 丑土
운행은 희신운이니 실력이 향상되고 있을 것이다. 이렇게 큰아
들의 사주읽기를 정리해놓고 현지 시간의 사주로 먼저 확인해
보려고 마음을 정했다.

　약속된 시간이 되자 그녀가 다시 전화를 걸어왔다. 먼저 확인
겸 말했다.

　"큰애는 약 열 살 전까지 공부를 잘했겠는데 맞습니까?"

　"예, 그랬습니다."

　그게 맞다니 癸丑운행은 불길할 것이 뻔하므로 다시 확인했다.

"지금은 실력이 많이 저하되고 있지 않습니까?"

"그래요. 열 살 전에는 공부를 매우 잘해서 현지 적응이 아주 잘 된 것으로 생각하고 있었는데 지금은 중위권으로 뚝 떨어졌습니다. 그래서 걱정이 되어 선생님께 상담한 것입니다. 부모는 그 애를 신부(神父)가 되도록 하고 싶은데 지금 심경의 변화가 너무 심한 가운데 비즈니스가 되려고 합니다. 어떤 방향이 좋겠습니까?"

이 운행은 亥子丑이라는 수방(水方)운과 申酉戌이라는 금방(金方)운으로 일생을 달린다. 그 水金운행은 용신을 해치는 운들이니 전성기가 없는 일생이 될 것이다. 그렇다면 사업을 하는 비즈니스보다 부모가 생각하고 있는 대로 신부로 나가는 것이 순리일 것이다. 이렇게 정리하고 말했다.

"사업해서 돈버는 일보다는 어머니 생각대로 종교계로 나가는 것이 상책일 겁니다. 한 마디로 사업가 사주는 아닙니다. 부모님 생각대로 이끌어 보십시오."

이렇게 해서 나는 현지 시간의 사주가 맞다는 것을 처음으로 확인했다. 여기서 큰애의 사주읽기를 마치고, 다음 대화에서는 작은 애 사주가 있는 데로 옮겨 이야기하자.

· 사주읽기 ·

신주 乙木이 木왕절의 乙卯월에 태어나 득령했고 亥卯未의 목국이 신주에게 합세하니 신강하다. 따라서 신강의설의 용법에 의해 火가 용신이고, 木이 희신이며, 水는 병신이고, 金은 구신이며, 습토는 화몰되므로 기신이다.

그러니까 甲寅운행은 寅戌이 화국을 이루어 용신운이기 때문에 그는 공부를 아주 잘했으나 癸丑의 土운행은 화몰되어 불길하므로 실력이 중 정도로 떨어지고 심적 변화가 심해져 비즈니스가 되겠다고 한단다. 그런데 부모는 신부를 시켜보려고 하고 있다는 것이다. 亥子丑의 수방운과 申酉戌의 금방운행은 계속 불길하리라.

본조의 주인공들이 다시 올 시기는 각
癸亥(2163 · 2223, 2403 · 2463)년 경칩 후 乙未일 戌시다.

[1987-09-13 午前4시 차남]

비견 丁(火木)卯 편인	09	19	29	39	49	59	69
정재 庚(金土)戌 상관	己	戊	丁	丙	乙	甲	癸
신주 丁(火火)巳 겁재	酉	申	未	午	巳	辰	卯
정관 壬(水木)寅 정인							

비견 丁(火木)卯 편인	09	19	29	39	49	59	69
정재 庚(金土)戌 상관	己	戊	丁	丙	乙	甲	癸
신주 丙(火土)辰 식신	酉	申	未	午	巳	辰	卯
비견 丙(火金)申 편재							

위의 도표는 현지 시간으로 작성한 것이고 아래 것은 한국 시간으로 환산해서 만든 것이다.

위의 사주는 신강의재의 용법에 의해 金이 용신이고 土가 희신이다. 지금 14살이니 己酉의 土金운행에 해당되므로 실력이 매우 향상되고 있을 것이다. 그러나 아래 사주는 신약방조의 용법에 의해 木火가 용신이고 土金은 병신운이므로 실력은 커녕 오히려 말썽꾼 노릇만 할 것이다. 앞에서 장남의 운행이 맞는 것으로 보아 이 차남도 현지 시간으로 먼저 확인할 필요를 느꼈기 때문에 그녀에게 이렇게 말해보았다.

"둘째는 지금 형과는 달리 실력이 쑥쑥 올라가고 활달하겠는데요."

그러자 그녀가 이렇게 응답한다.

"그래요. 작은 애는 공부만 잘하는 것이 아닙니다. 운동도 아주 잘해서 친구들도 많답니다."

다음은 戊申의 土金운으로 더욱 좋은 기간이 될 것이다. 그래서 희망 섞인 말을 해주었다.

"이 애는 더욱 크게 발전할 운을 가지고 있어서 상당히 좋은 대학엘 진학할 것입니다. 본인이 하고 싶은 대로 가만히 두어도 잘 나갈 것이니 간섭을 마시고 뒷받침만 해주세요. 이 사주는 어머니의 간섭이 지나칠 수 있는데 그러면 도리어 본인에게 좋지 않는 사줍니다."

이렇게 해서 전화를 끊고 나는 사주가 왜 현지 시간으로 맞고 여기 시간으로는 틀릴까? 그 원인은 무엇일까 하고 얼마 동안 생각에 잠겼다. 곰곰이 생각해보니 장남의 경우 여기 시간인 辰시로 보면 해가 뜨는 시간이지만 현지 시간인 戌시로 볼 때는 해가 져서 없는 때이다. 그러면 하루 중 기후가 매우 심하게 차이가 생길 것이니 어느 기운이 작용하고 있는가에 따라 사주의 역학(力學) 관계가 달라질 것이다. 그래서 현지 시간이 중요하다는 결론에 도달했다.

· 사주읽기 ·

신주 丁火가 간직된 土왕절의 戌월에 태어나 통근했고, 일주가 똑같은 火이며, 寅卯의 목방과 寅戌의 화국이 신주에게 합세하므로 신강하다. 따라서 신강의재의 용법에 의해 金이 용신이고, 土가 희신이며, 火는 병신이고, 木은 구신이다.

이 경우 庚金이 戌중 辛金과 巳중 庚金에 통근하여 용신은 무력하지 않다. 그러므로 87년생 중 한 명은 己酉의 土金운행은 길운에 해당되어 庚辰년 현재 공부도 매우 잘하고 운동도 잘하고 있다. 戊申운행도 길운이다. 그러나 巳午未의 화방운행부터는 계속 발전이 잘 안되리라.

본조의 주인공들이 다시 올 시기는 각

丁卯(2047 · 2227, 2287 · 2467)년 한로 후 丁巳일 寅시다.

이 아래는 LA 현지 서점에서 필자의 책을 구입해 보고 걸어온 전화 상담을 소개해볼까 한다. 이번에는 남자 목소리로 자기 것과 여자 생년월일을 말했다. 나는 도표를 정리할 시간이 필요하므로 10분 후에 만나자고 했다. 그 사주들은 아래와 같다.

[1951-02-12 남명]

　상관 辛(金木)卯 정관　　04　14　24　34　44　54　64
　상관 辛(金木)卯 정관　　庚　己　戊　丁　丙　乙　甲
　신주 戊(土火)午 정인　　寅　丑　子　亥　戌　酉　申
　편재 壬(水土)戌 비견

[1906-05-08, 1966-04-26 여명]

　식신 丙(火火)午 상관　　07　17　27　37　47　57　67
　비견 甲(木火)午 상관　　癸　壬　辛　庚　己　戊　丁
　신주 甲(木土)辰 편재　　巳　辰　卯　寅　丑　子　亥
　식신 丙(火木)寅 비견　　03　13　23　33　43　53　63

　먼저 남명은 金이 용신이니 습기 찬 土가 희신이고, 火는 병신
이며, 木은 구신이고, 水는 한신(閑神)이다. 이 경우 辛金과 卯
木 사이에 水가 없어 식상견관(食傷見官)이다. 그러면 자녀를
두기가 어렵고 설령 두었다 해도 양육하기가 어려워 중도에서
헤어지기 쉬운 통계에 속한다.
　그리고 또 식상견관은 달변(金은 식상)으로 권력자(木인 정관)
들을 괜히 공격하는 입버릇—불평불만—도 나타날 수 있다. 그런
가하면 가정궁인 일시(日時)에 있는 壬戌은 재성으로 처성이자
재물성인데 그게 자좌살지(子坐殺地)이다.

이 용어는 壬戌로 배치되어 壬水가 자리잡은 戌土에게 극을 당하는 것으로 壬水 입장에서 보면 戌土는 살성(정관이나 편관)이라는 뜻이다. 그러면 壬水가 그 힘을 발휘하기 어려운 형상인데 재성이 그렇게 되었으니 처복과 재물복에 문제를 지니고 있는 것이다.

그가 전화를 하고 있는 지금은 辛巳년으로 51살이니 丙戌의 火土-卯戌合火가 또 구성됨-운행으로 재물성인 水를 또 극해서 몰아내고 연운도 巳火이니 水의 절지(絶地)이다. 그렇다면 크게 고전을 치르고 있을 것이다.

그런데 사주에 卯戌이 있어서 의약업에 종사할 수도 있다. 그러면 미국에서 약국을 하고 있는데 현재 궁지에 몰렸거나 처와도 이별할 수 있는 운이다. 약속 시간이 되자 전화가 걸려 왔으므로 내가 먼저 말했다.

"지금 형편이 말이 아니겠는데 혹 약을 다루는 약사입니까?"

이렇게 묻자 그가 말한다.

"말도 못하게 지금 어려운 처지입니다. 약사는 아니고 한의학을 전공했지만 여기서는 그걸 알아주지 않아요. 그래서 전공만 했지 써먹지도 못하고 놀면서 궁지에 몰려 있습니다. 전에는 한국에 계신 형님이 돈을 보내주어 그런 대로 지냈습니다만 형님이 돌아가시자 형수가 돈을 보내주지 않고 있습니다. 그런 지가 아주 오래되어 지금 사정이 말이 아닙니다."

"아니 51살이나 되도록 자립하지 못했습니까?"

조금 전까지 처성이자 재물성인 壬水를 살피고 났는데도 그것을 잠시 잊어버리고 그의 나이에 비해 형님 형수 운운한 말을 듣자 나도 모르게 다그치고 말았다. 좀 불쾌했을텐데 이렇게 그가 말한다.

"서른 살까지 공부를 하고 그 후로 결혼을 서둘렀지만 번번이 깨져 버렸습니다. 될 듯 될 듯 하다가도 끝에 가서는 잠시 정을 들인 여자들이 떠나 버렸어요. 그래도 어떻게 되겠지 하고 엄벙 덤벙 지낸 것이 이 나이가 되고 말았습니다. 아무 것도 가진 것이 없으니까 자본주의 사회인 미국에서는 다 막혀 버렸어요."

그는 자본주의 사회를 탓하고 있었지만 그게 그럴 것이 戊子운행에는 처궁인 일지와 子午로 충극하기 때문에 번번이 어그러졌을 것이고, 丁亥운행은 丁火가 병신이고, 亥卯로 목국을 이루어 구신운이니 아무 것도 되는 일이 없었을 것이다.

그런데 처음에 말했던 여자는 그러면 누구란 말인가. 나이 차이가 15년이나 생기니 이것도 궁금한 일이다.

금년은 辛巳년이니 작년은 庚辰년이다. 두 해는 모두 金으로 丙戌운행의 戌중 辛金과 연결된다. 그리하여 土生金하고 金生水하니 작년에 이 여자를 만난 것이 아닐까. 그래서 내가 말했다.

"아까 여자 사주도 보아달라고 했는데 그 여자와 현재 사귀고 있지 않습니까?"

그러자 웬 여자 목소리가 느닷없이 들려온다. 전화를 바꾸어서 그녀가 말한다.

"안녕하세요. 선생님! 저는 방금 전에 전화했던 사람과 결혼식은 올리지 않고 동거하고 있는 여잡니다. 가만히 옆에서 들어보니 선생님 말씀대로 이 사람이 살아오고 있는 것 같아요. 제 사주에 대해서 말씀 좀 해주세요."

나는 그녀의 사주에 부군성인 金이 없고, 또 金이 사주에 들어오려고 하면 火의 세력이 워낙 막강해진 채 火克金으로 몰아내고 있는 형상을 감지했다. 그렇더라도 辛卯운행은 가냘픈 辛金이나마 명색이 부군성이다. 지금 그녀의 나이가 36살이니 곧 있으면 庚寅운행으로 庚金이라는 남자성이 연속된다. 먼저 운행부터 점검하기 시작했다.

"약 13세부터 운세가 좋아져 한동안 잘 나갔겠는데요."

그러자 그녀가 그때 부모님들이 모두 미국으로 이민을 갔고 자기는 학업을 계속해서 마쳤다는 것이다. 그러나 졸업 후 직장을 구했지만 웬일인지 마음에 내키는 곳이 생기지 않아 허송세월만 보냈다는 것이다.

그런 가운데 우연히 이 남자를 알게 되었는데 그 생활이 너무 쓸쓸하고 고독해서 말벗이 되었고 그러다가 작년부터 동거하게 되었다는 것이다. 외로운 사람들끼리 자주 만나다 보니 그렇게 된 것이란다.

그러면서 자녀는 둘 것 같으냐고 그녀가 묻는다. 내가 두 사람의 사주에서 자녀의 형상을 감지하고 있었으므로 말하려고 할 때다. 다시 남자가 전화를 바꾸어 말한다.

"이 사람은 자녀를 두자고 하는데 저는 자식을 두고 싶지 않습니다. 왜냐면 자식이 태어나 저처럼 정처 없이 지구를 방황하는 사람이 될까 겁나기 때문이죠. 이 세상이 얼마나 살기 힘든 곳인데 자식들이 태어나면 걔들 고생이 얼마나 크겠습니까? 그래서 저는 자식을 두고 싶지 않은데 이 사람은 생각이 달라요. 그런데 제 사주에 자식은 둘 수 있겠습니까?"

여자 사주는 신약 사주가 자녀성인 火가 지나치게 강해서 두기가 어렵지만 운행이 寅卯의 木으로 달려 火를 다시 木生火하므로 자녀를 둘 수 있다.

그러나 남자 사주는 곧 있으면 金운으로 달려 자녀성인 木을 金克木하고 卯酉가 충극하니 자녀를 둔다고 해도 양육하기가 힘들다. 그래도 乙酉운행은 용신운이니 큰 문제는 아니다.

"댁은 지금까지 운이 나빠 그런 생각을 할만도 했겠습니다만, 앞으로는 좀 안정될 겁니다. 그러니 부인이 원하면 자녀를 두는 것도 괜찮을 것으로 봅니다."

그러자 그는 앞으로 운이 좋아질 것이라는 말이 기뻤는지 매우 빠른 목소리로 다그쳐 묻는다.

"한국으로 나가 한약방을 하면 풀리겠습니까? 여기서는 전공한 한의학을 써먹을 수가 없어요. 그래서 그런 생각을 해봅니다."

그의 질문을 받고 乙酉운을 추리했다. 이 운에는 卯酉戌이 모두 모인다. 그러면 의약업과 통하고 용신운이니 그럴 듯한 생각이다.

"그것도 괜찮은 생각입니다. 그런 직업에 알맞은 운이니까 정 그렇다면 그렇게 해보십시오."

이렇게 해서 국제 전화가 30분을 넘었다. 어려운 처지에 처한 사람들에게는 통화료가 만만치 않을 것이라는 생각이 들자 여운이 좀 씁쓸했다.

그들과 상담을 마치고 그 결과를 정리해 보니 운은 한국에 있으니 미국으로 떠났거나 어디더라도 똑같이 작용한다는 것을 알았다. 다른 곳으로 가도 한 번 정해진 운은 피하거나 바꿔지지 않는다는 사실이다. 본서 Can do라는 마당도 그걸 증명하고 있다. 그로 보아 타고난 바탕이 중요하다.

· 사주읽기 ·

이 주인공 가운데 한 명은 辛巳(51세)년 현재 미국 LA에 거주하면서 전화로 상담한 사례이다. 태생은 한국이요. 형(戊土)이 뇌일혈로 사거했다니 백호대살인 戊시생이 맞는 것으로 생각된다.

신주 戊土가 木왕절의 卯월에 태어나 실령해서 신약사주로 출발했으나 木生火, 火生土하고 午戌의 화국이 생신하니 신강사주로 변했다. 따라서 신강의설의 용법에 의해 金이 용신이고, 습토가 희신이며, 火는 병신이고, 木은 구신이며, 水는 약신이다. 그러므로 그는 亥子의 수방운행에 미국에서 한의학을 전공했는데 그곳에서는 그것을 별로 알아주지 않는다고 한다. 그리하여 丙戌의 火土운 내내 크게 고전하고 있다.

그는 현재까지 미혼으로 자녀가 없는데 자기처럼 자녀들이 살까 걱정되어 두고 싶지 않다는 것이다. 그리고 현재 동거녀(丙午, 甲午, 甲辰, 丙寅)가 있다. 申酉戌의 금방운행은 약간 안정하리라.

본조의 주인공들이 다시 올 시기는 각

辛卯(2131 · 2191, 2371 · 2431)년 경칩 후 戊午일 戌시다.

· 사주읽기 ·

이 여조는 신주 甲木이 火왕절의 午월에 태어나 寅午의 화국 등 많은 火에게 설신이 심해 신약하다. 따라서 신약방조의 용법에 의해 水木이 용신이고 土金은 병신이며 火는 기신이다.

그러므로 66년생 중 한 여성은 삼남매의 형제자매로 태어나 壬辰의 水운행에 미국 LA로 이주해서 庚寅운행 중 庚金이 남자성이고 辛巳년도 辛金이 역시 그러하므로 현재 남자(辛卯, 辛卯, 戊午, 壬戌)와 동거중이다.

이 여명은 부군성인 金이 원국(原局:사주팔자)에 없는 가운데 火의 세력이 워낙 강해져 火克金으로 金이 발붙이지 못하게 하므로 부군 덕이 부실한 형상이다. 亥子丑의 수방운행은 그런 대로 안정하리라.

본조의 주인공들이 다시 올 시기는 각

丙午(2146 · 2206, 2386 · 2446)년 망종 후 甲辰일 酉시다.

10
흑룡강에서 온 여인

어느 날 젊은 여인이 방문했는데 그녀는 들어서자마자 나를 약간 경계하는 눈초리로 살피었다. 사무실로 들어서긴 했지만 왠지 살피면서 입을 열까말까 망설이는 눈치였다. 왜 그럴까 하고 내가 이상한 사람처럼 보일만한 표정인가를 살펴보았다. 그럴만한 것이 없었다.

상담 도중에 알고 보니 그녀는 중국 흑룡강에서 왔기 때문에 요즘 조선족들이 불법으로 입국해서 국가적으로 문제가 되어 있는 때라 그런 것이었다. 나는 그녀가 불법으로 입국했는지 그것을 알아내야 할 처지가 아니었으므로 전혀 모른 체 하고 상담만 했다.

그녀가 중국에서 태어났다고 하니 과연 한국사람 사주 보듯 하면 얼마나 유사할까 그게 매우 궁금했다. 그녀는 우리말에 능숙해서 의사소통에는 전혀 지장이 없었다.

그녀의 생년월일을 따라 사주를 뽑아보니 아래와 같이 나왔다.

[1900-03-23, 1960-03-12 여명]

정관 庚(金水)子 편인 06 16 26 36 46 56 66
정관 庚(金土)辰 정재 己 戊 丁 丙 乙 甲 癸
신주 乙(木土)丑 편재 卯 寅 丑 子 亥 戌 酉
겁재 甲(木金)申 정관 01 11 21 31 41 51 61

이 여조(女造)는 부군 또는 남자에 속한 별자리(夫君星)가 서너 개나 있으면서 신주(주인공인 나)와 합친다. 이것을 사주학 용어로는 관다합여(官多合女)라고 하는데 부군성인 金(정관과 편관)이 丑중 辛金과 申중 庚金 그리고 연월에 두 개의 庚金이 있으면서 그것들이 신주와 乙庚으로 이리저리 자주 합신(合身)하는 것이다.

이렇게 되면 신약한 여명(女命)에는 관살혼잡(官殺混雜)이 되고 이런 여조는 많은 남성들과 자주 합했다가 헤어지기를 반복하는 것이다.

한국 사주로는 일단 그렇게 보는데 그녀는 지금 38세나 되었고 중국에서 태어났으니까 어떨 지 한 번 확인해 보고 싶어 다음과 같이 말했다.

"한국식으로 하면 이 사주는 시집을 서너 번 갈 팔자입니다."

그러자 그녀의 얼굴이 별안간 붉어지더니 이내 수줍은 듯 변하면서 말한다.

"지금 세 번째 남자하고 살고 있습니다. 24살에 첫 결혼해 딸 하나를 낳아 주고 이혼한 뒤 두 번째 남자를 만났는데 그 자는 너무 무능해서 또 이별하고, 지금 같은 조선족인 세 번째 남자하고 한국에서 만나 살고 있습니다. 이제 다 끝났을까요? 아니면 아직도 또 만나야 할 남자가 있는지…?"

"또 있다면 또 할 작정이요?"

이렇게 되묻자 그녀는 나의 눈치를 한 번 살피고 나서 말한다.

"흑룡강에 있을 때도 점치는 사람들에게 가 보았는데 거기서는 서로의 궁합만 볼 뿐이지 선생님처럼 만날 남자의 숫자를 말하는 것은 못 들었어요. 그래서 도대체 몇 명이나 있는가 싶어 궁금해서 물어본 것인데요."

"공개적으로는 셋이고 숨어 있는 남자가 또 하나 있긴 있는데…."

내 말이 끝나지도 않았는데 그녀가 말한다.

"숨은 남자라면 뭐 오다가다 만날 사람이란 말인가요? 그런 사람도 있긴 있었어요. 그러면 다 끝났겠네요?"

"그런데 흑룡강에서 태어난 친구 분들도 댁처럼 그렇게 남자들을 자주 갈아 치우며 살던가요?"

"아니요."

"그럼 왜 댁만 그렇게 살아오고 있을까요. 그게 궁금하지 않습니까?"

그러자 그녀가 고개를 갸우뚱하며 약간 궁금하다는 표정을 지었다.

"이 사주에 주인공은 아무나 오는 것이 아닙니다. 그럴만한 까닭을 지닌 여자가 이 팔자의 주인공으로 오게 되어 있습니다. 그 주인공은 전생과 전전생에 여러 남자들을 궁지에 몰아넣었던 발자취를 남긴 여자가 오게 되어 있어요. 발자취는 그 때의 습관이었고, 그 습관은 체질이 되어 무의식 속에 기록됩니다. 그 기록을 지닌 영혼이 이 사주의 주인공으로 이월되어 다시 태어나 그 당시 골탕을 먹였던 남자들과 또 만나 치다꺼리를 하게 되는 것입니다.

남녀가 만나게 되는 것은 이성(理性)에 의한 것이 아니고 무의식에 의한 감성(感性)으로 만나게 되지요. 그래서 정신분석학자 프로이트가 이렇게 말했습니다. '인간은 자아 통일이 불가능한 무의식에 끌려 다니는 가엾은 동물이다'라고 말입니다. 연애를 이성으로 하는 사람 보았습니까? 거의가 감성으로 합니다. 그 감성이 곧 무의식에서 발동되는 것이죠.

또 남아 있는 남자가 있느냐고 물었는데 설령 있다고 해서 지금 남자와 헤어지고 다시 그런 발자취를 남긴다면 먼 후일에 또 더 불어난 남자들을 치다꺼리해야 하는 사주의 주인공으로 다시 옵니다. 그러면 가정 문제가 항상 해결이 안 되어 자기 인생에 다른 일을 해볼 수가 없게 됩니다. 그렇게 되면 여자로서 큰 일, 예를 들면 교수라든가 하는 다른 여자들처럼 될 수가 없지요. 이제 남자들에 대한 생각을 정리할 땝니다."

이렇게 한참 동안 장황하게 말하자 그녀는 가만히 듣고 있었다.

지난 운을 점검하기 위해서 그녀에게 말했다.

"어려서 20여세까지는 운이 좋아 친정이 괜찮게 살았겠고 본인도 활달했겠는데요. 어땠습니까?"

그러자 그녀가 그랬다고 확인해 주었다. 그녀의 대답을 통해 한국식 사주가 중국에서 태어난 사람에게도 똑같이 적용된다는 것을 확인했다.

그리고 丁火운행에는 병신(病神)인 金을 제압하는 길운이지만 극을 당하는 金은 남자성이기 때문에 부부가 헤어지는 운이다. 그래서 말했다.

"21살 경부터는 남자성을 극하여 부부가 분쟁하는 운이지만 본인에게는 길운이니까 약 25살까지는 돈 좀 만졌겠는데, 어땠어요?"

"그 때 이혼하고 한국으로 나와 한참 동안 괜찮았습니다. 그런데 그 뒤로 두 번째 남자를 만나 다 까먹어 버렸습니다. 그래서 그 남자하고 헤어진 뒤 세 번째 남자를 만나 재작년(丁丑년)에는 건물 짓는데 페인트 오더를 맡아서 돈 좀 벌었습니다. 그런데 지금(己卯년)은 큰 일감이 생기지 않아서 시원치 않아요. 그래서 언제쯤 또 일감을 맡을 것인지 그것이 궁금해서 찾아온 것입니다."

내년은 庚辰년으로 관성이 강해진 병신운이다.

"내년하고 다음해까지 욕심을 부리지 말고 조심해야 합니다. 관재(官災)운이니까 미리 법률적인 문제나 남편 또는 다른 상대와 다투는 일이 생기지 않도록 조심해야 합니다. 그 다음 壬午년에는 좀 풀릴 테니까 그 때를 기다리십시오."

그녀는 돌아갔다. 일본 사람은 아직 상담해본 적이 없어서 무어라 말할 수 없지만 아마도 동양권은 사주학이 똑같이 적용되는 것으로 여겨진다.

· 사주읽기 ·

이 여조 중 한 명은 중국 교포로 흑룡강에서 온 여자(趙氏)가 방문했다. 신주 乙木이 간직된 土왕절에 태어나 土金이 매우 강성하므로 신약하다. 따라서 신약방조의 용법에 의해 木水가 용신이고, 金土는 병신이며, 火는 약신(식상제살)이다.

그러므로 그녀는 寅卯의 목방운행에 친정이 매우 잘 살았고 24살에 결혼해 외딸(癸酉, 戊午, 丁亥, 戊申)을 두고는 남자성인 庚金이 申중에도 있어 여러 개와 乙庚으로 합신하므로 첫 부군과 25살에 이혼했다.

그 다음 2남1녀를 둔 채 이혼한 남자(己亥, 甲戌, 癸未 미상)와 재혼해서 子水운행을 살았다. 그러나 무능력자이기 때문에 다시 이혼하고 다른 남자(壬辰, 乙巳, 丙辰, 戊戌)와 살고 있는 중이다. 그녀는 한국에서 오랫동안 활동하고 있는 중인데 丁丑년에는 페인트 오더를 맡아 돈을 좀 벌었다. 乙亥운행은 길운이지만 乙庚들이 모두 합하여 金으로 변하니 관액 또는 남성이나 횡액을 조심해야 할 것이다 그리고 甲戌운행 중 戊土는 병신운으로 丑戌과 辰戌이 상충해 몹시 불길하다.

본조의 주인공들이 다시 올 시기는 각

庚子(2140 · 2200, 2380 · 2440)년 청명 후 乙丑일 申시다.

11
흐느끼는 중반운

어느 날 전화벨이 울려 수화기를 들었다. 들자마자 웬 여자의 울음소리가 들리는데 한참 동안 흐느끼는 소리만 들려왔다. 한참 후 그녀는 흐느끼는 목소리로 중간 중간 말소리를 흐리면서 말한다.

"선생님 저는 아무데서 전화를 드립니다. 흑흑… 제 이름은 화영이라고 해요. 흑흑… 전화로 이래서 죄송…합니다. 실례를 무릅 쓰고…"

또 한참 말이 없다. 전화를 건 데는 4대 도시에 속한 곳으로 젊은 여인의 목소리였다. 아닌 밤중에 웬 홍두깨 식으로 이런 전화를 받고 보니 무슨 말부터 해야 할 지 주춤해졌다. 다시 그녀의 목소리가 들려온다.

"죄송합니다. 선생님, 저 같은 여자가 또 있을까요? 너무 억울하고 분해서…. 전화로 상담이 될까요?"

말소리가 한결 차분해졌다.

"무슨 일로 그런지는 모르지만 생시(生時)가 확실해야 합니다. 생시가 불분명하면 어렵습니다. 생시에 따라서 인생살이에 많은 차이가 생기기 때문입니다. 하루 중 어느 때쯤인가 그것만 알아도 참작은 할 수 있지만 전혀 모르면 불가능합니다."

"예, 압니다. 아침 식사 바로 전인데 7시경이랍니다. 저는 지금 아주 기구한 처지에 처했답니다. 좀 봐 주시겠습니까?"

"생년월일을 말씀한 다음 전화를 끊었다가 약 10분 후에 다시 걸어주십시오. 사주를 뽑아 놓겠습니다."

이리하여 만세력을 보고 정리한 사주는 다음과 같다.

[1900-07-30, 1960 윤6-17 여명]

상관 庚(金水)子 편재　05　15　25　35　45　55　65

정관 甲(木金)申 상관　癸　壬　辛　庚　己　戊　丁

신주 己(土火)巳 정인　未　午　巳　辰　卯　寅　丑

편인 丁(火木)卯 편관　01　11　21　31　41　51　61

사주읽기를 해보니 丁卯시생이라면 어머니 외에 또 어머니가 있는 이른바 모외유모(母外有母) 사주이다. 그리고 火土가 용신이니 지나온 어린 시절은 巳午未의 화방운이 용신운이다. 그러면 학문성인 인성운이니 학력도 괜찮았을 것이고, 친정 집안도 비교적 잘 살았을 것이다.

그러나 전화가 걸려온 때는 丁丑년으로 38살이니 운행은 庚辰의 金土에 해당된다. 金土운은 병신운이고 특히 辰土운행은 화몰(火沒)되는 운으로 사업하는 남자라면 영락없이 부도가 터지는 운이다.

이렇게 사주읽기를 하고 있는데 예정된 시간이 되자 전화벨이 울린다.

"학력은 매우 좋아 보이고 친정은 상당히 잘 살았을 것 같은데…. 그리고 혹시 어머니 외에 또 다른 어머니가 계신가요?"

나는 생시가 맞는가 틀린가를 확인하고 싶었기 때문에 그렇게 물었다. 생시가 맞아야 지나온 일들도 맞을 것이고, 다가올 운들도 제대로 말할 수 있기 때문이다. 그러자 상당히 진정된 그녀가 차근차근 말한다.

"24살 때 결혼 했는데 이듬해 어머니가 돌아가셨습니다. 그 전에는 선생님 말씀대로 잘 사는 편에 들었습니다. 저는 대학을 졸업하고 외국에 유학을 가서 석사학위를 받았어요. 어머니가 세상을 뜨자 아버지는 다른 여자와 살고 있는데 같이 살아보지 않아서 그런지 저는 그 여자와 정이 없다시피 해요."

여기까지 말하는 동안에 나는 계속해서 사주를 살피고 있었다.

이 여조는 부군성인 甲木과 신주가 甲己로 합신하고 있는데 그 밑(옆)에 있는 것들은 巳申으로 형살(싸움살)이다. 이렇게 짜이면 연애(合身) 결혼을 해도 나중에는 뜻이 맞지 않아 부부가 서로 다투는 형국이다.

게다가 남자성인 卯木이 하나 더 있는 가운데 辛巳운행은 다시 巳申이 또 형살이다. 그러면 甲申으로 배치된 甲木이 절지 위에 있으면서 申金에게 金克木으로 극을 당해 흔들린다. 그렇게 구성되면 부부가 싸움질을 한 다음 헤어질 수 있다. 특히 庚辰운행은 甲庚이 또 다시 충극하니 아예 甲木과 헤어지는 운이다.

그리고 부군성인 甲木을 극하는 申金은 자녀성인 식상이니 식상견관(食傷見官)이 구성된다. 이러면 자식을 두면서 부군과 전투를 벌여 부부 사이가 험악해지고 경우에 따라서는 이혼도 불사한다.

그래서 내가 이어 말했다.

"연애결혼 했습니까?"

"그랬어요."

"자식 낳고 헤어졌지요?"

"예. 아들 하나를 두었습니다."

"자식은 부군에게 맡기고요."

"그게 맘에 걸려요."

여기까지 말하고 있는 중인데 갑자기 어떤 여자가 그녀의 이름을 부르면서 방문하는 것 같더니 전화가 끊겼다. 한 시간쯤 지나자 그녀가 다시 전화를 걸어 친구가 찾아와서 그렇게 되었다며 수일 내에 곧 서울로 방문 하겠다고 말하고는 다시 전화를 끊었다.

며칠이 지난 후 그녀는 약속대로 그 머나먼 곳에서 직접 방문했다. 들어오자마자 또 그녀가 울먹인다. 매우 감성이 예민한 여자로 적당한 키에 얼굴은 상당히 예쁜 계란형이고 피부색도 깨끗했으며 이목구비가 그런 대로 균형이 잡혀 있었다.

울먹이고 들어온 것도 잠시 그녀는 곧바로 명랑해지더니 지난

번은 미안했다는 말을 반복한다. 젊은 여성이면서도 예의를 잘 갖추는 모습이 고맙게 느껴졌다. 자리에 앉은 그녀가 가방에서 대학노트 한 권을 꺼내어 나에게 펴 보인다. 거기에는 여러 사람들의 사주들이 빼곡히 들어차 있다. 그 중에서 자기 사주를 뽑은 것을 내밀고 말한다.

"선생님, 여기 제 사주 용신은 과연 무엇입니까? 사주보는 사람들을 만나서 물어보면 어떤 사람은 金이 용신이라고 하는가 하면, 어떤 이는 火라고도 하고, 또 다른 사람은 水라고도 하는데요. 저도 삼 년째 이 방면의 책을 보고 있지만 헷갈려서 뭐가 뭔지 모르겠어요."

들어오자마자 울먹일 때가 조금 전이었는데 벌써 냉정한 이성으로 돌아와 따지듯 자기 사주를 검토하려고 하는 그녀를 보고 역시 석사학위를 받은 여자라 다르긴 다르구나 생각했다. 그리하여 학술적으로 이야기할 분위기도 되었고 시간적으로도 쫓기듯 볼 필요가 없어 여유를 가지고 말했다.

"화영씨 사주는 火가 용신입니다. 왜냐하면 신주 己土가 金이 강해진 申월에 태어나 흙의 기운이 약해졌고 申子의 수국이 있기 때문입니다. 태양이 이글거리는 여름철의 흙은 만물을 키워낼 기운이 있지만 이제 햇빛이 약해진 흙은 가을과 겨울을 앞두고 있어서 그 기운이 쇠약해지고 있는 것과 흡사한데 수국이라는 물기까지 가득 차서 흙이 물에 젖어 흙탕물로 변한 형국입니다.

그래서 나무인 木을 성장시키기 어려운 형상이므로 이 사주는

金水 때문에 흙이라는 신주가 약해져 학술적으로 말하자면 신약 사주가 됩니다. 이럴 경우는 햇빛을 강렬하게 쪼여서 물기도 말려야 하고, 火克金으로 金을 공격해서 土洩金이 되지 않도록 해야 할 것 아닙니까? 그러니까 火라는 햇볕은 두 가지 일을 하면서 火生土로 신주를 돕기(생조, 生助) 때문에 이 사주가 긴히 써야할 용신이지요."

"자연 현상을 적용하고 있군요."

"그렇습니다."

"사주라는 학문은 보통 사람들이 만들어낸 것이 아니고 고급 두뇌들이 만들어냈습니다. 그 두뇌 집단은 궁중에서 천문을 연구한 사람들이라고 보여집니다.

여기 약 천년 전에 쓰여진「연해자평」이라는 책에 소개된 4백 여조의 사주들을 보면 평민은 별로 없고 거의가 고관급들로 가득 차 있어요.

농경사회 시절에는 농사가 잘 되어야 백성들이 천자의 덕을 칭송했고 만약 흉년이 들어 농사가 잘 못되면 천자가 덕이 없어 그렇게 되었다는 시대였습니다.

그러므로 천자는 무엇보다도 치수(治水) 사업에 골몰했지요. 치수를 잘하려면 천문을 연구하는 관리들이 필요했습니다. 그 관리들은 농사를 효율적으로 관리하기 위해 통계를 찾으려고 백성들보다 더 빨리 문자를 발전시켰고, 그러다 보니 육십갑자가 생겨 천문을 체계적으로 연구했습니다.

그러니까 육십갑자는 자연현상을 토대로 생겨난 것입니다. 그게 나중에는 생년월일과 생시를 모아 통계를 내는 데 쓰이기 시작하면서 궁중에 근무하는 관리들을 상대로 적용해 보았던 것입니다. 그래서 이 책에는 고급 관리들의 사주들만 거의 소개되고 있습니다. 그게 발전을 거듭하여 오늘날과 같은 사주학이 탄생했으니 사주라는 것은 자연현상과 밀접한 관계가 있습니다. 그래서 이 사주도 그런 시각으로 보고 있는 것입니다."

이렇게 설명하자 그녀는 처음 들어본 소리인 양 조용히 경청하고 있었다.

다시 그녀의 사주로 돌아가 말했다.

"이 사주는 火가 용신인데 초반운에 午未라는 火운이 용신운입니다. 그래서 화영씨는 괜찮게 사는 집에서 성장하며 유학도 갔다 온 것입니다.

그 火운은 인성운이니 학문운이지요. 그리고 내 몸인 己巳는 巳가 동서남북으로 돌아다닌다는 역마살이자 학문에 해당되어 외국에 유학할 수 있었던 것입니다."

"그렇게 말씀하시니 선생님 말씀이 제가 만난 사람들 가운데 가장 논리적인 것 같은데요."

"사주는 귀신을 빌어다가 느낌으로 보는 것이 아닙니다. 이리저리 연결되는 근거를 추적하면서 어떤 현상이 벌어지겠는가를 추리하는 학문입니다. 그래서 사주학을 일명 추명학(推命學) 또는 명리학(命理學)이라고도 하는데, '운명을 추리하는 학문' 또는 '운명의 이치를 연구하는 학문' 이라는 뜻입니다.

그런데도 상대의 눈치나 보고 감으로 중언부언하면 미신이 됩니다. 말하자면 논리적으로 보면 사주가 학문이 되고 느낌으로 적당히 보면 미신이 되어버린다는 그 말입니다."

"火운을 그렇다고 보고 다음 辛巳운은 어떻게 보신 것인가요?"

"그 운은 巳火가 火운이기 때문에 용신운이므로 일단 결혼은 잘할 수 있습니다. 그러나 巳申이 형살을 또 일으키고 있습니다. 그 자리는 甲木이라는 남자, 즉 부군성이 있는 곳으로 그곳과 싸움질이 벌어지기 때문에 申金이라는 아이를 둔 다음 부부가 전쟁을 벌입니다. 그러면 金왕절의 申金이 절지에 놓인 甲木을 金克木해서 木을 벌목(伐木)하지요. 그래서 부군과 생이별 할 수 있어요."

그러자 그녀가 자초지종을 말한다.

"저는 24살에 재력가 집안의 남자와 연애결혼 해서 부부가 외국으로 함께 유학을 떠났습니다. 그런데 유학 도중 뜻이 맞지 않아 여러 번 다투었어요. 그러자 남자가 학업도 마치기 전에 먼저 귀국했어요. 그 후 6개월쯤 지난 뒤 저도 귀국했습니다.

그런데 남자가 다른 여자와 사귀고 있었어요. 어찌나 화가 치밀든지 공부고 뭐고 우리는 날이면 날마다 크게 싸웠습니다. 배신감 때문에 어쩔 수가 없었어요. 그러다가 남자가 사귄 여자와 나가 살아버렸습니다.

저는 위자료를 청구하고 이혼 하려고 했습니다. 그런데 그쪽은 법률가 집안에다 그 계통 사람들과는 거미줄 얽히듯 얽혀 있어서 그 조건을 충분히 이용해 나에게 아내로서 자격이 없다는 조건들만 나열해 이혼소송을 냈어요.

더욱 분이 났지만 저는 그런 연줄도 없고 새 어머니와 남은 여생을 무난히 살려는 아버지가 제 일은 모른 척 했기 때문에 저는 불리할 수밖에 없었지요.

소송 기간이 5년여 걸렸는데 저에게는 뾰족한 수가 없었고, 그쪽은 법률을 자기들 유리할 대로 충분히 이용해서 결국 5천만 원만 받고 헤어졌습니다. 그 집은 재산이 50억이 넘었는데 겨우 그 돈밖에 받을 수 없었습니다.

저는 그 돈으로 전세 정도는 얻을 수 있어 두 말 않고 깨끗이 헤어졌습니다. 그때 생각은 나도 보란 듯이 교수가 되어 그자 앞에 나타나리라 작정했구요. 그랬는데 뜻대로 되지 않고 번번이 임용에서 탈락된 채 지금까지 아무 일도 안 됩니다.

선생님, 언제쯤 교수가 되겠습니까? 분해서 못 살겠어요."

이렇게 말하고 그녀는 또 눈물을 보이면서 순간적으로 흐느낀다.

방문했을 때는 38살로 庚辰운행이다. 이 운 10여 년 간은 이 사주에서 최대로 불길한 운이다. 왜냐하면 甲庚이 충극해서 甲木이 손상된 채 없어져 용신인 火를 木生火로 도울(生) 수 없고, 火는 辰土라는 습기 찬 흙에게 빨려들기만 할 뿐이다. 이것을 화몰(火沒)이라고 하는데 그 뜻은 火가 몰락하여 어두워진다는 뜻이다.

이런 기간을 만나면 사업가일 경우 큰 부도를 만나기 십상이다. 그녀는 사업가가 아니므로 부도가 나지는 않지만 그래도 그와 맞먹는 고통을 겪는 기간에 해당된다.

이 경우 병신에 해당된 水는 재물성인데 金운행이 申子로 수국을 이루면서 金生水로 도우니 화몰되어 더욱 신약해진 사주가 그 水를 감당할 수 없다. 그래서 수중에 든 것이나 다름없는 50억 재산을 감당할 수 없어 내쫓기다시피 물러난 것이다.

재산은 그렇다 치고 그녀가 바라는 교수임용 문제도 이 기간에는 도저히 불가능한 일이다. 火운이나 건조한 土운이라면 충분히 그 희망을 성취할 수 있지만 庚辰운행은 사주에 있는 글자들과 申子辰이 모두 모여 완전히 수국을 이룬 병신(病神)운이니 그녀가 꿈꾸는 교수가 될 리가 없다.

그녀가 분해서 억울해 하고 있지만 그렇다고 거짓말을 할 수도 없는 노릇이다. 그래서 방금 위와 같은 작용을 설명해 주면서 결론적으로 말했다.

"대략 41세 전까지는 운이 열리기 어렵습니다. 다른 방도를 강구해 봐야 할 것입니다."

이렇게 결론을 내리자 그녀가 또 분하다는 표정을 지으며 눈시울이 뜨거워진 채 말한다.

"그럼 선생님, 저는 무엇을 하며 먹고 살아야 합니까? 지금 지방대에 가끔 시간강사로 나가는데 어쩌면 교수로 채용될 듯 하다가도 끝에 가서는 번번이 탈락하고 말았어요.

아는 교수들에게 부탁해서 부산으로 대전으로 서울로 시간 강의를 나가기는 하지만 그 시간이 자주 배정되는 것도 아니고, 강의료를 받는다고 하지만 교통비야 식대야 교수님 접대비야 이것저것 계산하고 나면 오히려 적자투성이에요. 그렇다고 안 할 수도 없고….”

여기까지 말하고 그녀는 긴 한숨을 푹 내쉬었다. 듣고 보니 아닌게 아니라 이럴 수도 저럴 수도 없는 처지라 참으로 딱해 보였다. 이럴 때 내가 아는 대학 총장이 있다면 좀 알아보기라도 하고 싶은 심정인데 그렇지도 못하니 그녀의 딱한 처지를 도울 만한 뾰족한 수가 없다. 그리고 아직도 불운이 끝나려면 상당한 기간이 남아 있어서 사업을 해 보라고 권할 수도 없다. 그래서 생각다 못해 이렇게 말했다.

“이렇게 불운을 만났을 때는 과거의 화려한 생각을 다 내려놓고 새로운 인생살이를 한다는 심정으로 수양을 하든지 밑바닥에 속한 일이라도 팔 걷고 나서보아야 합니다. 아무 일이나 닥치는 대로 하다가 운이 후반에 약간 열리니까 그때에 가서 다른 일을 하는 것이 나을 겁니다.

지금은 아무리 애타게 추진해 봐야 성취하기가 어려운 땝니다. 바른 대로 일러드리는 것이 내가 해야 할 일이므로 이렇게 밖에 말할 수 없어요. 이해하십시오.”

이 외에 남아 있는 운들도 함께 점검하고 돌아갔다.

그 후로 그녀는 庚辰년에 전화를 걸어 한복집에 나가 일을 배우고 있다고 했다. 그러더니 辛巳년에는 언니가 자기 카드를 몰래 긁어 또 큰 어려움을 겪고 있다는 전화를 했다. 속담에 ‘죽어라 죽어라' 한다더니 참으로 그런 것 같아 마음이 무거웠다.

필자는 이 사주를 보고 불운이 닥치면 손에 쥐었던 호강도 박차고 나와서 큰 역경을 치르며 살아간다는 것을 알았다.

· 사주읽기 ·

이 여조는 신주 己土가 金왕절의 申월에 태어나 설신되니 실령했고 巳중 庚金과 연간의 庚金에게 계속 설신이 심하며 木들에게 극신을 당하니 신약사주다.

따라서 신약방조의 용법에 의해 土火가 용신이고, 金水는 병신이며, 木은 기신이지만 火가 소통시켜 그런 대로 괜찮다.

그러므로 60년생 중 한 여자는 전반에 있는 巳午未의 火方운에 용신운을 만나 부족하지 않은 집안에서 대학과 유학을 무난하게 마쳤다. 그녀는 24살에 결혼하고 다음해 모친이 별세했다.

이 사주는 모친성인 火가 두 개나 있다. 그리고 신주는 음(陰)인데 자녀성은 양(陽)으로서 申중 庚金이 나타나서 득자했다. 그러나 庚辰의 金水(사주와 申子辰으로 수국을 이룸)운행은 火를 극하는 병신운행이기 때문에 남편의 외도로 癸酉년부터 이혼소송을 제기당한 채 질질 끌려 다니다가 丁丑년에야 이혼 확정 판결이 났다. 그렇지만 상대방이 법률가 집안이라서 위자료는 형식적인 소액만 받았다. 운이 나쁘니 모든 결과가 시원치 않은 것이다. 아들인 申金과 庚金은 부군성인 甲木과 申子로 합하여 남자가 양육하기로 했다.

이 사주는 재물성인 재성의 水가 병신에 속해서 재물과는 거리가 먼 형상인데 더욱이 水운행을 걷게 되어 그 부군이 50억 재산가였으나 그것과 무관하게 되어버렸다.

그녀는 교수가 되려고 온갖 노력을 다 기울이고 있었지만 병신운이라서 잘 될 듯 하다가 무산되었고, 그로 인해서 생계도 매우 궁지에 몰려있는 상태다. 그래서 흐느끼는 중반운이 되고 말았다.

전성기는 火方운에 지나가 버렸고 卯木운은 습기 찬 木이라서 火가 소통시키기에 부담스런 운이다. 그리고 寅木운은 건조한 木이기 때문에 기대가 조금 되지만 寅巳申이 삼형살을 구성하므로 빛과 그림자가 극심한 운이다.

이 사주도 남(편)자성인 木이 두개나 있어서 백년해로가 어려운 형국이다. 후반에 있는 寅卯의 木方운에는 의류나 木에 속한 업종으로 생계를 꾸리거나 木은 남자운이니 재혼해서 부군에게 순종하며 사는 게 나을성 싶다.

己卯년에는 부인과 사이가 대단히 나쁜 재산이 많은 교수와 사귀고 있으나 그 사람은 결단력이 부족해서 이혼을 안 하고 있기 때문에 깊은 인연을 못 맺고 있는 중이다.

그리고 辛巳(42살)년에는 언니가 자기 몰래 카드를 긁어 약 4천여 만원을 사용하여 궁지에 몰리고 있으며, 巳申의 형살로 자궁에 큰 혹이 생겨 수술을 해야 할 입장이다. 양력 9월 현재 혼자 살고 있다.

본조의 주인공들이 다시 올 시기는 각

庚子(2140 · 2200, 2380 · 2440)년 입추 후 己巳일 卯시다.

비슷한 사주가 또 있다. 위의 여성과 비슷한 사례이다.

어느 날 사무실로 젊은 여인이 들어섰는데 키와 얼굴은 보통이었다. 그녀는 자리에 앉자마자 이렇게 이야기한다.

"저는 돈복이 얼마나 있는지 그리고 남자복은 어떤지 알고 싶어 왔습니다. 그것을 사주로 알 수 있을까요? 그게 궁금합니다."

그래서 그녀가 불러준 생년월일을 따라 아래와 같이 도표를 구성시켜 놓고 그녀가 집중적으로 묻는 분야를 살폈다.

[1902-06-29, 1962-06-17 여명]

정관	壬(水木)寅 정인	08	18	28	38	48	58	68
비견	丁(火土)未 식신	丙	乙	甲	癸	壬	辛	庚
신주	丁(火火)巳 겁재	午	巳	辰	卯	寅	丑	子
정관	壬(水木)寅 정인	04	14	24	34	44	54	64

이 여명(女命:여자 운명)은 남자를 가리키는 壬水가 두 개나 있는데 그게 둘 다 丁壬으로 합한다. 그런 가운데 첫 번째 연간에 있는 壬水와 주인공인 신주 丁火가 丁壬으로 합하고는 그것들과 함께 배치된 壬寅과 丁巳가 寅巳로 형살이다. 이렇게 구성되면 첫 남자와 연애(合)를 해서 합쳤다가 寅巳로 싸움질(刑殺)을 하여 헤어지는 형상이다.

그리고 연간의 그 壬水는 신주 丁火와 같은 여성인 월간의 丁火와 丁壬으로 또 합해버린다. 그러면 첫 남자가 나와 형살로 다투다가 헤어진 다음 월간의 丁火라는 여자와 합해서 사는 것이다. 그런가 하면 신주 丁火는 시간에 있는 壬水라는 남자와 다시 丁壬으로 합해 연애로 만나서 사는 형국이 또 구성된다. 그래서 우선 그 문제부터 이야기를 꺼냈다.

"이 사주의 주인공(신주)은 일생에 두 남자를 만나는 형상입니다. 첫 남자와 연애결혼을 했다가 자식(未土)을 낳으면 土克水로 남자를 극해서 헤어지고, 또 다른 남자(시간의 壬水)와 연애해서 만나 사는 형상입니다. 게다가 운행까지 상당히 불길하고, 가정궁은 일시형충(日時刑冲)이며, 외로운 새라는 고란살(孤鸞殺)조차 범했으니 그럴 소지가 높은 사주입니다."

그러자 그녀가 말한다.

"그건 그렇고, 돈복은 얼마나 타고났는지 알 수 있습니까?"

돈에 속한 오행을 찾아보니 그것은 金인데, 그게 巳중에 간신히 암장(暗藏)된 채 木火운행이라는 병신운을 만나서 火克金으로 극을 당하기 때문에 돈복은 고사하고 용돈도 궁할 것으로 보고 그녀를 향해서 말했다.

"돈이 댁을 피해 다니는 운이 계속되고 있습니다. 지금 39살이니까 아직도 상당히 그럴 것 같습니다. 말년엔 좀 안정할 것이지만 그게 너무 늦어 서운한데요."

그러자 그녀가 무슨 연유인지 고개를 끄덕끄덕 하더니 다음과 같이 말했다.

"저는 집안이 어려워 고등학교도 중퇴했어요. 그런 제 학력으로는 이 나라에서는 제대로 시집을 갈 수 없다고 생각하고 있었는데 어느 날 외국인을 만나게 되었어요. 마침 잘 되었다고 생각하고 그 남자에게 관심을 가지고 사귀다가 서로 좋아하게 되었습니다.

그 남자와 미국으로 갔는데 그 집도 가난했고 남자는 돈이 없어 가고 싶은 학교도 못 가고 있었습니다. 그래서 제가 미국에서 닥치는 대로 일을 하여 그 남자 뒷바라지를 해주고 대학을 졸업시켰습니다. 그 사람은 대학을 졸업하고 컴퓨터에 관한 일을 하고 있었는데 거기에 들어간 돈도 제가 다 대다시피 했습니다.

그런데 아이가 태어난 후로 괜히 자꾸 다투기 시작했습니다. 아주 사소한 일로도 싸우는 거였어요. 그 남자와 헤어진 뒤 나중에 생각해 보니 하찮은 일로 다투었다는 생각이 많이 들었습니다. 아무튼 아이를 그 남자에게 맡겨 버리고, 그때는 돈이 없을 때니까 빈손으로 나 혼자 한국으로 나와 버렸어요. 나와서 두 해가 지난 후 아이 소식이 궁금하여 알아봤더니 이게 어떻게 된 일인지 그 남자가 컴퓨터와 관련된 사업으로 엄청나게 성공하고 있다는 것입니다. 그리고 삼 년 전에 다시 알아보았더니 이제는 아주 회사까지 운영하는 재벌이 되었대요.

그 남자에게 그런 돈복이 있을 줄이야 누가 짐작이나 했겠습니까? 그 사람은 그렇게 되었는데 나는 이게 뭡니까? 한국에 나와 미군 부대에 있는 다른 남자와 지금 함께 살고 있는데 이 남자도 본처와 이혼한 사람으로 월급만 받아 사는 신세라서 가난합니다. 돈을 피해 다닌다고 선생님이 말씀하신 것을 듣고 제가 지금까지 그렇게 살아온 것이 아닌가 생각되어 제 이야기를 한 것입니다."

이와 같이 장황하게 말하면서 그녀는 눈시울을 붉혔다. 아마 속으로 크게 후회하고 있는 듯 했다. 역시 이 여인도 흐느끼는 중반운이 되어 그런 것이리라.

"비운을 만나면 굴러 들어온 복도 차 버린다는 속담이 있지 않습니까? 지금 댁은 운이 매우 불길합니다. 그래서 안정할 수 있는 여건이 주어져도 그것을 감당하지 못하고 나온 것입니다. 이야기가 나왔으니 아이는 그곳에서 태어났습니까? 제가 외국에서 태어난 사람의 사주에 관심이 많거든요. 그 아이는 그냥 보아드릴테니 생일을 말해 주시겠습니까?"

여기서 그녀의 사주읽기를 보고 다음에 아이 명조를 보기로 하자.

· 사주읽기 ·

이 여조는 신주 丁火가 간직된 土왕절의 未월에 태어나 巳未의 화방과 월간의 丁火가 신주에게 합세하고, 木이 생신하니 신강하다. 따라서 신강의재의 용법에 의해 金이 용신이고, 습토(丑辰)가 희신이며, 火는 병신이고, 木은 기신이며, 水는 약신이다.

이 경우 巳중 庚金이 寅巳로 형충되어 손상되었고 그 통에 일시형충까지 범했다. 그래서 용신무력이고 운행마저 火木으로 초

중년을 보내게 되었으니 불선의 세월이 아닐 수 없다.

그러므로 62년생 중 한 여성은 여섯 자매만 있는 집안에서 차녀로 태어나 부친(金)이 무능하여 고등학교도 중퇴했다. 그리고 壬戌(21살)년에 연간에 있는 壬水라는 부군성과 결혼했는데 그 壬水라는 부군성이 壬寅으로 배치되어 寅木이 역마살이므로 국제결혼-미국인-을 했다. 결혼 당시 부군이 가난하여 많이 도와주었는데 남편이 컴퓨터 사업에 진출해 사업을 열심히 했다.

그런데 이 여조는 金이 없어 식상월여(食傷月女)에다가 식상견관이 되어 아이를 낳으면 부군과 거리가 멀어지는 형상이고, 그 연간에 있는 壬水는 나(신주 丁火)와 같은 여성인 월간의 丁火와 丁壬으로 합하여 나갔다. 그러므로 그녀는 괜히 부군과 심하게 다투기 시작 결국 고란살과 일시형충으로 甲戌(33살)년에 이혼했다.

그 후 그 남자는 사업으로 엄청나게 성공하여 아들(丙寅, 辛卯, 丁卯, 辛亥)과 함께 잘 살고 있다. 그 아이 아빠는 어마어마한 돈을 벌어 재벌에 육박하고 있는데 이 여인은 돈(재물)에 속한 金이 무력하니 그것을 감당할 수가 없어 나와 버린 것이다.

중년에 있는 목방운도 연속 불길하여 한국 주둔 직업군인인 미국 병사와 재혼했으나 그 남자도 역시 얼마 전에 본처와 이혼한 사람으로 경제력이 별로라고 한다.

첫 부군에게 낳아준 아이는 초반운이 좋고 그 사주가 모외유모의 명조이다. 그래서 이 여주인공이 그렇게 된 것인데 왜 그런 사주를 가진 아이를 낳아 식상견관이 현실화 되었을까?

반드시 그만한 까닭이 있어서 그렇게 되었을 것이다. 우주의 질서에는 우연이란 없다. 고란살과 일시형충 그리고 식상견관 등등에 운행까지 불리한 명조에 태어나야 할 발자취가 있었기 때문이다.

본조의 주인공들이 다시 올 시기는 각

壬寅(2142 · 2202, 2382 · 2442)년 소서 후 丁巳일 寅시다.

[1986-02-15 미국 현지시간 밤10:00 남명]

겁재 丙(火木)寅 정인　04　14　24　34　44　54　64

편재 辛(金木)卯 편인　壬　癸　甲　乙　丙　丁　戊

신주 丁(火木)卯 편인　辰　巳　午　未　申　酉　戌

편재 辛(金水)亥 정관

아이 사주를 보았더니 어머니에 해당되는 오행이 둘이나 있다. 寅木과 卯木은 인성으로 둘 다 모친성이다. 그리고 재인합신(財印合身)이기 때문에 생모가 재취로 시집을 가는 형국이다.

또 木마다 火를 木生火하므로 다른 어머니가 이복형제를 낳아 寅卯로 합신하기 때문에 그 이복과 동거하는 형국도 겸했다.

한편 부친성이자 재물성에 속하는 金이 용신인데 사주에 그것이 자리 잡았고 초반운이 그것을 보호해 주는 운이다. 그래서 그 아이는 재벌인 아버지와 함께 살고 있는 반면 생모는 나와서 모가재취(母嫁再娶)의 길을 걸은 것이다.

참으로 그 인연이 희한하다. 그렇게 된 것도 우연한 일이라고 보기에는 뭔가 이상하다. 아이의 사주에 대해서 생모와는 인연이 먼 사주라고 간단히 말해 주고 그녀를 돌려보냈다.

· 사주읽기 ·

한국과 미국은 대개 12시간차가 생기므로 한국 시간으로 환산하면 대강 巳시가 된다. 巳시는 火가 하루 중 바야흐로 태양이 득세하는 낮이고, 亥시는 水가 득세하는 밤이다. 거기가 밤이라면 亥子丑의 시간은 수방이니 水가 득세하는 밤중이다. 현지는 분명히 水의 시간이니 현지를 존중해야 사주가 맞을 것이다. 아무튼 사주로 돌아가 보기로 하자.

한국 시간으로 고쳐 보면 乙巳시가 된다. 그렇다면 木火만 득세한다. 월간의 辛金은 발붙일 곳이 없으니 있으나마나 하므로 金을 위주로 신강의재의 용법을 사용할 수 없다. 따라서 木火로만 구성된 이인동심격 내지 양신성상격이니 木火가 용신이고, 金水는 병신이며 습기 찬 土는 약신이다.

그러나 辛亥시는 辛金이 두 개나 있고 亥중 壬水가 있어 丁壬으로 합신하니 水도 유정하게 된다. 이 경우 목방과 합木에 가담하고 있는 것이 좋은 것은 못되나 그래도 辛金에게 생조를 받고 있다는 사실이 중요하다. 따라서 신강의재의 용법에 의해 金이 용신이고, 습토가 희신이며, 火는 병신이고, 木은 구신이며, 水는 약신이다.

그러므로 86년생 중 한 명은 혼혈아로 태어나 모친성인 木이 寅卯로 두 개가 있어 어머니가 아버지와 이혼하고 귀국하는 바람에 모외유모 했다. 이 사주는 亥卯가 합하면서 辛金이라는 재성도 합신하니 재인합신이 되어 모가재취의 형상이기도 하므로 그 생모가 아버지와 이혼하고 다른 미국인과 살고 있다.

그리고 본인은 庚辰년 현재 아버지와 함께 살고 있는데 생모가 어려운 집안 때문에 아버지와 이혼하고 떠난 뒤 부친이 벤처 사업으로 엄청나게 돈을 모아 크나큰 부자가 되었다.

그뿐 아니라 본인 역시 별 노력을 하지 않고 있는데도 학교에서 알아주는 실력자이다. 壬辰과 癸水운행이 사주에서 필요한 辛亥의 金水를 돕고 있기 때문이다. 巳午未의 화방운은 불길할 것이고 申酉의 금방운행은 경제적으로 크게 안정하리라.

본조의 주인공들이 다시 올 시기는 각

丙寅(2046 · 2226, 2286 · 2466)년 경칩 후 丁卯일 亥시다.

12
뿌리혹박테리아 같은 여인상

　스승이 시원해야 제자라고 부를 수 있을텐데 필자는 그렇지를 못하다. 그래서 나에게 강의를 들어온 유옥순(柳玉順)이란 여성이 있지만 감히 제자라고 말하기는 쑥스럽다.

　아무튼 그 여성은 일주일에 보통 여섯 시간 정도 나에게 사주학문을 배웠다. 그 기간이 쉬지 않고 무려 2년여나 된다. 그것도 새벽 여섯 시경부터 대략 8시까지로 아침은 완전히 공부시간이다.

　그 바람에 그녀는 辛巳년 현재 필자의 실력과 비등해졌다. 그런 그녀가 어느 날부터 틈틈이 자기 엄마에 대해서 말하기 시작했다.

　"우리 엄마가 얼마나 지혜로운 분인지 제가 말씀드려볼까요? 동네 양달밤을 모았다가 자식들에게 보내줍니다."

　나는 듣던 중 생소한 말을 들었다.

　"양달밤이라니 처음 듣는 말인데?"

"그래요? 응달에서 익은 밤은 영양가가 적다고 해서 엄마는 항상 양달쪽에서 익은 밤만 모읍니다. 그게 '양달밤'인데 해마다 자식들에게 보내줄 밤은 꼭 양달쪽에서 익은 것만 구해 두었다가 보냅니다."

듣고 생각해보니 정말 그럴듯한 말이다. 사소한 것 같지만 그런 지혜가 어디서 나왔을까? 보통 사람들은 그런 것을 구분하지 않고 밤이면 다 똑같은 밤으로 치부해 버리고 그냥 구입해서 애들에게 먹인다. 그런데 그 엄마는 그 작은 일에도 세심한 마음을 써서 자녀들의 건강을 돕고 있는 것이다. 생각해 볼수록 보통 엄마가 아니다.

나는 저절로 감탄한 나머지 이렇게 말하지 않을 수가 없었다.

"야, 그것 정말 놀랍군. 사소한 것 같지만 가만히 생각해보니 매우 지혜로운 일이군."

"그것뿐이 아니에요. 두엄감이라는 말 들어 보셨습니까?"

이번에도 처음 들어본 말이다. 생감이니 단감이니 곶감이니 하는 감의 종류들은 들어 보았으나 두엄감이라는 말은 들어본 적이 없었다.

더 궁금해져 물었다.

"두엄감이라니 그건 또 무슨 말인데?"

"우리 동네에 감나무들이 많지만 그 중에서 어느 집 감나무가 그 밑에 두엄(거름)자리를 깔아 놓았는지 눈에 익혀 두었다가 다른 집 감은 수집하지 않고 그 집 감만 구해서 자식들에게 보냅니다. 그게 바로 '두엄감'입니다."

들어볼수록 감탄사가 저절로 입 밖으로 튀어 나온다.

"야! 그것 또 한번 놀랍군. 눈매도 무섭지만 생각하는 차원도 남다른 데가 있구만. 정말 놀라운 어머니를 두었네. 언제 한 번 만나 봤으면 좋겠군."

그런 대화가 있은 후 어느 날, 옥순이가 자기 어머니를 모시고 필자를 방문했다. 그래서 그 사주를 뽑아보니 아래와 같은 도표가 작성되었다.

[1944-05-28 여명]

상관 甲(木金)申 정인　04　14　24　34　44　54　64
편인 辛(金土)未 편관　庚　己　戊　丁　丙　乙　甲
신주 癸(水土)未 편관　午　巳　辰　卯　寅　丑　子
정관 戊(土火)午 편재

이 여명은 신주 癸水가 흙이 메마른 土왕절의 未월에 태어나 실령했는데 火土가 다시 강해져 土克水로 강하게 극신하니 신약하다. 따라서 신약방조의 용법에 의해 水金이 용신이고, 土火는 병신이며, 木은 기신이다.

이 경우 辛金이 申金에 뿌리박고 신주 옆 가까이 나타나서 金生水로 생신한다. 그래서 金水쌍청이다.

이렇게 金水쌍청이 이루어지면 지혜로운 형상이자 살결이 곱고 미모에 속한다. 그래서 내 나름대로 그 어머니를 자세히 살펴보니 과연 생각했던 대로 고울 뿐만 아니라 지혜로움이 풍기고 있었다. 아마도 지리산 산자락인 산청에서 태어나 그곳에서 토박이 삶을 살아서 그 영향을 받은 것 같다.

지리산은 헤아릴 수 없을 정도로 수많은 산자락을 거느리고 있다. 그 많은 자락들은 지리산 등성이에 휘몰아친 비바람을 어르고 달래어서 산자락 끝에 자리잡은 마을들을 포근히 얼싸 안는다. 그리하여 마을의 밤나무나 감나무 그리고 곡식 등을 어루만져 그곳에 자리잡고 사는 사람들을 살찌게 한다.

그래서 그런지 그녀도 그처럼 '양달밤'과 '두엄감'을 알아볼 수 있는 지혜를 지녔는가 보다.

그런데 운행이 火土로 연속 달려 재미있는 세상살이가 이루어지지 않는 게 흠이다. 아닌게 아니라 그녀는 이웃에 사는 남자가 죽고 못 산다며 청혼을 하는 바람에 부군을 만났다. 그러나 본인 운도 그렇거니와 부군운 역시 중년이 불길하여 여러 가지로 역경의 세월을 살았다. 이 중년운을 짚고 있는데 그 딸이 말한다.

"우리 아버지는 자기가 좋아서 억지로 엄마를 부인으로 삼아놓고 그 뒤로는 나 몰라라 하며 다른 여자들과 어울려 다녔어요."

"아니, 자기가 죽고 못산다며 만나 놓고 그럴 수가…."

이렇게 반문하자 딸이 말한다.

"그러니까 남자들은 다 도둑놈들이라고 하잖아요?"

"뭐야? 나도 남자인데 나까지 싸잡아서…."

"하하, 아니에요. 선생님만 빼놓고…."

"…"

내가 말이 없이 빙그레 웃고 있자 딸이 대담해 졌는지 이렇게 말한다.

"누가 알아요? 선생님도 남자니까 다 한 통속일지 모르잖아요. 하하"

아무튼 丁卯와 丙寅의 火木운행은 용신운이 아니고 병신을 조장하는 불길한 운이다. 그래서 그녀는 1남 5녀를 슬하에 거느리고 농사를 업으로 삼아 거센 풍파를 새김질하며 풍진 세상을 살아오고 있다. 그 기간이 무려 20여 년이다. 그러니 얼마나 고단했겠는가?

지리산의 산자락만 헤아릴 수 없이 많은 것이 아니다. 여인의 치맛자락도 헤아릴 수 없을 만큼 많은 치마폭을 거느리고 있다. 그 많은 폭의 치맛자락에는 여자의 일생이 얼룩져 있다. 그 치마폭들은 산등성이의 바람 같은 풍파로 시달리는 여자의 한 많은 눈물을 휘감아 닦아 주는가 하면 대추나무 열매처럼 수없이 달린 자녀들도 폭마다 어루만지며 얼싸 안아준다. 이 딸의 엄마도 중년의 불운 때문에 치마폭이 피땀으로 얼룩졌다.

더구나 부군이 중년에 풍으로 들어앉자 혼자서 온 들녘을 종횡무진하며 하루하루를 정신없이 살아왔다. 그런 가운데서도 양달밤과 두엄감을 개발했을 뿐만 아니라 부군이 할 일이 없으면 안 된다며 집안 살림의 출납부를 통째로 맡겨 낙을 부치고 살도록 배려했다.

요즘 세상에는 그런 꼴을 보기 싫다며 가출 해버리는 여자들도 상당수 있는데 이 엄마는 오히려 척박한 땅을 풍성한 핵산(核酸)을 지닌 콩으로 만드는 뿌리혹박테리아와 같은 인생을 산 것이다.

콩의 뿌리에는 혹이 달려 있다. 그것을 뿌리혹박테리아라고 부르는데 근류(根瘤)라고도 한다. 뿌리 근(根)자에 혹 류(瘤)자인데 혹이란 종양(腫瘍)처럼 겉으로 불거진 암과 같은 것이다.

콩과식물은 뿌리혹박테리아를 제 몸 안에 품고서 주변의 척박한 토양을 풍부한 자양분으로 변화시켜 풍성한 양분을 지니게 한다. 그리하여 주렁주렁 달린 콩에는 항암 효과와 핵산이 풍부하다. 1g당 1358mg이나 들어있는 핵산은 근육을 부드럽게 하여 노화를 방지하고 혈로(血路)를 맑게 하여 머리가 맑아지게 한다. 뿌리혹박테리아로 열린 콩은 시공을 초월해 조상 대대로 사람들의 건강을 돕고 있다.

이 어머니는 콩의 근류처럼 중년을 살아온 것이다. 그 실제 성명은 최화자씨이다. 그래서 필자는 그 부인에게 당호(堂號)를 근류라고 지어 헌정하였다. 근류(根瘤) 최화자 !

· 사주읽기 ·

이 여조는 신주 癸水가 土왕절의 未월에 태어나 火生土로 土가 강해진 채 극신하니 신약하다. 따라서 신약방조의 용법에 의해 金水가 용신이고, 火土가 병신이며, 木은 기신이다.

이 경우 申金이 신주와 멀리 떨어져 있어 귀기불통(貴氣不通)과 유사하지만 辛金이 신주 가까이 나타나서 생신하니 그래도 다행이다. 그러나 未중 丁火와 午未화방 때문에 辛金이 용신으로서 유력하지 못하다. 게다가 운행이 화방과 목방으로 흐른다. 그러니 어떻게 재미있는 세상살이가 되겠는가?

그러므로 44년생 중 한 여성은 庚金운행에 친정이 그런 대로 괜찮았고, 수일여명(水日女命)이어서 한 살 아래의 부군(乙酉, 己丑, 壬午, 甲辰)을 만나 戊辰운행에 申辰이 수국을 이루어 시할아버지가 찰방(조선 시대에 각 도의 역참(驛站)에 관한 일을 맡아보던 종육품의 벼슬, 또는 그 벼슬아치)을 지냈던 여세로 괜찮게 사는 집으로 결혼하여 1남 4녀를 두었다.

그러나 丁卯와 丙寅의 火木운행은 병신이다. 그래서 성악을 전공한 부군이 떠돌이 악사로 여자들과 어울려 살다가 풍까지 맞아 들어앉고 말았다.

그랬으니, 이 주인공 혼자 그 많은 자녀들을 양육하느라 얼마나 고생이 심했겠는가? 명관과마격을 놓고도 운행이 이렇게 되어버려 아까울 뿐이다.

그래도 그녀는 풍으로 들어앉은 남편이 할 일이 없으면 안 된다며 집안의 돈을 다 맡겨 수입과 지출을 관장하도록 했다. 그리고 자신은 비닐하우스로 여름이면 수박, 가을이면 딸기 등 닥치는 대로 작물을 재배해 냈다.

그녀는 '양달밤'이나 '두엄감'이라는 용어를 창출해 내어 쓰기도 한다. 그뿐 아니라 나락으로 뒀다가 필요할 때만 조금씩 도정한 쌀만을 자녀들에게 보내는 정성도 잃지 않고 있다.

한편 이 여조는 申金이 일주 옆에 있는 월간의 辛金으로 연결되어 생신하다. 그래서 그녀의 친정어머니도 지혜롭기가 그지없어 동네에서 알아주는 현모양처였다. 그래서 그런지 이 여인 역시 매우 지혜로운 일이 한두 가지가 아니다. 그리고 甲木이라는 자식이 절지 위에 놓여 신병을 가지고 있다. 반면 딸 중에는 대단히 성공할 사주를 가진 사람이 한 명 있다.

본조의 주인공들이 다시 올 시기는 각

甲申(2124 · 2184, 2364 · 2424)년 소서 후 癸未일 午시다.

그런 생활태도로 자녀들을 양육해서 그런지 딸 중에는 상당히 쓸모 있는 사주를 가지고 있는 딸도 있다. 그 사실을 확실하게 밝혀두기 위해서 그 여명도 이 단원 말미에 실었다. 그 딸 사주를 보고 나는 부인에게 말했다.

"이 사주는 중 · 고등학교 때부터 운이 아주 잘 들어와 일생 좋은 운이 계속됩니다. 축하드립니다."

내가 이렇게 말하자 부인이 말한다.

"걔는 대학을 다닐 때도 제가 벌어서 학비를 댔고 동생들 학비마저 보태서 졸업시켰습니다."

그리고는 약간 수줍은 티를 내며 만면에 웃음을 가득 머금은 채 옆에 앉아 있는 딸을 보듬고 그 뒤로 벌러덩 넘어간다. 마치 칭찬을 들은 어린 아이가 누군가를 보듬고 뒤로 약간 숨는 듯한 모습을 지은 것과 비슷했다.

그 천진난만한 모습은 도시 여인들에게선 전혀 찾아 볼 수 없는데 정말 오랜만에 필자 혼자만 보고만 것이다. 그러한 장면을 다른 사람들은 보기 어려울 것이다. 그러나 나는 상담을 하다보니 이런 행운도 생기는가 보다.

이 아래는 부인의 부군 명조이다.

[1945-12-06 남명]

상관	乙(木金)酉 정인	01	11	21	31	41	51	61
정관	己(土土)丑 정관	戊	丁	丙	乙	甲	癸	壬
신주	壬(水火)午 정재	子	亥	戌	酉	申	未	午
식신	甲(木土)辰 편재							

· 사주읽기 ·

신주 壬水가 엄동설한의 土왕절인 丑월에 태어나 많은 土에게 극신을 당하니 신약하다. 따라서 신약방조의 용법에 의해 水金이 용신이고, 土火는 병신이며, 木은 기신이다. 이 경우 酉丑이 금국을 이루어 자체조화로 용신은 보강되었다. 그게 조상터에 있고 전반에 亥子의 수방운을 만나 명문가의 형상이다.

그러므로 45년생 중 한 명은 조부가 조선 말기에 찰방을 하였고 본인은 넉넉한 집에서 성악(聲樂)을 전공했다. 그러나 丙戌의 火土운행은 병신운이다. 그래서 발전으로 이어지지 못해 공부를 더하다가 乙酉의 金운행을 만나자 익힌 성악으로 한창 활발했다. 그러자 여자들이 따라 부인(甲申, 辛未, 癸未, 戊午)에게 집안 살림을 맡겨놓고 다른 여자들과 어울리기도 했다.

그러더니 甲申의 甲木운행은 기신운이므로 갑자기 甲辰이라는 백호대살이 작용해 혈질병인 풍을 맞아 들어앉고 말았다. 辰土는 자식인데 그게 역시 백호대살이므로 1남4녀 중 아들이 신병을 가지고 있다. 그래도 申金운행이 있어 부인의 도움으로 농사를 짓고 있는데 庚辰년 현재 본인은 활동을 제대로 못하고 있는 중이다. 그런데 그의 부인은 남다른 지혜로 이런 남편을 받들고 있으니 이것 또한 불가사의한 일이 아닐 수 없다.

부인 명조를 참조하면 그 놀라운 보필에 누구든 고개를 숙이리라. 아마도 엄동설한인 土왕절의 水를 녹여주는 午火(財官雙美)가 처궁인 일지에서 처성 노릇을 하고 있기 때문이 아닌가 생각된다. 그는 처형의 딸을 한 명 더 입적시켜 5여를 거느린 셈이다.

본조의 주인공들이 다시 올 시기는 각

乙酉(2125 · 2185, 2365 · 2425)년 소한 후 壬午일 辰시다.

여기는 부인의 딸 명기이다.

[1913-10-05, 1973-09-23 여명]

			02	12	22	32	42	52	62
편관	癸(水土)丑	식신	癸	甲	乙	丙	丁	戊	己
정관	壬(水土)戌	상관	亥	子	丑	寅	卯	辰	巳
신주	丁(火水)亥	정관							
편인	乙(木火)巳	겁재	07	17	27	37	47	57	67

· 사주읽기 ·

신주 丁火가 간직된 土왕절의 戌월에 태어나 득기했지만 두 土에 설신되고, 亥丑의 수방과 壬癸의 水에게 극신을 당하니 신약하다. 따라서 신약방조의 용법에 의해서 木火가 용신이고, 金水는 병신이며, 건토는 약신이다.

그러므로 73년생 중 한 여성은 癸亥의 水운행에 집안이 어려웠다. 그래도 甲乙의 木운행은 인성운으로 학문성이기 때문에 장학금으로 대학을 다니면서 아르바이트로 동생들 학비까지 벌었다. 그리고 乙丑운행 중 乙木운행에 대학원을 졸업했고, 庚辰년 남편(壬子, 己酉, 戊辰, 戊午)을 만나 辛巳년 딸을 낳았다. 자녀는 한 명 더 둘 것이고, 丙寅과 丁卯운행에 황금기를 이룬 다음 巳午未의 화방운행에 안정적이리라.

본조의 주인공들이 다시 올 시기는 각

癸丑(2153 · 2213, 2393 · 2453)년 한로 후 丁亥일 巳시다.

13
한 날 한 시인데 나는 왜?

어느 봄 날 여러 번 전화로 연락한 끝에 60대의 노신사 한 분이 필자를 방문했다. 그는 성이 김씨인데 필자를 만나기 위해 전철을 몇 번씩 갈아타며 찾아온 길이었다.

김 선생은 자신을 중령으로 제대한 사람이라고 소개하며 필자가 시중에 내보낸 「운명을 팝니다」를 펼치더니 한 곳을 지적하고 그 사주와 자기가 똑같은 사주라면서 왜 나는 이렇게 살고 여기에 소개된 사람은 그렇게 잘 될 수가 있느냐고 한다.

김 선생이 지적한 곳은 시리즈 丁丑생에 있는 사주로 여섯 번 국회의원을 역임하고 야당 총재까지 지낸 주인공이다. 그 사주가 바로 이것이다.

[1937-07-25, 1997-07-13 남명]

편인 丁(火土)丑 비견　07　17　27　37　47　57　67

겁재 戊(土金)申 상관　丁　丙　乙　甲　癸　壬　辛

신주 己(土土)丑 비견 未 午 巳 辰 卯 寅 丑
상관 庚(金火)午 편인 03 13 23 33 43 53 63

· 사주읽기 ·

신주 己土가 金왕절의 申월에 태어나 실령했고, 庚申의 金과 丑중 두 개의 辛金에게 土洩金으로 설신되어 신약사주다. 이 사주는 土들이 적지 않기 때문에 얼핏 보면 신약하지 않을 것 같다. 그러나 火生土하고 土生金해서 사주의 기세가 金에 쏠렸고 사주에서 가장 힘을 크게 발휘하는 월지를 申金이 차지한 채 庚金까지 나타났으므로 金의 세력이 강해져 약간 신약하다.

따라서 신약의조의 용법에 의하여 火가 용신이고, 木은 희신이며, 水는 병신이고, 金은 구신이며, 건조한 戊戌未土는 약신이고, 습기찬 己丑辰土는 기신이다. 이 경우 용신인 丁火가 午중 丁火에 뿌리박고 나타나서 용신유력의 형상이고 정치계통에 출신할 인성이 용신이다. 다만 희신인 木이 없어서 후원자가 시원치 않은 것이 옥의 티다. 그래도 운행이 일생동안 巳午未의 火(용신)운과 寅卯辰의 木(희신)운으로 달려 금상첨화다. 게다가 용신인 丁火가 연월주에 있고 전반운행에 용신운을 만나 명문가에서 성장하는 형상이다.

그래서 37년생 중 한 명은 좋은 집안에서 태어나 명문대를 졸업한 후 8,9,10대의 국회의원에 당선되었다. 그 다음 甲辰의 기신인 辰土운행에 용신인 火가 火洩土로 설기되면서 화몰된 바람에 정치인 규제법에 묶여 11대(45세)에는 나가지 못했다. 그리

150 [인터뷰 사주학]

고 그때 辛酉년은 火의 병사지다.

이어 癸卯의 水木운행은 배치상 水生木이니 卯木이 강해진 희신운이다. 그래서 12,13,14대에 진출했다. 그러나 壬寅운행은 용신과 丁壬이 합하여 용신반합이고, 사주의 申과 운행이 寅申으로 충극하여 15대와 16대에는 낙선했다. 나머지 辛丑의 金土는 구신과 기신 운행이기 때문에 불길하다.

본조의 주인공들이 다시 올 시기는 각

丁丑(2177·2337, 2417·2477)년 입추 후 己丑일 午시다.

참으로 그렇다면 믿지 못할 것이 사주학이다. 왜냐하면 같은 사주를 타고 태어난 사람은 성씨나 이름이 비록 다르더라도 그 윤곽(輪廓)은 대충 비슷해야 하기 때문이다. 윤곽이란 삶의 테두리, 즉 카테고리 또는 범주를 말한다.

만약 동조이인(同造異人)으로 윤곽이 전혀 다르다면 정말 문제가 아닐 수 없는 것이다. 다시 말해 생시가 같은데 인생길이 전혀 다르다면 사주학의 존립 근거가 일거에 와해되니 말이다. 나는 그의 말을 듣고 당혹감을 느꼈다. 그럴 리가 없을 텐데, 그거 참 이상하다고 생각하며 이리저리 이유를 헤아려 보았다.

이렇게 한참 동안 고개를 갸웃거리며 시간을 끌자 그가 먼저 말한다.

"사주라는 것이 동조이인(같은 사주에 다른 사람)이라도 성씨와 이름 그리고 자란 환경이 달라서 그럴 수도 있는가 보지요?"

그의 말투로 보아 이해할 수 있다는 식이면서도 그래도 뭔가 좀 이상하지 않느냐는 추궁 비슷한 어투였다. 필자는 어떻게 말해야 할 지 생각이 쉽게 떠오르지 않아 한참을 망설이다가 다음과 같이 巳시생으로 생각해 보았다.

[1937-07-25, 1997-07-13 남명]

편인 丁(火土)丑 비견　07　17　27　37　47　57　67
겁재 戊(土金)申 상관　丁　丙　乙　甲　癸　壬　辛
신주 己(土土)丑 비견　未　午　巳　辰　卯　寅　丑
비견 己(土火)巳 정인　03　13　23　33　43　53　63

이렇게 정리 해보고는 이내 의심나는 것을 한 가지 물어 보았다.

"혹시 어머니 외에 또 다른 어머니, 바꿔 말해 아버지가 상대했던 여자 분이 둘이 있었지 않았습니까?"

이런 질문은 개인의 프라이버시에 관한 것이므로 묻기가 난처한 것이지만 사실을 확인 해야만 사주가 정확하게 정립되기 때문에 어쩔 수 없이 물어야 한다. 이때 상담하러 온 사람은 사실을 정확하게 말해 주어야 남아 있는 운들을 정확히 보는데 도움이 되는 것이다.

내가 이렇게 묻자 그가 잠시 망설이듯 눈동자를 다른 곳에 주다가 다시 나를 바라보며 마음을 굳힌 듯 이렇게 말한다.

"그런 일이 있었습니다."

"그렇다면 다른 여자에게서 생긴 소생도 있을 것인데요?"

그러자 그가 말한다.

"아버님이 어떤 여자에게서 딸을 하나 두었습니다. 그러나 그 딸은 그 어머니와 어디로 가 버린 뒤 어떻게 살고 있는지 지금 연락이 안 되는 상태이죠."

이렇게 말해놓고 그분은 나를 이상하다는 눈으로 바라보며 그런 것은 왜 묻느냐는 표정을 지었다.

"선생님은 午시생이 아니고 그 보다 앞선 巳시생입니다."

"뭐라구요? 우리 부모님이 늘 午시라고 말씀하셨고 나도 제대후 지금까지 약 15년여 사주학을 공부해서 그렇게만 알고 있었는데… 그럴 리가 있습니까? 부모님께서 잘못 알 리도 없을 것인데?"

여전히 그는 내가 말하는 巳시생이란 것을 인정하기가 어렵다는 표정이다. 그래서 함께 도표를 보며 말했다.

"여기 연간(年干)에 있는 丁火도 신주인 나와 같은 土(丑)를 火生土로 생산(生産)하고 시지(時支)에 있는 巳火 역시 火生(産)土로 신주를 생산합니다. 丁火도 巳火도 모두 인성으로 모친성이 아닙니까?

그러니까 어머니가 둘, 즉 모외유모(母外有母)-생모 외에 또 다른 모친성이 있음-의 형국이고 丁火라는 어머니는 그 밑에 있는 丑土를 火生土로 생산하니 丑土는 비견으로서 나와 같은 형제자매인데 그것을 丁火가 낳았으니 그 어머니도 자녀를 둔 것입니다. 그런데 그게 丁丑으로 배치되어 흉한 백호대살이니 그 모녀가 어디론가 떠나버려 종무소식이 된 것으로 볼 수 있습니다."

이렇게 구체적으로 설명을 하자 그는 오랫동안 사주학을 공부해서 그런지 이해가 된다는 표정이면서도 이세까지 한번도 자기 생시를 의심하지 않고 지내온 끝에 갑자기 이런 이야기를 들어서인지 어리둥절한 표정이다. 그래서 다시 이렇게 말했다.

"저는 사주를 볼 때 상대가 말해준 생시를 이렇게 도표를 작성할 때 바로 적지 않고 시주(時柱) 칸을 비워둔 채 몇 가지 그분의 가족 상황이나 여러 가지 정황을 점검하고 나서 비로소 생시를 정해 씁니다. 왜냐하면 선생님처럼 자기 생시를 정확하게 알고 있는 사람이 드물기 때문이죠.

10살 이하들은 병원에서 정확한 시간을 적어주니까 그럴 필요 없이 생시를 곧바로 정확히 쓰게 됩니다. 그래서 작명(作名)할 때 매우 편리하죠. 그러나 그 전 사람들 특히 나이 좀 든 분들의 경우 생시를 불러준 대로 썼다가는 잘못된 사주를 보게 되고, 그러다 보니 앞으로 다가올 일도 정확성이 떨어지기 마련입니다."

내 말을 놓치지 않으려는지 그는 눈빛을 새롭게 해서 나를 뚫어지게 쳐다본다. 그리고는 말한다.

"어떻게 그처럼 모외유모라는 것을 찾아냅니까?"

"저는 상담하러 오신 분이 자기가 태어난 시간을 대충 말하면 거기에다 전후 두 생시를 머리 속에 연상하고 나서 그보다 먼저 태어났을 경우와 후에 태어났을 경우들의 가족 상황과 지나온 운들을 추리하며 몇 가지 질문을 던져 봅니다.

가령 선생님의 경우와 같이 庚午시를 중심으로 해서 그 庚午시보다 약간 전의 생시는 己巳시가 되고, 그 후는 辛未시가 되므로 그것들을 연상하면서 그랬을 경우 어떤 현상이 벌어졌을까를 생각합니다. 그러면서 지금 선생님에게 질문하는 것처럼 몇 가지를 점검하는 것이지요.

선생님의 경우도 己巳시를 떠올리고, 그 생시였을 경우 가족 상황을 연상해 보니 모외유모에 해당되기 때문에 조금 전과 같이 물은 것입니다. 그렇게 물으니 선생님이 실제 상황을 말씀해 주셨지 않았습니까? 그래서 午시생이 아니고 巳시생이라고 판정한 것입니다."

그러자 그가 이렇게 묻는다.

"그럼 巳시생이라고 보고 제 운행을 한 번 점검해 주시겠습니까?"

이제 제대로 생시가 잡혔기 때문에 그러자는 눈빛을 보내고 이어 말했다.

"자, 봅시다. 선생님이 태어난 후로 부모 집이 크게 일어났겠습니다. 그렇지 않았습니까?"

"그건 맞는데요. 제가 태어난 후로 부모 집안이 불같이 일어나 주위 사람들이 저를 보고 복덩이가 태어났다고 말했답니다."

"그게 그럴 수밖에 없는 것이 용신인 丁火가 조상터인 연월(年月)의 연간(年干)에 있고, 전반(前半)운에 巳午未의 화방(火方)운 즉 용신운을 만났으니 통계상 명문가에서 성장하는 형상에 속하기 때문이죠."

"아! 선생님의 책 용어 편에 명문가라는 것이 있던데 그럴 때 그런 말을 쓰는군요."

"그렇습니다. 사주 공부를 많이 하셔서 그런지 매우 빨리 이해 하시는군요."

이렇게 그분의 사기를 진작시키는 말을 하자 그는 지금까지도 자기 생시를 정확하게 잡아내지 못했는데 무슨 칭찬이냐고 반문 하면서 이상야릇한 표정을 지었다. 다음 운행도 점검하면서 말 했다.

"丁火가 제일 좋아하는 것은 甲木과 寅木이라고 궁통보감의 저 자가 말했습니다. 그 말과 같이 甲辰운행의 甲木운행이야말로 용신인 丁火에게는 진짜 반가운 운입니다. 그러니 이 때에 마지 막으로 중령이 되었을 것입니다.

그러다 辰土운행은 火가 함몰(陷沒)되는 화몰(火沒)운이니 용 신이 무력해지므로 군인이라면 누구나 바라는 진급이 되지 않고 세월만 갔을 것입니다. 그래도 甲辰은 대목지토(帶木之土)이기 때문에 그런 대로 버틸 만은 하지요.

그러나 癸水운행이야말로 丁火가 제일 싫어하는 운입니다. 丁 癸가 상충하니 丁火가 크게 손상되므로 이때에 물러나야 하지요. 언제 제대했습니까?"

그러자 그분이 말한다.

"중령이 되어서 간혹 강의도 하고 그랬기 때문에 대령은 의심 하지 않고 군 생활을 했는데, 이게 어찌된 일인지 진급은커녕 자꾸 불리한 일만 생겼어요. 그래서 불가불 48살에 물러났습니다."

그렇게 말하고 그는 다음과 같이 질문한다.

"운행이 癸卯로 되어 있으니까 卯木은 희신운인데 왜 제대를 해야 합니까? 이 午시생은 용신이 나와 같은 火로서 똑같은 癸卯운행인데도 국회의원을 한 것 같은데요. 좀 이상하지 않습니까?"

그는 이해할 수 없다는 듯 고개를 연방 좌우로 갸웃거리더니 이어서 말한다.

"사주학이란 것이 좀 애매모호한 구석이 많지 않은가요? 대강만 맞고 세밀한 부분은 미치지 못하는 것이 아닐까요?"

"그런 구석이 없는 것은 아닙니다. 원시 사주학은 매우 간단하게 해독(解讀)했기 때문에 원전(原典)만 공부해 가지고는 어려움이 많습니다. 그렇기 때문에 현대 사주학을 이루려면 더 많은 추리력이 필요합니다. 그래야 癸卯운행 같은 것을 午시생과 巳시생의 경우 비교적 정확하게 해석할 수 있을 것입니다. 제가 그동안 터득한 바를 가지고 말씀드리겠으니 한 번 들어보십시오."

그러자 그는 어서 계속해 보라는 눈빛이다.

"巳火라는 놈은 여기 붙었다 저기 붙었다 하는 간신배입니다. 옆에 丑자나 酉자가 있으면 제 성질인 화성(火性)을 버리고 巳酉丑으로 金局을 이루면서 金으로 변신합니다. 선생님의 사주도 옆에 丑자가 있기 때문에 여차하면 金으로 변해 제 성질인 火를 버리려고 합니다. 그렇기 때문에 巳火를 믿고 있던 연간의 丁火가 매우 불안해졌습니다.

그러나 午시생은 午중 丁火가 있고 그게 다른 것들과 합하지 않기 때문에 그것을 믿는 연간의 丁火가 불안할 일이 없지요. 그래서 같은 용신으로서 火지만 午시생이 巳시생보다 더 유력합니다. 말하자면 용신의 힘에 차이가 있는 것이지요.

그러니까 巳午未의 火方운행 때에는 화방에 힘을 받아 巳火가 제 성질을 그런 대로 발휘하고 있어서 운이 제대로 먹혔지만 화방운이 지나버리고 습기 찬 卯木운이 갈아드니까 그때는 金局에 가담해버려 용신인 丁火가 무력해지고 丁癸마저 충극하므로 똑같은 癸卯운행이라도 午시생의 경우와 선생님의 경우가 확연하게 차이가 생길 수밖에 없는 것이지요."

이렇게 열심히 설명하자 그는 매우 놀라는 표정을 지으며 말한다.

"말하자면 용신만 추려 냈다고 다 끝난 것이 아니라는 말씀이군요. 그 힘까지 저울질해서 운행과 대조해 봐야 한다는 말 같은데…?"

"바로 그겁니다. 일단 용신을 가려냈어도 그 세력을 세심하게 점검하고 운행을 보면서 상담 해야 합니다. 그래야 현대 사주학에 접근 한다고나 할까. 아무튼 사주학을 현대적으로 갖추기 위해서는 이 방면에 종사하는 사람들도 부단히 연구를 거듭해야 할 과제를 안고 있습니다. 심심풀이로 그냥 보는 그런 식에서 떠나지 않으면 원시 사주학을 탈피할 수 없지요."

그때 그가 말한다.

"진작 만났어야 했는데…, 이제는 나이만 꽉 차 버려서…"

무척 아쉽고 실망스럽게 되었다는 표정이다. 그도 그럴 것이 그는 사주 공부를 무려 15여년 이나 하면서 역학학원에도 다녔지만 자기가 제대로 공부할 수 있는 인연을 못 만난 채 나이만 들었다고 생각되었던 것이다. 그것이 계기가 되어 그는 필자에게 상당 기간 수강을 했다.

그가 또 한 가지 염려되는 것이 있다며 물었다. 자기 부인이 혹시 자기와 헤어지고 다른 남자와 늦게나마 사는 것이 아니냐고 한다. 그래서 부인사주를 점검해 보니 辰土가 거관유살이 되어 그럴 염려가 없다고 말해 주었다.

그러자 거관유살이 무슨 뜻이냐고 한다. 그는 아주 오래된 치부책(메모장)에다 사주학에 대한 자료들을 몽땅 적어 가지고 다니면서도 그게 무슨 말이냐고 묻는다. 그래서 자세히 설명해 주었더니 공부를 좀더 해야겠다고 몇 개월 수강을 받았다. 그리고는 무심코 하는 말이 "이제 사주에 대한 한은 풀었다"는 것이다. 그러면서 신중하고도 점잖게 미소 지었다.

그는 3형제만 두었는데 장남을 제외한 나머지는 쌍둥이다.

· 사주읽기 ·

신주 己土가 金왕절의 申월에 태어나 설신되니 실령했고 巳丑의 금국과 丑중에 辛金들이 들어 있어 계속 설신되니 신약하다. 따라서 신약의조의 용법에 의해 火가 용신이고, 木이 희신이며,

水는 병신이고, 金은 구신이며, 습토는 기신이고, 건토는 약신이다.

그러므로 37년생 중 한 명은 巳午未의 화방운행에 자기를 낳고 집안이 일어난다는 말을 수없이 들었을 정도로 부모 집이 흥성했다. 그리고 군인으로 들어가 癸水운행 48세에 중령으로 제대했다.

그 후로 그는 일자리가 시원치 않아 15여년 사주공부를 했다. 그리고는 水木운행에 돈도 벌지 못할 뿐만 아니라 제대할 때 일시불로 퇴직금을 받아 부인 명의로 집을 사버려 용돈이 궁할 지경이었다. 게다가 부인(庚辰, 乙酉, 癸亥, 己未)까지 이 주인공을 괄시하므로 살맛이 나지 않을 정도이다. 부인 사주가 자녀와 합해 부군성을 공격하고 있기 때문이다.

[1940-08-16 巳시생의 부인 명조]

정인	庚(金土)辰	정관	03	13	23	33	43	53	63
식신	乙(木金)酉	편인	甲	癸	壬	辛	庚	己	戊
신주	癸(水水)亥	겁재	申	未	午	巳	辰	卯	寅
편관	己(土土)未	편관

· 사주읽기 ·

이 여조는 신주 癸水가 金왕절의 酉월에 태어나 金生水로 생신하니 수원(水源)이 마련되었고, 乙庚合金도 생신하며 일주가 똑같은 오행이니 신강하다. 따라서 신강의극의 용법에 의해 土가 용신이고, 火가 희신이며, 木은 병신이고, 水는 구신이며, 金은 기신이다. 이 경우 己未시에 태어나 간여지동이므로 용신이 그런 대로 유력하다.

그러므로 40년생 중 한 여성은 巳午未의 화방운행에 교편을 잡았고 부군(丁丑, 戊申, 己丑, 己巳)이 중령이었다. 그러다 庚辰운행에 교직을 퇴직하고 부군이 퇴역하여 생활이 넉넉하지 못한 세월을 지내고 있다. 자녀는 3형제만 두었는데 나중 둘째와 셋째는 쌍둥이다.

그 부군은 사주학을 15여 년 공부하고 학원에도 다녔다는데 부인이 庚辰년 현재 아들들과 합동해서 자기를 공격하고 있다는 것이다. 그러면서 남자성인 土가 辰土와 未土로 둘이니까 늘그막에 다른 남자와 사귀지 않겠느냐고 물어서 그럴 염려는 전혀 없다고 했다. 왜냐하면 辰土는 辰酉로 合金해서 없어졌기 때문이다. 이것을 거유서배 내지는 거관유살이라고 하는데 그것은 짝지어 없어졌다는 뜻이다. 그제야 그가 인정했다.

아이들과 합심해서 남편을 공격하는 것은 亥未로 목국—木은 자녀들—을 이루어 己土를 밑에서 木克土로 공격하기 때문이다. 이때 목국은 신주가 생산해 놓은 자녀들로 일주라는 주인공과 자녀들이 합신하며 똘똘 뭉친 형상이다. 게다가 운행도 木방운이니 土(부군성)를 강력하게 극할 것은 당연한 운이다.

본조의 주인공들이 다시 올 시기는 각

庚辰(2120 · 2180, 2360 · 2420)년 백로 후 癸亥일 未시다.

14

생시가 똑같다는 한 동네 사람

어느 날 노신사 한 분이 필자의 책 「이야기 사주학」을 보고 방문했다며 사무실로 들어섰다. 그는 키가 크고 비교적 미남이었다. 수인사 중에 그는 사주학을 상당히 공부했다는 사실을 말했고, 이어 그가 자기 생년월일과 생시를 말해 주었다. 나는 그 사주의 도표를 아래와 같이 정리해 놓고 말했다.

[1948-02-07 酉시 남명]

정인 戊(土水)子 식신　06　16　26　36　46　56　66
편재 乙(木木)卯 편재　丙　丁　戊　己　庚　辛　壬
신주 辛(金土)丑 편인　辰　巳　午　未　申　酉　戌
편관 丁(火金)酉 비견

"혹시 의약계통에서 일했습니까?"
그러자 그가 나를 보고 빙그레 미소를 짓더니 말했다.

"그런 데서 일해야 하는 사줍니까?"

"통계상 卯酉戌 중 두 자가 있으면 대개 그런 데서 일하는 사람이 많고, 卯酉라는 충살이 있으니 사람을 다루는 직업에도 간혹 일하는 경우도 있습니다만…?"

그러자 노신사가 이렇게 말한다.

"둘 다 맞는 셈입니다."

그렇게 말하니 의약업에 종사했다는 말인지 아니면 군인이나 경찰 또는 법률 계통에서 사람을 통솔하는 일을 했다는 말인지 알 수가 없다. 하여튼 맞다고 하니까 둘 중 하나에서 일했다는 것 같았다. 그래도 확인을 하고 넘어가기 위해서 다시 물었다.

"맞는 셈이라고 말씀하시는데, 전반운(前半運)이 용신운이니 좋은 환경에서 교육도 상당히 받았겠는데 의약과 법률 중 어느 것을 전공하셨습니까?"

그러자 그가 또 애매하게 대답한다.

"둘 다 맞습니다."

그래놓고 당신이 정확하게 꼭 집어 내보라는 표정이다. 손님 중에는 이렇게 시험 삼아 알 듯 말 듯한 상담을 하는 사람이 간혹 있긴 하지만 이 분은 시원하게 밝히지를 않고 이야기를 길게 끌고 있는 것이다. 그래서 내가 이렇게 말했다.

"戊子생이니까 7-80년대까지는 한국 사회가 경제적으로 어려운 시대였기 때문에 대개는 어렵게 살았습니다. 그러나 이 사주는 전반운이 매우 좋아 그런 시대에서도 괜찮게 사는 집안에서 대학교육도 받을 수 있다는 것까지는 사주로 봐서 확실하다는 것만 알 수 있습니다. 단지 가풍이나 전생에 익힌 습관에 따라 전공 분야가 약간씩 다른데 용신이 관운이니까 대개 법을 전공하는 수가 통계적이라는 말입니다. 툭 터놓고 말씀해 보십시오. 그래야 사주를 빨리 빨리 진전시켜 볼 수 있으니까요."

그러자 그가 무슨 뜻인지 알아 듣겠다는 표정을 짓고 말한다.

"아버지가 교육자였기 때문에 남들보다 비교적 좋은 환경에서 법대를 나왔습니다. 하지만 전공과는 다르게 제약회사에서 일생을 보냈지요. 얼마 전에 그만 두긴 했습니다만."

"그렇다면 그 직장에서 사람들을 통솔도 할 정도로 지위가 있었다는 말이 되겠는데요. 그렇지 않습니까?"

그렇게 확인하려 하자 예의 말투대로 그런 셈이란다. 충살이 그것으로 작용한 것이리라. 그렇게 생각하고 다시 말했다.

"약 45살까지 직장에서 잘 나갔겠습니다. 그러나 庚申운행부터는 답보 상태가 오래 지속되었을 것이고 辛酉의 金운행에는 卯酉가 충극하여 퇴직했겠는데요?"

"대개 그런 셈입니다. 庚申운행에는 만년 부장으로 있다가 IMF가 터지자 잠깐 사장으로 발령 해주더니 곧바로 명예 퇴직시킵디다. 이용만 당한 셈이지요. 그건 그렇고 이제부터 무엇을 하며 세월을 보내야 할 지 막연합니다."

남아 있는 壬戌운행도 시원치 않기 때문에 말했다.

"이제는 취미생활이나 하면서 조용히 여생을 보내는 것이 좋을 것 같습니다."

그러자 별안간 그가 이렇게 묻는다.

"사주가 맞긴 맞던가요?"

"아니, 지금까지 확인해 보시고서도 그렇게 묻습니까? 한마디로 말해 전반운이 좋지 못했다면 대학은 커녕 머슴살이를 했을 겁니다. 그런데 이 사주는 용신운을 일찍 만나 그 시대에도 대학을 나왔지 않습니까. 그만하면 맞다는 생각이 들지 않는가요?"

"왜 그렇게 묻느냐 하면 다른 것이 아니라 나와 같은 동네에서 같은 날 같은 시에 태어난 남자가 있었어요. 그 남자는 나와 인척 관계이죠. 과거 시골은 몇몇 성받이들만 살면서 혼인관계가 이루어졌으니까 친인척 관계가 된 것인데, 그런데 그와 나는 전혀 다르게 살았습니다. 그러니 사주가 맞는 것인지 아니면 미신인지 또는 적당히 보는 것인지 그게 이상하다는 말입니다. 이 방면에 공부를 삼 년째하고 있는데도 도무지 아리송합니다."

"그래요? 똑같은 사주에 같은 주인공을 동조이인(同造異人)이라고 합니다. 동조이인도 시대가 같은 동조이인과 시대가 다른 동조이인이 있죠. 그렇다면 생시에 문제가 있는 것이 아닐까요?"

그러자 그가 말한다.

"어른들 말씀이 같은 시간대에 태어났다는 것입니다. 그러니 틀리지 않을 겁니다. 선생 말대로 나는 그 사람과 같은 동조이인이고 같은 남자로 성씨만 다를 뿐입니다. 그런데도 서로 다른 삶을 살았어요."

신주 辛金이 木왕절의 卯월에 태어나 실령해서 신약사주로 출발했다. 그러나 이 경우 월령이 신주를 극하는 것이 아니라 그 반대이며 酉丑의 금국이 신주에게 합세하므로 신강사주로 변했다. 따라서 신강의극의 용법에 의해 火가 용신이고, 木이 희신이며, 水는 병신이고, 金은 구신이며 건토는 약신이다. 이 경우 丁火가 나타나긴 했으나 뿌리가 없고, 卯木은 습기 찬 나무로 木生火가 제대로 이루어지지 않는다.

그러므로 48년생 중 한 명은 2남 2녀 중 장남으로 태어나 부친-乙卯로 튼튼하다-이 교육자였기 때문에 괜찮은 집안에서 丙辰과 丁巳의 火운행에 구애 없이 성장하며 법대를 졸업했다.

그리고는 卯酉戌 중 卯酉라는 두 자가 있어서 이름만 들으면 누구나 알 수 있는 D제약회사에 취업해 己未에 이사를 거쳐 庚金운행에 잠시 대표이사를 맡다가 丙子년에 퇴직했다. 辛酉의 金운행도 卯酉가 충극해 어려움이 풀리지 않으리라.

그것 참 이상한 일이다. 그래서 나는 생시만 다르게 대입시키면서 이리저리 궁리를 하고 있었다. 간발의 차이로 酉시보다 앞선 丙申시생이라면 그것도 丙火가 용신이다. 그렇지만 金을 단련시키려면 丙火(태양)보다 丁火(용광로)가 더 효과적이므로 酉시생보다 격하되고 丙辛合水되어 용신반합(用神半合)이니 이 또한 격하되었으며 卯酉戌중 한 자만 있으니 의약업과는 거리가 멀어진다.

다시 이번에는 戊戌시생으로 대입시켜 보니 卯戌이 있어 의약업과 관계가 생길 수 있고 丑戌이 형살이니 일시형충에 해당되어 처와의 관계가 부실한 형상이다. 이렇게 각 생시마다 다른 형상들을 떠올리며 노신사에게 한 가지 물었다.

"그 분도 본인이나 가족이 의약업과 관련이 있었습니까?"

그러자 신사가 이렇게 말하는 것이 아닌가.

"그 사람은 약대를 나왔고 부친이 한약방을 했습니다. 그래서 집안도 넉넉했었습니다."

그 말에서 힌트가 나왔다. 부친이 한약방을 했다니 卯戌중 卯는 부친성으로서 역시 한약방과 인연이 있는 글자이다. 그렇다면 다음과 같은 戊시생 명조가 틀림없는 것이다.

[동년월일 戊시 남명]

정인	戊(土水)子	식신	06	16	26	36	46	56	66
편재	乙(木木)卯	편재	丙	丁	戊	己	庚	辛	壬
신주	辛(金土)丑	편인	辰	巳	午	未	申	酉	戌
정인	戊(土土)戌	정인							

"그 분은 酉시생이 아니고 戌시생입니다. 아마 선생과 근사한 시간대에 출생했는데 동네 어른들이 같은 시간대로 보고 똑같은 사주로 알았을 겁니다. 아무튼 좀 더 그 분의 운행을 짚어 나가 봅시다."

이렇게 말하자 그 신사는 고개를 갸우뚱하며 나의 입을 유심히 지켜보고 있다.

"그분 혹시 己未운행에 가정이 파괴되었거나 범법으로 감옥에 들어가 못 나오고 있거나 그러지 않습니까?"

이렇게 묻자 심각했던 그의 표정이 약간 풀린 듯 하면서 말한다.

"그 말씀 비슷하긴 한데 己未운행에 어떻게 그런 일이 발생할 수 있는 거지요?"

"그분은 선생 사주처럼 용신인 丁火가 밖으로 나타나지 않고 戌중에 암장되어 선생만큼 용신이 뚜렷하지 못합니다. 게다가 丑戌로 형살이 되어 암장된 丁火가 丑중 癸水에게 丁癸로 충극을 당해 너무 미약하게 되었죠. 그래서 용신이 풍전등화와 같은 형상입니다. 그런 용신을 己未운행에 丑戌未로 삼형살까지 범해 아주 없애 버렸습니다.

삼형살 즉 형살이라는 것은 싸움이나 다툼으로 형법에 저촉된다는 의미이니까 그런 운에는 감옥 같은데도 갈 수 있고, 그 삼형살은 가정궁인 일시(日時)에서 벌어졌으니 가정이 파괴되기도 합니다. 풍전등화 같은 용신이 그런 운을 만나면 생명까지도 위험할 수도 있습니다. 살아 있어도 남아 있는 운행이 아주 불길해 죽은 사람처럼 아무 일도 할 수 없기 때문에 그렇게 물어본 것입니다. 정확하게 말씀해 보십시오. 그 때 그 사람의 상태를 말입니다. 그래야 생시의 차이인가를 알 수 있지 않겠습니까?"

그때 그 신사가 간단명료하게 말했다.

"그 무렵에 그 사람 죽었습니다."

그렇게 말하고 그는 또 고개를 갸우뚱한다. 이해가 된다는 것인지 그래도 안 된다는 것인지 묘한 표정이다. 사주 공부를 상당히 했다니까 웬만하면 이해가 갈 터인데 이상했다. 아무튼 왜 죽었는지 그것부터 알고 싶어 물었다.

"아니 왜 죽었습니까?"

"그 친구는 약대를 나와 서울 종로에 약국을 차리고 몇 년 동안 운영했습니다. 그런데 장사가 영 신통치 않자 정리하고 고향인 시골로 내려갔죠. 그런데 이상한 것은 고향에 가서 약국은 차리지 않고 교회에 푹 빠졌답니다. 그러더니 한참 후에 소식을 들어보니까 부흥회 때 갑자기 밖으로 뛰쳐나간 후 자살 해 버리고 말았다는 것입니다. 정신이 이상해져서 말입니다."

나는 그의 말을 들으면서 丑戌은 화개살로 종교성인데 그게 형살을 범해서 그렇게 된 것이 아닐까 하고 추리해 보았다. 그 사람에게 일어난 상황으로 보아 戌시에 태어났다는 것이 확인된 것이므로 신사를 향해 말했다.

"사주 공부는 하신 지 얼마나 되었습니까?"

"퇴직하고 할 일이 없어 지금 삼 년째 심심하면 틈틈이 이런데 관련된 책을 공부해 오고 있지요."

"독학으로요?"

"예."

그러면 그렇지. 사주학이 얼마나 학술적이고 세밀한 학문인데, 그것도 독학으로 겨우 삼 년밖에 하지 않고서 상당히 했다고 본인 스스로 말하고 있으니 가히 그 실력을 짐작할 만하다.

대개 독학하는 사람들은 이 책 저 책들을 뒤져보며 조각조각 지엽적인 자료들을 수집해서 짜깁기를 하므로 누더기 지식처럼 되기 일쑤다. 그러면 나무만 보고 숲은 못 보니 총체적으로 볼 수 있는 안목이 길러지지 못하는 것이다.

독학하는 사람들을 많이 만나게 되는데 거의 그 테두리를 벗어나지 못하고 있었다. 그들의 공통점은 사주를 학문으로 보지 않고 취미용이나 영업용으로 생각하고 있었다. 본격적인 학문 자세를 가지지 않아 그렇게 될 수밖에 없는 것이다.

이 신사 역시 자기는 대학을 졸업하고 국내 굴지의 직장에서 사장까지 지내서 내노라 했는데 그까짓 사주쯤이야 나 혼자 공부해도 충분할 것으로 여겨 그렇게 해 오고 있었을 것이다. 그런데 생시 추리력이 부족하여 동조이인으로 생각하고 거기서 막히자 사주가 미신처럼 여겨진 것이리라.

나는 더 자세히 그에게 생시의 차이를 설명해 주었다. 그래도 어리둥절한 표정을 지우지 못하는 것으로 보아 아직도 사주학이 시원치 않는 학문이란 생각은 여전한 것 같았다. 그도 그럴 것이 사주학의 기본적인 전문 용어만 해도 2백여 개나 되는데 그 중 하나나 둘 정도밖에 사용하지 않고 그 사주를 설명했으니 그럴 만도 할 것이다. 그래도 무슨 의도인지 온 김에 자기 아들 사주도 검토하고 갔다.

· 사주읽기 ·

이 사주 역시 신강하니 火가 용신이고, 木이 희신이며, 水는 병신이고, 金은 구신이며, 건토는 약신이고, 습토는 기신이다. 이 또한 卯酉戌중 卯戌이 있다.

그래서 이 주인공도 부친이 한의사(乙卯木이 부친)였다. 그래서 가정환경이 괜찮았고 火운이 전반운에 계속되어 약대를 졸업하고 서울에서 약국을 본인이 직접 운영했다. 그러다 己未운행에 丑戌未가 삼형살을 일으키자 戌중 丁火라는 용신이 丑중 癸水에게 손상된다. 그러면서 丑戌未는 모두 화개살로 문학이나 종교에 속하므로 그는 사이비 종교에 빠져 약국을 정리하고 교회에 푹 빠졌다가 정신이상이 생겨 부흥회 중 갑자기 뛰쳐나가 자살 해 버리고 말았다. 子卯라는 형살이 이때의 불운에 작용했을 것이다.

자녀는 형제만 남겼다. 설령 자살을 안 했다고 해도 申酉의 금방운행은 버텨내기 힘들었을 것이다.

앞 주인공의 丁酉시는 丁火라는 용신이 나타났지만 이 경우는 戌중에 간신히 암장되어 있던 중 삼형살이 발생하자 丁火라는 용신이 손상되었다.

그리고 酉시생은 부친이 교육자였는데 이 주인공의 아버지는 한의사라는 것과 본인이 약사라는 점 때문에 丙申시가 될 수 없고 戌시가 맞는 것이다. 옛날 동네에서는 비슷한 시간에 태어나면 酉시와 戌시의 분별이 정확하지 못했을 것이다.

본조의 주인공들이 다시 올 시기는 각

戊子(2128 · 2188, 2368 · 2428)년 경칩 후 辛丑일 酉시와 戌시다.

15

득도 하겠습니다.

　필자는 평소 명상이나 참선에 대하여 관심이 많은 편이다. 그러던 차에 어느 날 선승(禪僧) 한 분을 만났다.

　그는 젊은 나이에 출가해서 십여 년을 훨씬 넘게 참선에 정진하고 있었다. 대화 도중에 알고 보니 그 스님은 '남진제 북송담(南眞際 北松潭)'이라는 한국 전통 선종에 속했다. 그래서 나는 속으로 마음을 놓았다. 그 까닭은 그 선종이 고승들에 의해 그동안 검증을 거쳤으므로 적어도 사이비 종교는 아니라는 판별이 섰기 때문이다.

　사이비 종교가 때와 장소를 가리지 않고 무성하기 때문에 종교인을 만날 때는 그들을 알아보는 예리한 능력이 요구된다. 그렇지 못하면 예상치 못한 불행에 휩싸일 수도 있다. 그런 사례가 심심찮게 현실적으로 나타나고 있으니 말이다. 따라서 건전하고 합리적인 종교를 판별하는 실력을 평소에 길러둘 필요가 있는 것이다.

어떤 사람은 '불합리하기 때문에 믿는다'며 무조건 덮어놓고 믿어야 한다고 하지만 그럴 수는 없는 노릇이다. 왜냐하면 신앙은 합리를 넘어서는 것이지, 합리를 거스르는 것이 아니기 때문이다. 합리를 거스르며 무조건 덮어놓고 믿는다면 사이비 종교도 믿을 수 있다는 논리가 성립되는 것이다. 그렇다면 매우 위험천만한 신앙이 아닐 수 없다.

선문(禪門)에는 이런 게송이 있다.

작래무영수(斫來無影樹)하여
초진수중구(燋盡水中漚)로다
기우갱멱우(騎牛更覓牛)로구나
가소기우자(可笑騎牛者)여

그림자 없는 나무를 베어다가
물 가운데 거품을 태워 다할지니라
가히 우습다 소 탄 자여
소를 타고 다시 소를 찾는구나

13살에 출가해 법문삼걸(法門三傑)이라는 칭호를 받았던 17세 소년강사 소요 스님은 아무리 생각해도 부처님의 경전을 아는 것만으로는 도저히 생사대사(生死大事)를 마칠 수 없을 것 같아 묘향산에 계신 서산대사를 찾아가 가르침을 구했다. 그러자 서산대사는 소요에게 능엄경만 가르쳤다. 소요 스님은 자기가 다

아는 것인데 그것만을 계속 되풀이해서 가르쳐 줄 뿐이므로 날이 갈수록 실망이 컸다.

그런데 이상하게도 자기가 밖에 나갔다 돌아오면 서산대사가 때 묻은 책을 보다가 얼른 감추곤 하는 것이었다. 궁금증에 사로잡힌 소요는 서산대사가 잠자는 틈을 타서 그 작은 책을 보려고 했다. 그러자 깜짝 놀란 서산대사가 재빨리 그 책을 감추는 것이 아닌가. 그러니 더욱 궁금해질 수밖에. 그 후로도 그 책을 보려고 하면 그때마다 서산대사는 더 깊이 감추어 버리는 것이다.

맥이 빠진 소요는 어느 날 그 절을 떠나려고 대사에게 하직을 고한다. 그러자 대사가 말하길 "가려거든 이 책을 가지고 가라"며 평소 그렇게 감추었던 그 책을 내주는 것이 아닌가. 소요가 그 책을 펴보니 위에 소개한 게송이 있었다. 그 후로 그는 그 게송을 20년 간 참구(參究)했지만 전혀 깨닫지 못했다. 그래서 나이 40에 다시 묘향산으로 들어가 대사를 찾아뵈었다. 그리고는 아직도 그 게송을 깨닫지 못했다고 말했다.

그러자 서산대사께서 위에 있는 게송 가운데 "가히 우습다 소 탄 자여, 소를 타고 다시 소를 찾는 구나" 라고 말할 뿐이다. 그 바람에 소요 스님은 단박에 확철대오(廓徹大悟) 했다.

일반 대중들에게는 그런 말이 도통 무슨 뜻인지 알 수 없으니 한 마디로 속칭 '선문답' 이라고 한다. 마치 동문서답과 같다는 의미로 쓰인다. 다시 말해서 서로 그 뜻이 통하지 않으므로 멍해질 수밖에 없는 것이다.

그게 그렇게 된 데에는 여러 가지 요인들이 있을 것이다. 삶의 방식이 전혀 달라서 그렇겠지만 그 원인 가운데 하나가 섭취하는 음식의 차이에도 있을 것이다. 일반 대중들은 직접 또는 간접적으로 살생과 관련된 음식(동물이나 어물) 내지 자극적인 술이나 담배 같은 음식들을 예사롭게 먹고 있기 때문에 짐승들의 기가 아무래도 체내에 잠재해 있을 것이고, 그래서 다른 사람들과 경쟁을 예사롭게 벌이고 있는지도 모를 일이다.

그에 반해서 고승들은 그런 것들과는 거리가 먼 섭생을 할 뿐만 아니라 경쟁을 모르고 살아 그 정신이 매우 깨끗하고 맑을 수밖에 없다. 그런 연륜이 쌓이고 쌓인 채 대중의 세계와는 전혀 다른 오묘한 어떤 세계를 깨달았을 것이다. 그래서 깨달은 자기들끼리는 말을 빌리거나 문자를 세우지 않고서도(不假言語 또는 不立文字) 걸림 없이 그 세계를 보거나 느낄 수 있을 것이다.

그러나 일반 대중들에게는 그 세계를 언어나 문자를 사용하여 말해 주어도 멍할 수밖에 없다. 비유가 좀 어떨지 모르지만 이것은 눈 밝은 사람들이 태어날 때부터 앞을 못 보는 장님들에게 밝은 세상의 모습을 설명해 주는 것과 유사하다. 장님에게 광명의 세상 모습들을 설명해 주기 위해서 온갖 말들과 점자(點字)들을 다 동원해 보지만 그 실상을 환하게 볼 수 없기는 마찬가지여서 장님은 선문답처럼 멍할 수밖에 없을 것이다.

어쩌면 이렇게도 말할 수 있을 것이다. 고승들은 몸소 뗏목을 타고 8만 4천 번의 노를 직접 저어 강 건너 저쪽 땅을 밟고 온 사람들이다.

 그들은 그 땅에서 나는 콩이 이쪽 땅에서 나는 콩에 비해 그 질이 월등하게 나아 말로 설명 못할 독특한 맛이 있다는 것을 체득했다. 그 콩은 마치 강남에서는 귤이지만 강북으로 옮기면 탱자가 되어버린 것(南橘北枳)처럼 강 이쪽으로 옮겨와 재배하면 그 특별한 맛이 사라져 버린다. 그래서 이쪽으로 가져와도 그 맛을 보여줄 수 없는 것이다. 그러한 콩 맛을 본 그들이 다시 이쪽 땅으로 돌아와 사람들에게 여기 콩과 거기 콩의 맛이 질적으로 다름을 설명해 준다.

 그렇지만 언어란 진실을 가리는 베일과 같은 것이어서 본래 그 실상을 제대로 전할 수 없어 이쪽 사람들은 그 콩에 대한 실질적인 맛을 '있는 그대로(眞如)' 느낄 수 없다. 그래서 어렴풋이 약간 짐작만 할 뿐 선문답처럼 끝내 애매모호 하기는 마찬가지이다.

 그 독특한 맛을 직접 체험 하려면 고승들처럼 직접 뗏목을 타고 8만 4천 번의 노를 몸소 저어 강을 건너야 할 것이다. 그냥 훌쩍 뛰어 저쪽 땅을 밟을 수는 없다. 8만 4천 번이라는 수는 번뇌의 숫자이니 그 수만큼 수행이 따르지 않으면 안 될 것이다. 그런 절차를 거치지 않고 어찌 그 콩의 맛을 여실하게 체험할 수 있겠는가?

 그런 중에도 위의 게송을 나 같은 우둔한 자의 머리로 어렴풋이 짐작이라도 해 본다면 그림자 없는 나무는 일상의 생각들이 아닐까? 먼 훗날 보면 그 전에 했던 생각들이 그림자 없는 나무처럼 이렇다 할 흔적들이 없다.

아니, 임종의 자리에서 보면 지난날들의 생각들이 물거품처럼 사라지고 자취들이 없을 것이다. 그렇게 되어 버릴 무수한 생각들에 나날이 매여 있는 우리가 아닌가. 그런 생각들을 베어다가 심중에서 끊임없이 일어나는 거품인 희로애락을 다 태워 버린다면 얼마나 평온한 열반(涅槃:꺼진 상태)의 경지가 되랴마는….

참선(參禪)은 무엇보다 자세가 중요하다고 했다. 먼저 방석 위에 앉아 다리를 접는다. 다리는 가부좌가 원칙이지만 꼭 그런 것만은 아니고 어느 다리든 상관없이 한쪽 다리를 접은 다음 그 다리 무릎 위로 다른 다리를 올려서 포개 없는 반가부좌도 괜찮다.

그리고 좌우로 궁둥이를 약간 흔든 뒤 두 손을 앞으로 뻗어 바닥을 짚고 엉덩이를 약간 들어 올렸다가 사뿐히 내려놓는다. 그렇게 했는데도 편안한 자세가 잘 안되면 두어 번 해 본다. 그래야만 똑바로 오래 앉아 있을 수 있기 때문이다.

그 다음 허리를 곧추 세우고 가슴을 쭉 편 후 두 귀는 양어깨 위에 놓이게 하고 코끝은 단전(배꼽 밑 일 촌 삼 푼) 쪽과 똑바로 놓이게 한다.

눈은 감지 말고 똑바로 평상처럼 뜬 채 45도 아래로 자연스럽게 내려다본다. 참선은 정신이 맑고 성성(惺惺)하게 해야 하는데 눈을 감고하면 마음이 편안해질 때 혼침(昏沈)에 빠지기 쉽기 때문에 뜨고 하는 것이다. 이때 시선은 멈출 자리를 정하지 않는 것이 원칙이지만 굳이 그 자리를 정하려면 약 3미터 지점이 되도록 한다.

그렇게 자리가 성해지면 앉은 채로 허리를 서서히 90도로 굽히면서 입으로 숨을 천천히 내몰아 쉰 다음 이번에는 아주 빠르게 허리를 쭉 펴면서 급히 코로 숨을 몰아들인다. 똑바로 허리를 세운 후 숨을 머금은 채 오래도록 참았다가 처음과 같은 방식으로 또다시 허리를 굽히면서 입으로 숨을 서서히 몰아낸다. 그렇게 하기를 세 번쯤 반복하는데 이것은 준비운동으로 허파의 묵은 공기를 완전히 새 공기로 바꿔놓은 후 오랫동안 좌선에 들어가기 위한 것이다.

그런 자세가 마련되었으면 오른 손바닥을 다리에 있는 봉숭아뼈 위와 단전 앞에 올린 후 왼쪽 손을 그 위에 포갠 다음 양손 엄지손가락 끝이 서로 맞닿게 하여 아주 자연스럽게 무지개다리처럼 만든다. 이때 손에 힘이 들어가지 않도록 한다.

그 자세가 완료되었으면 이번에는 단전으로 숨쉬기를 해야 한다. 단전은 배꼽과 생식기 사이의 부위를 말하는데 막 태어난 영아들은 몇 개월 동안 이곳으로 숨을 쉰다. 그것을 옛 사람들은 '배냇 숨'이라고 했다. 그것을 태식호흡(胎息呼吸)이라고도 말하는데 태아는 공기가 없는 엄마 뱃속에서도 평화롭게 성장한다. 그래서 영아 때는 세상일에 물들지 않아서 말 그대로 천진무구(天眞無垢)한 상태이기 때문에 태어나서 한동안 배냇 숨을 쉬지만 세상일을 하나하나 익힐수록 그 상태를 점점 상실하면서 허파로 숨을 쉬어버리는 것이다.

좌선은 그러니까 상실했던 천진무구한 상태로 되돌아가기 위한 숨쉬기를 시작하는 것이다. 숨은 날숨과 들숨으로 구별된다. 날숨이든 들숨이든 매우 서서히 호흡을 실행해야 한다. 호흡은 허파로 실행하지만 날숨 때는 단전 부위가 매우 서서히 (쏘오옥) 줄어들게 하고 들숨 때도 역시 매우 서서히 단전 부위가 (볼오록하게)불어나게 해야 한다. 불어났으면 그대로 약 3초 정도 잠시 숨을 멈춘 후 다시 매우 천천히 날숨과 동시에 단전 부위가 서서히 줄어들도록 한다. 그런 호흡을 코로만 반복하는데 너무 조용해서 호흡을 하는지 않는지 알 수 없을 정도여야 한다. 다시 말해 허파로 숨을 쉬지만 그와 동시에 단전 부위를 매우 끈기 있게 내밀었다 오므렸다 하는 것을 되풀이하는 것이다.

이때 생각은 단전에서 떠나지 않도록 한다. 그리하여 머리에 몰려있던 생각을 아래로 끌어내리는 것이다. 그러면 머리가 텅 빈 것처럼 맑아진다.

입은 항상 닫은 상태로 혀끝을 목구멍 천장 깊숙한 쪽으로 구부려 올려서 붙이고 어금니는 지긋이 물어야 한다. 그렇게 하면 침구멍에서 침이 나와 소화기능을 도우므로 건강에 매우 유익하다.

눈은 항상 또렷하게 뜨고서 성성해야 하되 모든 자세에 무리가 없이 자연스러워야 한다는 것이 매우 중요하다. 그리고 조금이라도 무리가 생긴 듯 하면 곧바로 쉬어야 한다. 시간은 처음부터 길게 하려고 하지 말고 자기 기량에 알맞도록 무리 없는 시간을 점차로 늘리되 새벽이나 취침 전이 좋은 것 같다.

이런 자세는 검도나 태권도 그리고 국선도나 요가 또는 신선도에서 기본으로 취하고 있는데 정신통일을 위해서 그렇게 한다. 명상(瞑想)하는 사람들도 그런 자세를 기본으로 삼고 있는데 단지 그들은 눈을 감고서 한다는 차이만 있다.

그러나 참선에서는 그런 자세에다 화두―가령 내 진면목(眞面目)은 무엇일까? 등―를 거각(擧覺:화두를 들고 깨달으려) 한다. 그러니까 운동이든 명상이든 참선이든 기본자세는 똑같고 다만 자기가 세운 목적만 다를 뿐이다.

오늘날은 서양의 지성인들이 이런 자세로 명상에 잠기거나 자아를 찾기 위해 많이 실행하고 있다. 필자의 경험으로는 정신이 매우 맑아지는 것을 실감했다. 공부 또는 연구하는 사람이나 감연(減煙) 혹은 금연(禁煙), 그리고 감주(減酒)나 금주(禁酒)를 시도하는 사람들에게는 특히 효과가 있다. 또 불운 때문에 위축된 상태에 놓인 사람들도 수양한다 생각하고 실행하면 빠른 안정을 얻을 것이다.

2003년 어느 신문에, 뇌와 기분이 어떤 관련이 있는지 그 수치화에 성공한 리처드 데이비드슨 박사(위스콘신대 신경과학자)의 리포트가 실렸다.

그는 사람들이 기분이 나쁠 때는 이마엽(전두엽)의 오른쪽과 감정을 주관하는 변연계의 편도핵 주변이 민감해진다는 사실을 알았다. 반면에 기분이 좋아질 때는 그 곳이 조용해지고 이마엽 왼쪽이 활발하게 기능한다는 사실도 밝혀냈다.

그리하여 뇌 좌우 이마엽의 활성이 어떻게 변화하는지 비교하는 '기분 저울'이라는 척도를 개발했다. 그 척도의 저울이 오른쪽으로 기울수록 기분이 나쁘고 스트레스를 받는데 비해 왼쪽으로 기울수록 더 행복하고 기쁘다는 사실이 증명되었다. 그 '기분 저울'의 중심축이 사람마다 일정하다는 것도 새로 밝혀냈다.

그런데 데이비드슨 박사와 공동연구를 했던 카뱃진(매사추세츠 의대) 의학박사가 생명공학 업체의 근로자들에게 두 달 동안 매주 3시간씩 '집중명상'을 지도한 다음 그들의 '기분 저울'을 측정해 보았다. 그랬더니 명상을 배우기 전에 오른쪽에 있던 '기분 저울'이 점점 왼쪽으로 움직이고 있었으며 모두 낙관적인 사고로 바뀌고 있었다.

그래서 데이비드슨 박사는 "명상이 왼쪽 이마엽 신경세포들의 기능을 강화하고 이 신경세포들은 변연계의 편도핵이 기분 나쁜 감정을 주관하는 것을 방해한다"고 발표했다. 덧붙여 명상을 하면 면역 시스템도 강화된다는 것도 입증했다. 이로 보아 명상이나 참선을 해서 손해 볼 일은 전혀 없는 것이다.

우리는 참선에 관해 이런저런 이야기를 나누다가 사주에 대한 대화가 자연스럽게 이루어졌고 그 스님의 생년월일시도 알게 되었다. 아래와 같이 나온 그 사주를 유심히 검토해 보고는 그가 불도(佛道)를 크게 이룰 수 있음을 알았다.

탄허 스님의 사주나 김수환 추기경의 사주처럼 金水가 용신이고, 후반운이 金水로 달리기 때문에 그렇게 본 것이다. 金水는 금백수청(金白水淸)으로 아주 깨끗하고 맑다. 그래서 정신이 맑고 깨끗하며, 지혜에 속한 水가 그렇게 맑으니 金水가 용신이며, 金水(인성으로 학문운임)운으로 달리면 언하대오(言下大悟:법문을 듣다가 깨침)가 충분히 가능하다.

만약 스님의 사주가 재물이나 여자에 해당하는 재성운과 명예나 자녀에 해당되는 관성운으로 흐르면 중도에서 재물이나 여자로 파문을 일으키거나 명예 즉 직위에 관한 일로 다툼이 생겨 중도에서 본의 아니게 파계할 수 있는데 이 젊은 스님은 재성과 관성운이 없이 탄허스님이나 추기경처럼─이상 두 분 사주는 「이야기 사주학」 150쪽과 153쪽에 상세히 나와 있음─인성운이면서 용신운으로 막힘없이 잘 달린다.

그러므로 나는 그 스님에게 실제 그 사주들의 예를 일일이 꺼내 보이며 구체적으로 설명하고 희망 섞인 이야기들을 들려주었다. 기왕 어떤 길을 택해서 걷는다면 그 길로 긍정적인 빛이 나타나야 금상첨화가 아니겠는가.

[1964-02-21, 2024-02-10 남명]

식신	甲(木土)辰 편관	01	11	21	31	41	51	61
정재	丁(火木)卯 상관	戊	己	庚	辛	壬	癸	甲
신주	壬(水火)午 정재	辰	巳	午	未	申	酉	戌
정관	己(土金)酉 정인	05	15	25	35	45	55	65

신주 壬水가 木왕절인 卯월에 태어나 설신(洩身)되고 木火 즉 식상과 재성이 강해서 신약하다. 따라서 신약방조의 용법에 의해 金水가 용신이고, 火木은 병신이며, 건토는 기신이고, 습토는 약신이다. 이 사주는 辰土라는 명예성과 자녀성이 백호대살이고 가정궁에 있는 酉金은 공망살이다.

그러므로 64년생 중 한 명은 己巳의 土金-巳酉금국-과 庚金 운행에 지방 국립대를 졸업하고, 庚午의 午火운행이 불길하여 스님의 길로 들어섰다. 辛未운행 중 庚辰년 현재 13년째 선승의 길을 걷고 있는데 金水가 용신이면서 그런 운을 만나면 종교인으로 크게 성취하는 것을 많이 보았다. 그러기 때문에 壬申과 癸酉의 水金운행에 의반야바라밀다고依般若波羅蜜多故(반야바라밀다에 의지하는 고)로 득아뇩다라삼막삼보리得阿褥多羅三藐三菩提(이 위없는 바르고 평등한 눈뜸 즉 완전한 깨달음을 얻음)하리라. 아제 아제 바라아제 바라승아제 보리사바하! (阿帝 阿帝 波羅阿帝 波羅僧阿帝 菩提娑婆訶!)

본조의 주인공들이 다시 올 시기는 각

甲辰(2204·2264, 2444·2504)년 경칩 후 壬午-천합지-일 酉시다.

이하는 승려로 나갔다가 재성과 관성운을 만난 바람에 파계했던 명조들이다.

[1933-06-10, 1993-05-28 男命]

편재 癸(水金)酉 식신　08　18　28　38　48　58　68

비견 己(土土)未 비견　戊　丁　丙　乙　甲　癸　壬

신주 己(土水)亥 정재　午　巳　辰　卯　寅　丑　子

비견 己(土火)巳 정인　03　13　23　33　43　53　63

· 사주읽기 ·

신주 己土가 간직된 土왕절의 未월에 태어나 득령했고 巳午의 화방이 생신하니 신강하다. 따라서 신강의극의 용법에 의해 木이 용신이고, 水가 희신이며, 金은 병신이고, 土는 구신이며, 火는 기신이다. 이 경우 亥未의 목국을 癸水와 亥水가 생조하고 있어서 용신유력이며 오행을 모두 구비해 배득중화(配得中和)이다.

그러므로 33년생 중 한 명은 丁巳운행에 丁癸와 巳亥가 각각 충극하여 재성과 관성(亥중 甲木)을 손상시켜 재관무의(財官無依)가 되므로 승려의 길로 들어섰다. 그 후 寅卯의 木방운이 갈아들어 관성이 득세하므로 파계하고 문필생활에 전념하여 수방운행에 명성을 날렸다. 木水는 관성과 재성이 득세—재관유력—하므로 파계한 것이다.

[1952-10-26 남명]

비견 壬(水土)辰 편관　08　18　28　38　48　58　68

비견 壬(水水)子 겁재　癸　甲　乙　丙　丁　戊　己

신주 壬(水土)辰 편관　丑　寅　卯　辰　巳　午　未

상관 乙(木火)巳 정재

· 사주읽기 ·

신주 壬水가 水왕절의 子월에 태어나 득령했고 辰중 두개의 癸水와 子辰의 水局 그리고 세 개의 壬水가 범람하고 있는 신강사주다. 이렇게 물이 넘실거릴 때에는 그 물을 필요할 때마다 용수(用水)하기 위해서 제방을 쌓아야 할 건조한 戊戌이나 未土가 있어야 한다. 그런데 그것은 없고 그 대신 습기 찬 辰土가 있어서 물의 색깔만 흙탕물로 만들어 버렸다. 그 土는 명예성이자 자식성인 관성이니 그 방면에 이상이 생길 징조로써 관성이 의지할 곳이 없다.

그리고 재물성이자 처성이며 부친성인 재성의 巳火가 넘치는 水의 세력으로 말미암아 꺼져버릴 지경이니 이 또한 재성이 의지할 곳이 없다. 그래서 재관무의이고 화개성이 있으니 종교에 출신할 형상이다.

게다가 모친성인 金이 없어서 52년생 중 한 명은 癸丑운에 가냘픈 巳火조차 강타해 버려 조실부모하고 스님의 길로 들어섰다. 그러나 유감스럽게도 중반운행부터 丙辰의 火土운이 갈아들었다. 이것은 재성과 관성운으로 사주에 그것이 의지할 곳이 없을 때 그런 운이 들어오면 파계(破戒)한다. 왜냐하면 사주에 재성과 관성이 무력한데 그런 운이 들어오면 행여나 하고 명예와 자녀 그리고 재물을 찾아 나서기 때문이다.

그래서 그는 파계도 확실하게 하지 않고 골방에서 승복을 걸친 채 주색에 빠져 술도 퍼 먹고 여자도 번갈아 맛보면서 양인살과 신강사주로 저 혼자만 잘난 체 뚝 소리가 났다. 무슨 업보로 성불(成佛)도 못하고 세속도 시원치 않고, 이거야말로 진퇴유곡의 명기로다.

 본조의 주인공들이 다시 올 시기는 각

 壬辰(2132 · 2192, 2372 · 2432)년 대설 후 壬辰일 巳시다.

16
산다는 게 뭔지

 화창한 어느 봄날, 체구가 당당할 뿐 아니라 얼굴도 대형이며, 행동도 무게가 실려 있는 할머니 한 분이 방문했다. 할머니는 자리에 앉자마자 얼굴에 미소를 띠며 나를 향해 말문을 열었다.

 "나는 이웃동네 사는데 우리 동네 젊은 여자들한테 선생 소문을 듣고 시장에 왔다가 들렀소. 내 사주 좀 보려고 말이오."

 젊은 사람도 아니고 노인이 사주를 보자고 해서 좀 난처했으므로 할머니에게 말했다.

 "이제 사주는 보아서 뭐합니까? 기왕 모르고 살아 오셨으니까 그냥 사는 것이 편할텐데요?"

 이렇게 반문하자 할머니가 얼굴색을 바꾸며 약간 성을 내듯 말한다.

 "아니, 늙은이라고 푸대접하는 거요. 나도 돈 드릴 테니까 걱정말고 보아주오."

 "할머니, 그런 게 아니고… 젊은 사람들은 사업상 보기도 하지만 할머니야 그럴 연세도 아니잖습니까? 꼭 보시겠다면 요금은 받지 않겠습니다. 그 대신 생시를 정확히 알고 있어야 합니다."

명보(命譜)를 하나 더 작성하기도 할 겸 이렇게 말하자 생시를 안다며 생년월일을 또박또박 말씀하신다. 그래서 사주를 다음과 같이 뽑았다.

[1925-11-13, 1985-11-02 여명]

정인 乙(木土)丑 상관	03	13	23	33	43	53	60	73
식신 戊(土水)子 정관	己	庚	辛	壬	癸	甲	乙	丙
신주 丙(火土)戌 식신	丑	寅	卯	辰	巳	午	未	申
편관 壬(水土)辰 식신	08	18	28	38	48	58	68	78

나는 사주를 보면서 차근차근 말하기 시작했다.

"할머니가 산 시대는 형제자매들이 많을 때인데 이 사주는 그와는 정반대군요. 혹시 무남독녀 아니신가요?"

그러자 할머니가 빙그레 웃으시며 말한다.

"그런 셈이라오. 원래는 우리 부모님이 딸만 둘을 두었는데 내가 맏이고 여동생이 있었지만 어려서 죽었기 때문에 그렇게 된 것이나 다름없게 되었다오."

이 여명(女命)은 신주가 火이므로 같은 火는 형제자매에 속하는 별자리(兄弟姉妹星)이다. 그런데 그것을 생조(木生火)하는 乙木이 모친성으로서 그게 자좌살지(自坐殺之)이기 때문에 무력해서 火를 더 생산할 능력이 부족하므로 그렇게 먼저 확인해 보앉던 것이다.

자좌살지란 乙木이 乙丑으로 함께 배치된 채 자기가 자리잡고 있는 丑중 辛金에게 金克木으로 그리고 乙辛으로 충극(冲克)을 당해 무력해졌다는 뜻이다.

한편 戌중에 암장된 丁火가 동생인데 그것이 辰戌로 상충하고 丑戌로 형살이 되어 손상된 바람에 할머니의 말씀대로 동생과 일찍 사별한 것으로 보인다.

필자는 다음 운행을 점검하기 시작했다.

己丑의 土운행과 庚金운행은 종아격으로 용신운이니 부모님도 괜찮게 살았을 것이고, 본인도 공부를 좀 했을 것으로 보여 이렇게 물었다.

"할머니가 어렸을 때는 부모님이 괜찮게 살았겠습니다. 그리고 할머니도 공부 좀 했겠는데요?"

그러자 할머니가 확인해준다.

"나는 일본에서 태어났다오. 선생 말대로 부모님 살림도 괜찮았을 뿐 아니라 일본에서 학교를 다녔어요. 지금도 일본말과 한문은 누구에게 뒤지지 않을 정도요. 그래서 젊었을 적에는 남들에게 한문과 일본말을 가르치기도 했었지. 그러나 이렇게 늙고 보니 그게 다 소용없이 되고 말았지만 말이오."

뜻밖에 소득이 생겼다. 평소 일본에서 태어난 사람들은 사주가 어떻게 작용할 것인가에 대해서 매우 궁금했었는데 이 할머니가 일본에서 태어났다고 하니 그 궁금증을 해결할 수 있어 예상 밖으로 큰 소득을 얻게 된 것이다. 하마터면 그냥 돌아가게 해서 이런 소득을 놓칠 뻔했다. 아무튼 할머니 말씀이 조리가 있고 예절 바른 냄새가 풍기더니 역시 교육을 받아서 그런 것 같았다.

다음 寅木운행은 신주가 木에게 木生火로 생조를 받는다. 그리면 종격 사주는 불운이다. 그래서 그 기간을 물었더니 부모님(寅木)이 살림을 정리하고 한국으로 나와 자리를 잡지 못해서 어려움을 한참 동안 겪었고 그 바람에 본인도 배움이 중단된 채 결혼 준비만 하고 있었다고 한다.

그리고 辛金운행은 土生金해서 그래도 좀 나은 운이므로 군청에 다니는 남자를 만나 결혼했다. 그 당시로는 남들이 부러워했던 결혼이다.

그러나 이 여명은 辰戌이 상충하는 일시형충이므로 가정궁이 불안한 형상이고, 壬辰이라는 부군성은 입묘살−부성입묘(夫星入墓)−이므로 부군이 이미 땅 속에 묻힌 것과 비슷한 형국이면서 壬辰운행에 부군궁(夫君宮)인 일지(日支)와 辰戌이 다시 상충하여 이 운행에 부부간에 문제가 발생할 수 있다. 그래서 내가 확인 겸 물었다.

"혹시 중년에 생이별은 안 했습니까?"

그때 할머니가 미소를 지으며 말한다.

"선생은 어찌 남 아픈 곳을 그렇게 찌르오? 내 팔자가 그렇게 타고났다는 말 같은데 역시 소문대로 선생은 못 말릴 사람이구려. 사실 나는 32살 때 영감이 저 세상으로 먼저 가 버렸소. 한국 풍습은 그 당시 절대 재가를 못한다고 하더군. 일본은 그렇지 않은데 말이오. 아무튼 자식이 2남 1녀나 있었으니까 재혼은 생각해 볼 수조차도 없었고…. 그냥 저냥 지금까지 살아오고 말 았소."

그래서 내가 위로 겸 말했다.

"한 세상 지금까지 살아 오시느라고 고생 많으셨습니다."

그러자 할머니가 한숨을 푹 내쉬며 말한다.

"아이구, 산다는 게 뭔지…."

사람들과 상담을 하다보면 많은 분들에게서 대화 중에 할머니처럼 이런 자문자답을 자주 듣게 된다. 이런 의문에 빠져보지 않은 사람은 아마도 거의 없을 것이다. 사실 이 의문은 인류가 시작될 때부터 생긴 최초의 화두(話頭)였을 것이다.

이 화두는 불도(佛道)에서 참선할 때 '이 뭐꼬'라는 말과도 일맥상통한다. '이것이 무엇이냐' 다시 말해서 인생이란 무엇인가 즉 나라고 하는 것이 무엇이냐고 하는 것은 산다는 게 무엇이냐는 말과 같은 뜻으로 이것은 시공간을 초월해서 인류가 묻고 또 물어온 근원적인 화두일 것이다.

'네 자신을 알라'고 외치던 대 철학자 소크라테스도 제자가 어느 날 "그렇게 말씀하신 선생님은 선생님 자신을 잘 알고 계십니까?"라고 반문했다. 그러자 "그렇다. 나는 나 자신을 잘 모르고 있다는 그 사실을 나 자신 잘 알고 있다."고 겸손하게 대답했다. 그가 그 정도였으니 하물며 보통 사람들이야 더 말해 무엇하랴!

그로 보아 어떻게 보면 인류사는 동서고금을 통해 종교가나 철학자 또는 사상가들이 이 문제에 부딪쳐 머리를 다친 채 골몰해 온 자취들로 가득 찬 것 같다. 부처님처럼 끝까지 그 해답을 얻으려고 사무치도록 간절히 노력하지 않고 어쩌다 간혹 한 번씩 묻기 때문에 모두가 이 문제에 대한 명쾌한 해답을 얻지 못한 채 '알 수 없는 의문'으로 고민하고 있는 것이다. 아무리 궁리(窮理)해 보아도 대답은 '오직 모를 뿐'이다. 그래서 사람들은 할머니처럼 여차하면 그렇게 자문자답하고 있는 것이 아닐까?

필자는 다시 사주를 보며 癸水운이 진종(眞從)을 만드는 운이므로 상부했지만 경제적으로는 활동할 때라고 보고 할머니에게 말했다.

"그렇지만 그 후 돈벌이는 좀 괜찮게 했겠는데요?"

그러자 할머니가 이렇게 말하는 것이 아닌가.

"그러면 뭐하겠소. 자식새끼들과 살아보려고 닥치는 대로 이것저것 안 해본 일이 없이 돈 좀 벌어 두 아들에게 6천만 원씩 나눠주고 그 후로 혼자 방을 얻어 이 근방에서 살고 있는데 처음에는 용돈을 좀 주더니 지금은 저희들도 어렵게 되자 그나마 그것마저 끊긴 지 오래되었다오. 자식이 없는 늙은이들은 정부에서 보태주던데 나는 자식들이 있다고 보조도 못 받고… 늙어 말이 아니오. 선생보고는 일단 요금을 낸다고 큰 소리를 쳤지만 사실은 빈털터리나 다름없소."

"걱정 마세요. 할머니한테 어떻게 돈을 받겠습니까? 오히려 제가 도와 드려야 할 처지인 것 같은데요. 그런데 왜 그렇게 일찍 자식들에게 재산을 전부 나눠주셨습니까?"

"그러니까 말이오. 늙어간다는 것은 떠나가기 위한 것이 아니겠소. 떠나간다는 것은 다른 형체들이 들어설 빈자리를 마련해 주기 위한 것이지. 나도 늙었으니 떠날 채비를 해야지요. 그래서 남김없이 다 나눠 주어버린 것이라오."

"어디로 떠나신다는 말씀인가요?"

"몰라서 묻소? 어디는 어디여, 저승이지."

"본래 어디서 오셨는데요?"

"오긴 어디서 와. 저승에서 왔으니까 다시 그리로 가야지."

"그럼 가셨다가 또 이승으로 오실 수도 있겠네요?"

"그야 물론이지. 죽는다는 것은 끝장이 아니오. 다만 번데기라는 죽음의 집을 지었다가 거기서 나와 잠시 하늘을 날아다니는 나비와 같은 것이지. 나비는 또 알을 까서 생명을 이어가거든. 그것을 반복하는 나비처럼 인생이란 것도 생사를 되풀이하는 것이라고 나는 믿고 있지. 그래서 나는 죽는다는 것이 하나도 두렵지 않다오."

할머니의 식견이 놀랍다. 필자는 언젠가 사향제비나비의 일생에 대해서 메모해 둔 것이 떠올랐다.

강원도 오대산에는 등칡 잎이 한창 무성해질 무렵이면 사향제비나비가 찾아온다. 흔히 벌 나비는 꽃을 찾아 날아든다는 고정 관념 때문에 그 나비도 등칡 꽃을 찾아온 것이라고 생각하기 십상이다. 그러나 그 나비는 그 꽃을 찾아온 것이 아니라 그 잎을 찾아 날아든 것이다.

우리가 보통 생각하고 있는 선입견과는 사뭇 다른 사실이다. 왜 꽃이 아닌 잎을 찾아 왔을까? 바로 사향제비나비의 번식을 위해서이다. 그 나비는 종족 번식을 위해서 등칡 잎이 가장 알 맞다는 것을 조상 대대로 전해 내려오는 본능에 의해 자연스럽게 알고 있는 것이다.

그 잎은 다른 나무들의 잎보다 자기가 낳은 알이 애벌레로 성충이 될 때 갉아먹기에 가장 적당하다는 것을 유전되어온 정보에 의해 필연적으로 알고 있는 것이다.

몇 십 킬로미터를 날아온 그 나비는 등칡 잎에 알을 낳는다. 며칠이 지나면 그 알에서 애벌레가 나와 약 10여 일 동안 등칡 잎을 갉아먹고 성장한 다음 번데기로 변화된다.

애벌레가 번데기 집을 지을 때는 반드시 번데기 위 부분을 나뭇가지에 감싸듯 비스듬히 걸어 맨다. 그렇게 해 놓으면 그 번데기 집이 아래로 떨어지지 않고 안정된 상태가 된다. 그런 안정감 속에서 번데기는 내부에 나비의 형체를 만들어간다. 날개와 눈 그리고 다리가 만들어지는 것이다. 그리하여 번데기 겉을 통해 속에 생긴 날개에 햇빛이 비추이면 드디어 나비가 되어 나온다. 그리하여 나비는 비로소 비행을 시작한다.

그는 빛의 세계에서 얼마 동안 활공을 계속하다가 언젠가는 다시 알을 낳을 것이고, 그 알은 애벌레로 성충이 될 것이며 다시 번데기 집을 통해 나비로 재생하는 것을 되풀이 할 것이다.

우주와 지구가 생기고 생태계가 자리 잡은 이래 끊임없이 반복되는 그런 과정의 삶이 어찌 사향제비나비에게만 한정되랴. 인간도 그 과정을 비슷하게 닮았다. 나비의 알처럼 자궁에서 성장한 다음 애벌레같이 탄생한다. 그리고는 번데기 집처럼 주검의 집을 향해 인생이라는 삶을 공부하다가 번데기라는 주검의 육체를 벗어 던지고 빛의 세계로 비행하는 나비처럼 흔히 말하는 하늘나라로 비행한다.

"다음에 오셔서는 무슨 일을 해보고 싶습니까?"

"이 세상에서 못다 이룬 한을 한 번 실컷 풀어보아야지."

할머니의 한이란 물어보나마나 일찍 상부한 바람에 못다 이룬 사랑이었을 것이다. 그 상처를 더 건드려서는 안 될 것이다. 그래서 말을 돌렸다.

"그런데 그렇게 다 나눠주니까 뭐라고 하던가요?"

"주어서 나쁘다는 사람 보았소? 줄 때뿐이지. 그렇지만 그걸 지킬 복이 없었던가 자식들 살림이 지금 말이 아니라오. 차라리 내가 지니고 있었더라면 없어지지 않고 이렇게 어려울 때 보태줄 것을…. 아무튼 재산은 물려주어 봤자 다 소용없습디다. 재물이 대대로 내려간다 해도 손자 손녀가 나보고 감사하다고 하겠소. 아니면 증손자들이 고맙겠다고 하겠소. 다 소용없는 일인 줄 알면서도 도대체 사람이 산다는 게 뭔지…."

할머니는 먼저 말한 것처럼 인류 최초의 화두를 또 다시 되풀이한다. 할머니는 이번 청명 한식 때 친정 부모님을 이장하려고 찾아오셨다가 자기 일생을 되돌아보며 신세 이야기만 털어놓은 것이다. 그분을 보고 있노라니 이런 글귀가 떠올랐다.

움 틔워 푸른 잎 드리우고/ 꽃마다 열매 잔뜩 움켜쥔 채/ 울긋
불긋 물들이며 한껏 뽐내더니/ 이제 다 놓아버리고 홀로 서있는
나목(裸木)

· 사주읽기 ·

이 여조는 신주 丙火가 水왕절의 子월에 태어나 실령했고, 土
들에게 설신이 심한데 생신해줄 木이 없고-乙木은 丑중 辛金에
게 극을 당해 무력. 自坐殺地-戌중 丁火는 辰戌이 상충하면서
손상되었기 때문에 신주를 도울 능력이 없다. 그래서 土에게 순
종하는 종아격이므로 土가 용신이고, 金이 희신이며, 木火는 병
신이다.

그러므로 25년생 중 한 여성은 己丑운행 때 일본에서 성장하며
교육도 받아 辛卯운행에 귀국해서 군청에 다니는 부군을 만나 2
남1녀를 두었다. 그러다 32살에 느닷없이 부군이 사거해 창상과
부가 되었다. 일시형충이고 壬辰은 입묘살이며 金이 없어 식상
견관이다. 그 후 壬辰운행에 잡일로 癸水운행까지 상당히 돈을
벌어 두 아들에게 약 6천만원씩 분배해 주었다.

그러면서 巳午未화방운행은 홀로 고생했고, 76살 庚辰년 현재
혼자 방을 얻어 살아가고 있는 중이다. 그녀는 자매만 있는 맏
이로 태어나 戌중 丁火가 손상된 통에 동생과 일찍 사별했다.
그리고 자녀들이 어렵게 살고 있어 도움을 제대로 받지 못하는
노년을 보내고 있다. 그녀는 필자에게 자주 들러 이것이 인생이

라면서 허탈해 했다.

본조의 주인공들이 다시 올 시기는 각

乙丑(2165 · 2225, 2405 · 2465)년 대설 후 丙戌일 辰시다.

17
공부하는 할머니

때는 무인(戊寅)년 가을이었다. 어느 날 칠십 대 할머니 한 분이 방문했는데 활동은 좀 불편해 보여도 음성이 분명했고, 눈자위가 깊어 사색적인 인상을 풍겼으며, 깨끗하게 늙어가고 있었다. 할머니는 좌정한 다음 가방을 열더니 필자가 쓴 책을 내밀어 보이고 말문을 열었다.

"세월 때문에 늙어지니까 젊은이들이 피해버려 혼자 적적하게 지내는 시간이 많아집디다. 그래서 취미 삼아 나도 이런 책들을 오래 전부터 보아오고 있었다오."

그 할머니의 말을 듣고 깜짝 놀랐다. 필자가 쓴 책을 가지고 있다고 해서 그런 것이 아니라 젊은이들도 책을 읽지 않는 책맹(冊盲)들이 즐비한데 이렇게 늙으신 할머니가 그것도 전문 서적인 사주학 책을 읽으시다니 정말 놀라운 일이 아닐 수 없다.

영상매체에 비해서 책을 읽는다는 것은 두 가지 효과를 동시에 거두는 장점이 있다.

그 하나는 생각하는 힘, 다시 말해 사고력(思考力)을 길러준다. 책을 읽을 때는 시간에 쫓기지 않기 때문에 문장을 음미하면서 사색하는 여유를 가질 수 있다. 그래서 자기 것으로 만들어 자신의 삶을 창조적으로 이끌 수 있는 것이다.

그에 비해 영상매체는 일초에 무려 18개의 복합적 화상들이 하나의 화면으로 얽혀 찰나적으로 움직인다. 그게 초마다 계속되고 있는 것이다. 그러면서 경각간에 지나가 버리고 새로운 화면이 연속적으로 바뀐다. 그러한 장면들을 놓칠세라 눈동자가 예민해진다. 시력을 집중해야 영상의 재미를 만끽할 수 있기 때문이다. 그것이 스크린이 노리는 효과이다. 찰나적으로 스치고 지나가는 스크린은 생각할 겨를을 주지 않고 영상이 제공해준 대로 기뻐하거나 슬퍼하거나 또는 분노하기만 하면 되게끔 되어 있다. 그러니 언제 눈동자가 쉴 수 있으며 더구나 머리로 생각해 볼 여유가 있겠는가?

또 하나는 다른 이들이 체험해서 발표해 놓은 지식과 지혜를 신속하게 내 것으로 활용할 수 있다. 내가 모든 것을 경험해서 지혜를 얻으려면 무한한 시간이 필요하다.

이것은 마치 내가 강을 건너려고 할 경우 배가 필요한데 자신이 직접 나무를 심고 재배한 다음 톱질해서 배를 만들려면 상당한 세월이 걸려야 하지만 다른 이가 지혜롭게 만들어 놓은 배를 빌리면 신속하게 도강(渡江)할 수 있는 이치와 흡사한 것이다.

그리하여 내가 다른 정신과 만나고, 그 만남의 장을 통해서 나를 빨리 성숙시킨다. 그러므로 건전한 독서는 자기 발전을 빠르게 이루어주는 단단한 밑거름이 되는 것이다.

이 할머니도 그런 삶을 위해 책을 읽고 있는 것이다. 그래서 필자가 놀란 표정으로 바라보며 웃고 있자 할머니가 이어서 말한다.

"지금 의사인 막내아들이 미혼인데 장가를 보내려고 궁합 좀 보러온 것이오. 그런데 그걸 보기 전에 내가 선생에게 제안할 일이 하나 있소. 말해 보리까?"

아주 시원시원한 말투로 말씀하시는 할머니가 마음에 들어 즐거운 표정으로 응했다.

"말씀해 보십시오."

"좀 미안한 일인데, 괜찮을지…."

시원스럽게 말씀하던 할머니가 갑자기 말끝을 흐리었다. 그래서 내가 서둘러 말했다.

"괘념치 마시고 뭐든지 말씀해 보세요."

"이 늙은이가 소문만 듣고 여러 철학관을 가보았는데 그때마다 기대했던 것과는 큰 차이가 나버려 괜히 갔었다고 후회를 한 적이 한두 번이 아니었소. 그래서 그런 것인데… 댁이 괘념 말라고 하니까 말해 볼까요? 다름이 아니라 그 사람들과 댁은 어떤지 그것을 먼저 알아보기 위해 우리 노부부 사주부터 먼저 한번 구체적으로 보아주시겠소? 나도 사주에 대해서 제법 배웠다면 배웠으니까 웬만하면 알아들을 것이오."

나이를 앞세워 그렇게까지 대담하게 말할 수 있겠지만 아무튼 당찬 할머니다. 내가 흔쾌히 응하자 할머니가 자기들 부부의 생년월일을 불러준다. 그래서 만세력을 보고 아래와 같은 도표를 작성했다.

[1928-06-21, 1988-06-09 남명]
```
비견 戊(土土)辰 비견   01  11  21  31  41  51  61
겁재 己(土土)未 겁재   庚   辛   壬   癸   甲   乙   丙
신주 戊(土木)寅 편관   申   酉   戌   亥   子   丑   寅
정재 癸(水水)亥 편재   05  15  25  35  45  55  65
```

부군 명조를 읽어보니 木이 용신이고, 水는 희신이며, 金은 병신이고, 土는 구신이다. 그렇다면 어릴 적 申酉의 금방(金方)운행은 병신이므로 매우 어려운 시기이다. 그리고 壬戌의 戌土운행도 역시 불길한 구신운이다. 그래서 우선 그 때의 운행부터 말해 보았다.

"신주와 같은 土들은 형제자매성인데 이렇게 신강하도록 많으니 형제들이 많아 보입니다. 그리고 어려서 대략 20살까지 무척 어려운 환경에서 성장했겠고요."

그러자 할머니가 필자의 말을 자르고 이렇게 확인해 주었다.

"영감은 어려운 집안에서 3남3녀의 맏이로 태어나 스물 살 전에 양친을 다 여의고 동생들과 사느라 말도 못하게 고생했어요. 영감이 21살 때 우리는 결혼했는데 뭐가 있어야 살지. 그런 중에 일본군 징병 피하느라 몇 년 간 떨어져 살았었고. 아무튼 내

맘에 들도록 보긴 보는데 그걸 어떤 원리로 그렇게 해석하는 거요?"

"대개 사주는 크게 나눠 두 가지로 우선 분류합니다. 하나는 일반격이고, 나머지 하나는 종격이죠. 종격은 다시 신주로 기가 몰리는 종강격 내지 종왕격이 있고, 신주가 도저히 독립할 수 없어 남의 세력에 따라가지 않으면 안될 종아격이나 종재격 또는 종살격 등이 있습니다. 그리고 일반격은 신주의 강약을 구분하여 강할 때는 억제시키고 약할 때는 보태주는 방법을 채택합니다. 그밖에 다른 방법들도 있지만 이 어른의 사주로 말하자면 戊土가 신주인데 그게 土가 왕성한 己未월에 태어났으니 때를 만났고, 또 연주(年柱)에 있는 戊辰의 土가 신주의 土에게 가담해서 신강(身强) 사주가 되었지 않습니까?"

할머니가 설명을 완전히 소화하고 있는지 어떤지 궁금하여 여기서 일단 그 태도를 확인해보려고 질문을 던져 보았다. 그러자 할머니가 도리어 이렇게 묻는다.

"그래서 용신을 어떤 걸로 봅니까?"

"이렇게 土의 세력이 왕성하면 그 땅에 나무를 심어 재배해서 키워야 합니다. 땅(신주 즉 주인공)을 놀리면 안 되니까요. 그래서 木이 용신이고, 그 나무를 키워줄 물 즉 水가 희신입니다. 水가 없으면 나무가 성장할 수 없기 때문이죠.

이때 木은 관성(편관)으로 남자 사주에는 명예 즉 직장이자 자녀들에 속한 별자리입니다. 그리고 水는 재성(편재와 정재)으로 재물이자 부인 즉 여자로 처성에 속한 별자리입니다. 그 水가

木을 水生木으로 생조(生助)하니까 이 경우 용신과 희신이 짱짱한 편입니다. 이렇게 짜이면 용신이 유력하다고 보지요.

그러므로 癸亥의 水木운행―寅亥合木―부터 甲子의 木水운행은 재물과 부인의 뒷받침이 잘되는 기간입니다. 말하자면 용신과 희신운인데 그 기간이 20여 년 간이나 지속되니 그때 직장에 들어가 재물도 크게 안정되어 잘 나갔을 것입니다."

이때 할머니가 이렇게 확인해 준다.

"그 양반이 초등학교 교사가 되어 선생 말대로 안정되었고, 시골에서 근무하다가 도시로 전근되었는데 거기서도 잘되어 교감도 다른 사람보다 일찍 되었지요. 시골에서 농사도 짓고 월급도 받으니까 농토도 더 장만하게 되고 그래서 금방 남부럽지 않게 되었지."

할머니 말을 들으며 乙丑운행을 보니 乙木운행도 용신운이다. 그래서 끝까지 추적해보기 위해 말했다.

"교감에서 끝나지 않고 교장으로 정년퇴직 했을텐데요."

"맞아요. 그랬지."

"용신인 木은 자녀들에도 해당되는데 辰중 乙木과 未중 乙木 그리고 寅木과 亥중 甲木 등 자녀성이 이렇게 많으니까…"

이렇게 내가 사주에 있는 자녀를 일일이 점검하며 그 숫자를 헤아리고 있자 할머니가 중간에 확인해 주었다.

"2남4녀를 두어 모두 잘 가르쳤소. 걔들도 그런 대로 괜찮게 살고 있는데 아까 말한 막내아들이 아직도 가정을 꾸리지 못하고 있어 오늘 이렇게 온 것 아니오."

"그 아들은 이따 보기로 하고 이 할아버지 사주를 마저 봅시다. 지금 연세가 일흔 한 살이니까 지나온 丙寅의 火木운행을 보면 丙火운행은 재물성인 水와 水克火하므로 재산이 좀 나가야 하고, 寅木운행은 명예이니 재산은 나갔어도 명예는 잘 누리고 있었을 것이고, 그 다음도 火木인 丁卯운행이니 역시 같은 운이 작용하여 지금도 뭔가로 명예는 지탱하고 있어 보이는데요?"

그때 할머니가 만면에 웃음을 가득 띠고 말한다.

"재물은 자식들에게 분배해서 없어졌으니까 그건 어쩔 수 없는 일이고 그 양반 정년퇴직하고 나서도 도지부(道支部) 예총 지부장이란 직책을 맡아 날마다 그 일로 현재도 정신없이 바쁘다오. 그나저나 선생, 차근차근 사주 잘 보아주네."

"끝으로 한 마디 더 붙이겠습니다. 할아버지와 비슷한 세상을 살아갈 사람이 몇 년 전인 1988년 6월 9일 亥시에 또 태어나 지금 어디선가 성장하고 있을 겁니다. 그때 태어난 남자 아이도 어려운 집안에서 태어나 지금 고생하며 자라고 있을 것입니다. 그러나 개도 앞으로 영감님처럼 재미있는 세상을 살아갈 겁니다. 사주를 모르는 사람들은 그렇게 어려운 환경에서 성장하고 있는 그 아이가 나중에 영감님처럼 잘살 줄은 아무도 짐작하지 못할 것입니다."

"그런 건 또 어떻게 아시오?"

"가지고 계신 그 책「운명을 팝니다」에 보면 '주기적인 법칙'이라는 단원이 있습니다. 그 법칙을 제가 처음 찾아 발표했습니다. 돌아가셔서 그곳을 자세히 읽어보시면 앞에서 말한 아이의 앞날을 예측하는 법칙이 설명되어 있어요. 그것을 여기서 설명하려면 너무 시간이 많이 걸리므로 책을 참고해 보시고 아들 사주로 넘어갑시다."

그러자 할머니가 기왕 영감사주를 보았으니 자기 것도 한 번 보자고 한다.

· 사주읽기 ·

신주 戊土가 土왕절에 태어나 신강하므로 신강의극의 용법에 의해 木이 용신이고, 水가 희신이며, 金은 병신이고, 土는 구신이며, 火는 약신이다. 이 경우 戊癸로 그리고 寅亥合木되면서 재관이 함께 생조하고 천지덕합격까지 구성했으며 더불어 용신 유력이다.

그러므로 庚辛의 金을 대동한 申酉의 금방운행은 병신운이기 때문에 28년생 중 한 명은 3남 3녀의 맏이로 어려운 집안에서 태어나 20세 전에 양친과 사별하고 고생이 많았다. 그리고 戌운은 일제 때 징병을 피하느라 부부가 별거했으며, 亥子운행은 희신이므로 관성인 관록 즉 木이 힘차게 생조를 받아 교장으로 퇴직했다.

다음 丙丁의 火를 대동한 寅卯운행은 아직도 명예인 관성운이 함께 배치되어 있으므로 도지부 예총지부장의 일을 맡아 칠십객이면서도 매일 바쁘게 살고 있다. 그는 2남 4녀를 두었는데 그 중에 의사도 있다.

본조의 주인공들이 다시 올 시기는 각

戊辰(2168 · 2228, 2408 · 2468)년 소서 후 戊寅일 亥시다.

필자는 할머니 명조도 아래와 같이 정리했다.

[1929-11-25, 1989-11-13 여명]

정재 己(土火)巳 식신　04　14　24　34　44　54　64
식신 丙(火水)子 정인　丁　戊　己　庚　辛　壬　癸
신주 甲(木土)辰 편재　丑　寅　卯　辰　巳　午　未
겁재 乙(木水)亥 편인　09　19　29　39　49　59　69

　할머니 사주는 신주가 나무인 甲木이다. 그게 대설(大雪) 즉 한창 추워진 음력 11월인 子월에 태어났다. 이때 생극(生克)의 원리로 보면 子水라는 물이 水生木으로 甲木 즉 주인공을 생조(生助)한다. 그렇지만 대설의 나무를 찬비나 눈에 속한 水로 생조하면 오히려 뿌리가 위축되어 생기(生氣)를 얻기는 커녕 괴롭다. 음력 11월 나무에 물을 줄 사람은 아무도 없지 않겠는가. 그런데 亥子의 수방(水方)과 子辰의 수국(水局)이 또 水生木하고 있다. 이 水들이야 말로 정말 11월의 나무 즉 주인공인 신주에게는 무척 괴로운 물이다. 그 물 때문에 땅(己土나 辰土)도 얼어버려 나무가 찬 흙 속에 뿌리를 박고 있는 형상이다.
　이럴 경우는 기후를 중요시한다. 왜냐하면 잔뜩 움츠리고 있는 나무에게 생기를 되찾거나 북돋우려면 태양인 丙火가 불끈 솟아야 한다. 그래야 물(水)과 땅(土)이 따뜻하게 변해 나무가 생기를 얻을 수 있다.

그러므로 이 사주의 불에 속한 火가 용신인데 火중에서도 제련용인 丁火보다는 태양인 丙火가 필요한 것이다. 이것을 사주학 용어로 기후용신(氣候用神)이라고 말한다.

이 사주는 마침 巳火중에 丙火가 있는데 거기에 뿌리박고 丙火가 부모 터인 월주(月柱)의 월간에 불끈 솟아올랐다. 말하자면 용신이 부모터에 있고, 초반운에 丁火라는 용신운을 만났다. 그렇게 되면 소위 사주학 용어로 명문가에서 성장한다고 한다.

그리고 그 火를 木生火로 생조하는 木이 희신이 된다. 이 사주가 어려서 그런 운을 만나고 있다. 그래서 할머니를 향해서 이렇게 여쭈어 보았다.

"아까 영감님 사주는 어릴 적에 매우 고생하는 운을 만났으나 할머니 사주는 그와는 정반대로 어려서 아주 좋은 운을 만났기 때문에 잘사는 집에서 성장했겠는데 실제로 그랬었습니까?"

"내가 태어나자마자 집안이 크게 번성하기 시작했대요. 그래서 나보고 '복덩이'라고 불렀답니다. 그런데 어떻게 그처럼 사주를 볼 수 있지요?"

그래서 앞에서 읽었던 사주의 원리를 한참 동안 설명해 드렸다. 그러자 할머니가 말했다.

"영감 사주 보듯이 그런 원리로 보는군요. 자연의 이치를 끌어 대서 보는 것은 영감 사주 볼 때와 마찬가지인 것 같은데 그렇소?"

"그렇습니다. 사주학은 자연을 연구하면서 생긴 학문이니까요."

"오늘 아주 선생을 잘 찾아온 것 같구려. 책을 써서 내놓을 만합니다. 계속해서 더 이야기 해주시겠소?"

"그립시다. 여기 寅卯의 목방운행은 희신운이니 결혼해서 안정되는 운입니다. 그러나 庚辰운행은 金土운으로 사주에 있는 乙과 乙庚으로 합금(合金)하고, 甲庚이 충극하며 습기 찬 辰土에게 火는 스며들어 햇빛이 제대로 힘을 못씁니다. 사업하는 남자라면 辰土운행에 이른바 사주학 용어로 화몰(火沒)되어 부도가 터지는 시기가 됩니다.

말하자면 火가 몰락(沒落)하는 운이기 때문에 용신이 꺼진 운이 되어 그렇게 보는 것입니다. 그때 할머니 돈도 좀 없애고 몸도 좀 불편하지 않았던가요. 甲木은 신주로 내 몸인데 甲庚이 충극하면 몸이 불편해지는 것을 많이 보았습니다."

이렇게 말하고 할머니의 말씀을 기다렸다.

"그때 영감 몰래 쌀계를 했었는데 그게 잘못되어 버렸어요. 그 바람에 혼자 끙끙 앓다가 몸이 아프기 시작해서 몇 년 동안 영감의 근심거리가 된 적이 있었다오."

그 다음은 巳午未의 화방운행이다. 이것은 용신운이다. 더 말할 나위도 없이 아주 좋은 운이 계속된 것이다. 이렇게 木이 신주이면서 火가 용신일 때 火운을 연속 만난 주인공들은 큰 부자가 되는 것을 필자는 많이 보았다. 그렇기 때문에 할머니에 말했다.

"그 뒤로 이 화방(火方)운행에는 연속 즐거운 일들이 생겨 큰 부자가 되었겠네요?"

"선생이 그렇게 말하니까 그렇다면 그런 셈이지. 영감의 그 많은 형제자매들을 다 키워 살림을 내고 자식들 말썽 없이 그런대로 학교도 잘 다니고 살림도 계속 불어나고 그랬으니까 따지고 보면 큰 부자나 해낼 수 있는 일이었지요.

아무튼 이날 이때까지 큰 걱정 없이 살아오고 있소. 이제 한 가지 소원이 남아있다면 생사를 실어 나르는 열차가 빨리 왕래해서 조용히 저 세상을 다녀왔으면 하는 그 맘뿐이라오."

어떻게 보면 사실 할머니 말씀처럼 우리들은 자기가 못다한 일들을 이루기 위해서 쉬지 않고 시공열차(時空列車)에 올랐다 내렸다 하기를 반복하고 있는지도 모른다. 나는 종종 전철이나 기차를 타고 다니면서 역마다 타고 내리는 사람들을 수없이 본다.

역마다 문이 열리면 사람들이 밀물처럼 차 속으로 밀려들기도 하고 썰물처럼 차 밖으로 빠져나간다. 내 사무실 문처럼 출구가 되기도 하고 입구가 되기도 한다. 그 출입구로 내리는 사람과 타는 사람들이 북적댄다.

역마다 그러기를 반복하는데 타는 사람도 무언가 볼 일이 있을 터이고 내리는 사람 역시 볼 일이 있어서 그럴 게다. 그 볼 일이란 것이 일을 하러 가든 잠을 자러 가든 아무튼 해야 할 일이 있어 그렇게 타고 내릴 것이다. 볼일 없이 승하차를 하지는 않을 것이다.

전철처럼 우주에는 시공열차가 시공을 초월해서 쉬지 않고 달리고 있다. 그러면서 역마다 탄생과 죽음을 싣고 내려준다. 탄생은 어느 역에서 시공열차에 오르는 것이고 죽음은 어떤 역에서 시공열차를 내리는 것이라고나 할까. 그렇다면 탄생하는 자도 볼 일이 있을 것이고 죽는 자 역시 볼 일이 있을 것이다. 괜히 그냥 타고 내리는 것이 아닐 것이다.

그러면 탄생하는 자는 세상에 무슨 볼 일이 있어 태어났을까? 단순히 먹고 살아 보려고만 탔을까? 아니면 다른 볼 일이 있어서 태어났을까? 전철에 탄 사람들 중에는 먹고살기 위해서 무심히 일하러 가는 사람들이 있는가 하면 부자가 되기 위해서 사업차 탄 사람들도 있고 자기 진화를 위해 책을 읽거나 궁리하며 일하러 가는 사람들도 있다.

그와 같이 죽은 자도 무슨 볼 일이 있어 육의(肉衣)를 벗었을 것이다. 흔히들 눈에 보이는 대로 말하는 습성 때문에 보이지 않는 저쪽 일은 말할 수 없다고 하지만 전철에서 내리는 자들에게 볼 일이 있듯이 시공열차에서 내린 이들도 그냥 괜히 죽어 본 것이 아니고 무언가 할 일이 있어 그럴 것이다. 잠자러 내린 전철 승객처럼 휴식을 취하러 죽은 자도 있을지 모르고 무언가를 준비하기 위해서 출구로 나간 자도 있을 것이다.

아무튼 무슨 사연이 있는 것만은 틀림없다. 왜냐하면 까닭 없이 타고 내리지는 않기 때문이다. 내 생각에는 무언가를 준비하기 위해 잠시 내리는 것이라고 여겨진다,

그럼 무엇을 준비하기 위해서 잠시 하차했을까? 진정한 나(眞我)로 더욱 진화하기 위해서 생사를 되풀이하고 있는 것은 아닐

까? 이 할머니도 그 일을 되풀이하고 싶은 것이다. 그래서 필자가 말했다.

"다시 이 세상에 오셔서 무엇을 하고 싶은데요?"

"또 한바탕 큰일을 하고 싶거든."

"큰일이라니요?"

"영감처럼 형제자매가 많은 사람과 또 다시 만나 지금보다 더 큰살림을 해봐야지. 그 동안 살아보니까 이 세상이 괜찮은 곳이더라고."

할머니가 살아본 이 세상이 그런 대로 마음에 들었으니까 그런 말이 나올 법도 하다. 사실 할머니는 어려서부터 노년에 이르기까지 별로 큰 굴곡이 없이 보람된 삶이었다고 할 수 있다. 그래서 나도 맞장구치듯 말했다.

"복 많은 할머니시군요. 어려서부터 복덩이라는 말을 들으며 지금까지 별 탈 없이 부부가 노익장하고 있으니, 그런 복 타고 나기가 그리 쉬운 일이 아닙니다."

그때 할머니가 이렇게 묻는다.

"이 사주도 이 근래에 또다시 태어난 사람이 있었을까요?"

그래서 주기적인 법칙에 의해 만세력을 펴 찾았더니 마침 나왔다.

"여기 보시면 1989년 11월 13일 亥시에 태어난 여자아이가 이 사주와 일점일획(一點一劃)도 틀리지 않고 똑같이 구성됩니다. 지금 열 살쯤 먹었을 겁니다. 걔도 태어나서 부모 댁이 번성하기 시작했을 거예요. 그리고 학교도 잘 다닐 것이고 庚辰운행에만 잠시 답보(踏步)한 다음 巳午未의 火方운행에는 부군과 함께 재미있는 세상을 살아갈 것입니다."

"그것 참 재미있는 사실인데, 아이 낳을 때 참고할 수도 있겠소."

"그럼요. 제가 이렇게 엄청난 사주를 수집한 이유가 바로 여기에 있습니다. 하나도 버리지 않아요. 사주도 사람처럼 일회용이 아니고 영원히 되풀이되기 때문에 앞에서 말한 연도(年度)들 말고도 주기적인 법칙에 의해 다른 연도에서도 똑같이 구성될 때가 있습니다.

그렇게 구성되고 있을 때 그런 정보를 알고 있는 산모들은 좋게 짜인 사주를 활용할 수 있습니다. 제왕절개로 난 아이들은 억지라고 하는 사람들이 간혹 있습니다만 그 사주에 태어날 수 있는 것도 제 복입니다. 그런 복이 없으면 활용이 안 되지요.

제왕절개로 태어난 어떤 아이가 중병에 걸려 그 어머니가 찾아왔기에 자세한 것을 물어보니 누구에게 생일과 생시를 받아서 난 것이 아니라 그냥 배가 아파 수술로 낳았다는 것입니다. 그렇게 수술해서 난 아이(이 마당 끝에 실제 주인공 있음)도 억지일텐데 그 아이도 사주대로 중증에 걸려 부모를 아주 어렵게 만들고 있었어요."

"그럼 제 복이 없다면 아무리 좋은 사주를 받아 주어도 소용이 없다는 그 말이 아니오?"

"그러니까 그런 마음을 가지고 있는 산모가 찾아오면 저는 무엇보다 산모가 가져야 할 태도부터 일러줍니다. 아이를 낳을 때까지 남에게 좋지 않는 말이나 행동을 하지 말 것, 부부가 다투어 산모의 심정이 괴롭게 되지 않을 것, 그리고 뱃속에 있는 아이를 향해 항상 '좋은 인연을 맺읍시다'라고 속삭일 것, 또 뜻밖에 소년소녀 가장이 된 아이들을 도와줄 것 등등 주의 사항을 반드시 주지시킵니다. 좋은 사주만 일러주는 것이 능사가 아니지요."

그렇게 장광설을 늘어놓은 필자를 할머니는 한참 동안 빤히 바라본다. 그리고는 고개를 연속 끄덕끄덕했다. 그런 할머니의 관심을 아들 사주로 돌리게 하고 이야기를 시작했다.

· 사주읽기 ·

이 여조는 신주 甲木이 水왕절의 子월에 태어나 亥子의 수방이 생신하고 일주가 대목지토이며, 乙木이 신주에게 가세하니 신강하다. 비록 신강해도 대설의 나무니까 기후법 내지 신강의설의 용법에 의해 火가 용신이고, 木이 희신이며, 水는 병신이고, 金은 구신이며, 건토는 약신이다. 이 경우 태양인 丙火가 巳火에 뿌리박고 나타나서 반갑다.

그러므로 29년생 중 한 여성은 태어나 丁火운행에 집안이 일어난 바람에 복덩이라는 별명을 얻었고, 寅卯운행도 길운이므로 부군(戊辰, 己未, 戊寅, 癸亥)을 만나 교육자의 아내로서 2남 3녀를 길러냈으며, 庚辰운행에 부군 몰래 계를 든 것이 실패해 한동안 몸이 불편하기도 했다. 그러나 巳午未의 화방운행에는 용신운이므로 부군이 교장으로 퇴임하고 재산도 넉넉했다.

그녀는 사주 공부를 좀 했기 때문에 필자를 직접 찾아와 아들 혼사로 상담하는 중에 자기 사주도 한 번 해석해 달라고 하여 위와 같이 모두 증명되었다. 辛巳년 현재 부부가 건강을 유지하고 있는 중이다.

본조의 주인공들이 다시 올 시기는 각

己巳(2169·2229, 2409·2469)년 대설 후 甲辰일 亥시다.

이 아래는 할머니의 막내아들 명조이다.

[1902-06-28, 1962-06-16 남명]

편관 壬(水木)寅 편인	02	12	22	32	42	52	62
겁재 丁(火土)未 상관	戊	己	庚	辛	壬	癸	甲
신주 丙(火土)辰 식신	申	酉	戌	亥	子	丑	寅
정재 辛(金木)卯 정인	07	17	27	37	47	57	67

이 사주는 金이 용신이고 습기 찬 土가 희신이다. 그런 중에 일찍 申酉의 금방운, 즉 용신운을 만났다. 용신이자 그 金은 재성으로 아버지에 해당되어 부친이 교육자로 괜찮은 환경에서 의대를 졸업했다. 金이 용신인 경우 의술(수술이나 치과)계통에 나아가는 예를 많이 보았다.

그리고 27세부터 庚戌운이 갈아들었다. 庚金은 용신이자 나이가 들었으니 여자가 들어온 운이다. 그런데 지금 나이가 37살이나 되었으니 庚金운행을 지나 戌土운행도 끝나가며 辛亥운행이 들어 왔다. 그런데도 할머니가 미혼이라고 말하지 않았던가. 좀 이상하지 않는가.

"할머니 처음에 이 아들이 미혼이라고 말씀하신 것 같은데, 정말로 지금 미혼입니까?"

"예."

"제가 보기에는 첫 결혼에 실패한 것으로 보이는데요. 왜냐하면 이 사주는 27살부터 庚金이라는 여자를 만나는 운이 들어왔다가 戌土운행에 처궁인 일지와 辰戌로 상충하여 처궁이 손상되므로 헤어지는 운이 됩니다. 설령 결혼은 안 했다고 해도 약혼녀라도 있다가 파혼하는 운이 바로 庚戌운입니다. 그런 경로도 겪지 않았던가요?"

그러자 할머니가 무언가 괴로운 듯 머뭇거리더니 한참 후 이렇게 말했다.

"속일 수가 없구먼. 사실 같은 의사끼리 결혼해서 좀 살다가 성격이 맞지 않는다며 이혼했다오. 요즘 애들은 여차하면 성격 타령이 왜 그렇게 심한지 모르겠소. 내가 선생을 속이려고 거짓말을 한 것이 아니고 걔가 성격 타령으로 이혼했다고 하면 선생이 혹시 좋은 신부감을 알고 있어도 소개해 주지 않을 것으로 생각했기 때문이오. 그래서 선생뿐 아니라 다른 사람들을 만나서도 미혼이라고 말한다오. 늙은이가 그런 생각이 들어 그런 것이니 괘념치 마오."

자식을 감싸는 부모님의 심정으로 그런 것이니 탓할 수도 없는 노릇이다. 그게 인지상정이 아니던가.

올해는 戊寅년이고, 내 명년은 庚辰년이며, 다음 해는 辛巳년이다. 그 중 庚辰년은 가정궁인 일시에 있는 辛金이라는 처성과 처궁에 있는 辰土라는 희신을 강력하게 뒷받침한다. 그리고 운행도 辛亥로 辛金이 시간(時干)의 辛金을 뒷받침해서 신주와 丙辛으로 합신한다. 그러므로 庚辰년이나 辛巳년에 결혼할 수 있으니 좀 기다려야 하겠다고 말해주고 상담을 끝냈다.

그 뒤로 할머니는 그 아들 궁합관계로 여러 차례 방문했다.

· 사주읽기 ·

신주 丙火가 아직도 丁火를 간직한 오뉴월의 삼복더위에 태어나 통근했고 寅卯辰의 목방이 생신하니 신강하다. 따라서 신강의재의 용법에 의해 金이 용신이고, 습토가 희신이며, 火는 병신이고, 木은 구신이며, 水는 약신이다. 이 경우 辰土가 辛金을 생조하니 용신이 무력하지 않고 초반에 申酉의 金方운행을 만나 괜찮다.

그러므로 62년생 중 한 명은 2남 4녀의 형제자매 중 막내로 태어나 의대를 나와 의사가 되었다. 그리고 庚戌의 戊土운행 중 32살에 의사와 결혼했으나 처궁인 일지와 辰戌이 상충하고 그러자 辛金이 흔들려 이혼해버린 다음 辛亥운행 중 庚辰년에 재혼했다. 亥子丑의 수방운행은 약신운이니 그런 대로 괜찮은 기간이고 甲寅운행은 불길하다.

본조의 주인공들이 다시 올 시기는 각

壬寅(2142 · 2202, 2382 · 2442)년 소서 후 丙辰일 卯시다.

다음은 위에서 이야기 도중에 제왕절개로 태어난 아이의 실제 사주이다. 주인공의 모친이 방문해서 아무 말 없이 이 사주를 보아달라고 했다. 이 아이가 수술로 태어났다고 해서 생일과 생시를 받아서 낳았느냐고 물었더니 다리가 먼저 나와 엉겁결에 수술로 낳았다는 것이다.

이 사주는 신주인 木을 공격하는 金이 매우 강하다. 이때 木은 기(氣) 가운데 혼(魂)이고 金은 인체로 뼈에 해당된다. 그것들이 강하게 金克木하니 몸뿐 아니라 정신(魂)도 어지러운 형상이다. 그래서 그 어머니에게 머리도 상당히 아프다고 호소하지 않느냐고 물었더니 역시 그렇다는 것이다.

[1991-08-25 남명]

편관 辛(金土)未 편재	08	18	28	38	48	58	68
식신 丁(火金)酉 편관	丙	乙	甲	癸	壬	辛	庚
신주 乙(木火)巳 상관	申	未	午	巳	辰	卯	寅
겁재 甲(木金)申 정관							

· 사주읽기 ·

신주 乙木이 金왕절의 酉월에 태어나 실령했는데 申酉의 금방과 辛金에게 극신을 강하게 당하고 있다. 따라서 식상제살의 용법에 의해 火가 용신이고, 木이 희신이며, 水는 병신이고, 金은 구신이며, 건토는 약신이다. 이 경우 巳未의 화방에 뿌리박고 丁

火가 나타나서 제살하고 있다.

그러므로 91년생 중 한 명은 2녀 1남 순으로 태어날 때 다리가 먼저 나와 순산이 어렵게 되자 제왕절개로 태어났다. 그 때 다리가 약간 손상되었는데 6살인 丁丑년에 다리 고관절로 수술을 했고 戊寅년에는 木신주가 金이 많아 머리도 아프다고 호소하고 있다. 丙申운행은 水金-丙辛合水-운이므로 상당히 어려운 기간이고 그 기간을 넘겨야 巳午未의 화방운행에 안정적으로 발전하리라. 그래도 壬辰운행은 매우 불길하다.

본조의 주인공들이 다시 올 시기는 각

辛未(2051 · 2231, 2291 · 2471)년 백로 후 乙巳일 申시다.

18
아버지

 누구나 다 아버지가 계신다. 필자 역시 아버지의 슬하에서 배우고 성장했다. 내가 태어났을 무렵은 아버님의 생활 기반이 매우 취약했다. 필자가 성장할 시기는 일제에서 벗어난 지가 얼마 안 된 채 곧바로 남북 동란이 터져 대다수가 너나없이 빈곤했다. 그런 와중에서 아버지는 만주 등 동서남북을 좁다하고 누비며 생활기반을 다져 나갔다.

 그런 세월이 점점 흐르면서 아버지는 약간의 재산이 모이자 전답을 장만해 갔다. 처음 장만한 논은 아홉 마지기가 한데 묶인 것이었다. 항상 부지런하시기 때문에도 그랬었겠지만 살림이 불어나는 재미도 생겨서 그랬는지 아버지는 하루도 거르지 않고 논밭에서 밤늦게 돌아오셨고 먼동이 트기 전에 벌써 들로 나가셨다. 그러니 잠자고 식사할 때만 겨우 집에 계신 것이다.

 그렇게 부지런해서 그랬던지 아버지는 빈손으로 약 삼십여 마지기의 논을 장만했고 그 바람에 면내에서는 모르는 사람들이 없다시피 했다. 그 논들 가운데서도 아버지는 처음 장만한 아홉 마지기에 유달리 애착을 가지고 있었다. 빈손으로 처음 마련했으니 그럴 만도 했을 것이다. 그 아홉 마지기 논은 들판 한가운데 자리 잡고 있었다. 그리고 그 바로 옆으로는 도랑이 길게 뻗어 있었으며, 위쪽 먼 곳에는 큰 하천이 돌아가고 있었다. 우리 논 바로 위로는 신작로가 길게 가로지르고 있었다. 논에서 일을 하다 보면 바로 그 신작로로 차들이 가끔씩 지나갔고 사람들도 왕래했다.

내가 중학교 3학년이 되었을 때다.

논에 낸 모가 오뉴월쯤 되면 무럭무럭 자라서 나락이 한창이다. 그 당시에는 제초제가 없었고 비료와 농약도 귀한 때라 나락 사이에 난 풀을 일일이 손으로 매주어야 한다. 그것은 풀로 갈 영양분을 나락으로 가게 하기 위한 것으로 초벌 매고 일정한 시일이 지난 뒤 두 벌을 맨다.

삯군을 얻어 매면 품삯이 많이 나가기 때문에 아버지와 장남인 나는 초벌도 매고 두 벌도 맸다. 두 벌 풀을 맬 때는 나락이 키가 커서 그 이파리가 날카로우므로 목을 쿡쿡 쑤셔서 목둘레가 피부병에 걸린 것처럼 벌겋게 된다. 나는 살갗이 어려서 그랬는지 목 부위가 벌겋게 되어 매우 쓰라렸다.

그랬지만 그때마다 아버지는 이 농사가 잘 되어야 네가 고등학교 가는 등록금도 장만할 수 있다고 말씀 하셨으므로 나는 짜증 한번 내지 않고 아버지를 따라 무서운 더위 속에서도 열심히 풀을 맸다. 그렇게 부자간에 공을 들여서 그랬는지 벼는 매우 무성했다. 그러자 신작로를 지나가는 사람들마다 이 들판에서 가장 농사를 잘 지었다는 칭찬 한마디를 빼놓지 않았다.

드디어 벼가 탐스럽게 동을 배더니 이삭이 여기저기서 힘차게 솟아나고 있었다. 그 무렵 약 일주일 동안 밤낮 없이 비가 내렸다. 사람들은 벼이삭이 솟을 때 이렇게 계속 비가 오면 좋지 않다고들 했다. 그리고 태풍까지 불면 더욱 나쁘다고 이구동성으로 말했다.

비가 며칠 간 계속 내렸으니 자연히 논 옆에 있는 도랑의 물이 많아졌을 뿐만 아니라 그 흐름도 거세졌다. 그때마다 아버지는 이렇게 말씀하셨다.

"둑에 뱀이나 두더지들이 낸 구멍이 있는지 잘 찾아보아라. 그 작은 구멍 하나가 물살이 세지면 구멍이 커져 둑이 터진다. 그래서 홍수가 나면 농사 다 버리게 된다. 항상 작은 구멍 하나가 큰일을 낸단다. 그러니 자주 나가 둑을 자세히 살펴봐라"

그래서 나는 우장을 쓰고 논가에 있는 둑을 자주 감시했다.

그러던 어느 날 아침이었다. 어젯밤 늦게 논둑을 한 번 돌아보아서 그랬는지 늦잠을 자고 일어나 하늘을 보니 언제 비가 왔느냐는 듯 너무도 청명했다. 구름 한 점 보이지 않았다. 어린 마음에 이제 논둑을 살피는 걱정이 사라졌다고 속으로 좋아했다.

그런데 신작로를 따라 집에서 약 5백여 미터 떨어져 있는 우리 논 부근에서 사람들이 웅성거리고 있었다. 매우 궁금해진 나는 신작로 길을 따라 아홉 마지기 논이 있는 곳으로 달려갔다.

그런데 이게 웬 일인가? 우리 논 바로 위로 지나가는 신작로가 길게 터져 완전히 끊긴 채 신작로 밑에 있는 우리 논들을 완전히 덮친 채 물바다가 되어있었다. 엄청난 물살이 우리 논이 있던 자리로 거세게 흐르고 있었다. 겨우 몇 포기의 나락 이파리만 그 끝이 물살에 밀리며 보일락말락 했다. 자세히 살펴보니 저 위쪽에 있는 하천 제방이 무너져 온 들이 바다가 되었고, 그 물이 하필이면 우리 논 바로 위를 지나는 신작로로 몰려 터져버린 것이다.

내가 주위를 살펴보니 끊긴 신작로 이쪽 끝에 아버지가 한 손에 삽을 잡은 채 멍하니 서 계셨다. 나는 아버지 얼굴을 바라보기가 난감하고 두려웠다. 어린 마음에 '이렇게 되면 난 고등학교에 못 가는가'하는 생각만 앞섰다. 그 생각이 앞섰으니 보나마나 나는 풀이 죽어 있었을 것이다. 그런 나는 물살만 바라보며 말을 잃고 멍하니 서 있을 뿐이었다.

얼마나 시간이 지났을까? 어느 새 아버지가 내 곁으로 와 계셨다. 아버지의 한쪽 손이 나의 손을 잡았다. 나는 아버지의 얼굴을 올려보았다. 그때다.

"걱정 마라. 어떻게든 고등학교는 보낼 테니 너는 걱정하지 말고 공부 열심히 해라, 헛고생만 너에게 시켰구나."

나는 눈시울이 뜨거워지며 눈물이 핑 돌았다. 오히려 나를 위로했던 아버지의 그 모습. 영영 잊을 수 없는 아버지의 그 말씀. 내 나이 지금 60이 넘었지만 눈감기 전에는 그 모습을 어찌 한시들 잊겠는가! 지금도 눈에 선하다.

지금까지 많은 선생님들도 보았고 선후배들도 수없이 겪었다.

그랬지만 지금 내 마음에 남은 스승은 아버지와 필자가 쓴 「이야기 사주학」의 '장모님은 여장부'라는 단원에 나오는 분-실제 필자의 장모님- 이렇게 두 분 뿐이다. 그런 아버지께 형편이 어떻고 저렇고 하면서 핑계를 만들어 불효만 저질렀다. 다음 생에서라도 그 은혜를 갚을 기회가 있을까요? 아버지!

이제 시경(詩經)에 있는 다음의 시로 이 자식의 마음을 조금이나마 아버님께 전해 본다.

선들바람(凱風)

남쪽에서 불어오는 선들바람	개풍자남(凱風自南)
대추나무 새싹을 어루만지네	취피극심(吹彼棘心)
대추나무 그 싹은 아직 어리매	극심요요(棘心夭夭)
어버이 수고는 말할 수 없네	모씨구로(母氏劬勞)

남쪽에서 불어오는 선들바람	개풍자남(愷風自南)
대추나무 줄기를 어루만지네	취피극신(吹彼棘薪)
어버이의 사랑은 한량없어도	모씨성선(母氏聖善)
우리는 좋은 아들 못되었다네	아무영인(我無令人)

준에는 한천이란 샘이 있어서	원유한천(爰有寒泉)
마을 사람들 이 물을 마시고 사네	재준지하(在浚之下)
품안에 칠 형제 두시고서도	유자칠인(有子七人)

어버이 언제나 고생 하셨네   모씨노고(母氏勞苦)

꾀꼴꾀꼴 꾀꼬리 봄이 오면   현환황조(睍睆黃鳥)
고운 소리 듣는 이 즐겁게 하네   재호기음(載好其音)
무릎 밑에 칠 형제 두시고서도   유자칠인(有子七人)
어버이 즐거이 못해 드렸네   막위모심(莫慰母心)

[1915-07-17, 1975-07-06 남명]

정재	乙(木木)卯	정재	06	16	26	36	46	56	66	76
편재	甲(木金)申	비견	癸	壬	辛	庚	己	戊	丁	丙
신주	庚(金木)寅	편재	未	午	巳	辰	卯	寅	丑	子
정관	丁(火水)亥	식신	01	11	21	31	41	51	61	71

· 사주읽기 ·

이 명기는 필자의 부친께 담겨진 명조다. 성명은 영광(靈光)
정가(丁家)에 복(福)자, 수(洙)자요, 가사(歌辭) 문학의 효시인
상춘곡(常春曲)의 저자 불우헌 정극인(丁克仁)과 목민심서 등
오백여 권의 저서를 남기신 다산 정약용(丁若鏞)의 방손(傍孫)
으로 정가 가문의 풍수에 인연되어 순환상생의 원리로 이 세상
에 오셨다.

신주 庚金이 金왕절의 申월에 태어나 득령해서 신강사주로 출
발했다. 그러나 寅亥合木과 寅卯의 木方, 그리고 그 木에 뿌리박
고 나타난 甲乙의 木 때문에-재다신약-신약사주로 변했다. 따

라서 신약의방의 용법에 의하여 金이 용신이고, 습기 찬 己丑辰 土가 희신이며, 건조한 土는 기신이고, 火는 병신이며, 木은 구 신이고, 水는 기신이다.

한편 본조는 월주의 甲申과 일주의 庚寅이 호환재록격을 구성 하고 있어서 부자와 장수하는 사주다. 좀더 자세히 말하면 월간 인 甲木의 건록은 일지에 있고, 신주인 庚金의 건록은 월지에 있으므로 서로 교환하여 때(용신과 희신)를 만나면 자유자재로 사용해서 부자가 되는 격국이다.

그런데 이 사주는 희신인 土(己丑辰)가 없다. 그 土는 인성으 로써 어머님에 속하므로 운행의 癸未가 닥치기도 전에 모친을 여의었고 癸未의 水土(기신)운에 亥卯未가 木局을 결성하여 구 신운이 강화되자 丁卯(火木:13세)년에 부친까지 잃어 조실부모 했다.

이 사주는 亥중 甲木(재성)과 寅亥가 합하고 寅卯가 합하여 재 다합신이기 때문에 생진사초(生秦事楚)에 해당하므로 이 집 저 집을 떠돌며 소년 시절을 보내셨다.

그리고 나(신주인 金)와 같은 申金은 형제성으로서 형님과 단 두 형제뿐이었고 두 분이 공사판을 전전하기 시작하여 壬午(水 火:병신)운까지 25년 간 험난한 세상을 살았다. 그 동안 지물포 (紙物舖)에서 주산(珠算 당시의 계산기)을 고도로 익히고 한자 (漢字)까지 숙달하여 학교 문 앞에는 한발자국도 가보신 적이 없었지만 70이 넘어서도 신문을 보셨다.

그 다음 辛巳의 金火운행이 들어오자 미곡(쌀)업에 뛰어들어

辛金의 용신 덕분에 큰 재물을 모았다가 巳火(병신)에 6.25동란으로 모두 날리고 寅巳申의 삼형살로 처-노복순(盧福順) 저자의 생모-와 사별했다. 이 사주는 일지편재로 본처와 백년해로하기가 어려운 형국이다.

다시 庚辰의 金土와 己卯의 己土, 이렇게 15년은 용신과 희신이 득세하여 경영하던 미곡과 자전거(당시로는 90년대의 자동차와 맞먹는다) 수리 점포로 호황을 누려 군내(郡内)에서는 모모라고 칭할 만큼 큰 부자가 되었다.

그 동안에 5남 3녀를 슬하에 두셨고 장남인 필자는 그 바람에 당시로는 드물었던 학사 과정을 끝내게 되었다. 이 사주는 자녀성인 火가 하나뿐이지만 寅중 丙火와 寅亥合木 등 많은 木들이 강력하게 火를 생조한 가운데 중반운행에 때를 만나 신약을 보강하므로 자녀가 많았다.

그리고 아버지께서는 콧대의 준령이 수려하고 수염이 유난히도 길면서 아름다워 사람들의 시선을 집중함과 동시에 그들과 교우가 깊으셨다.

그러나 己卯의 卯木(구신)운이 들어오자 뜻하지 않았던 대 홍수로 한 때 지기 논(沓)이 모래산과 새파란 웅덩이로 변모해버려 어마어마한 천재지변을 겪고 경제적으로 크나큰 타격을 받았으며, 戊寅(土木:기신과 구신)운 가운데 戊土운에는 다시 재기했다가 寅운에 寅申이 충하고 극하여 신병 때문에 고생이 심했고, 한 명의 아들을 교통사고로 갑자기 잃는 고통도 당했다. 일지의 寅중 丙火는 자식성이자 역마와 지살인데 戊寅운행에 다시 충극하여 그런 불상사를 당했다.

이어 丁丑의 火土운행을 만나자 배치상 火生土로 丑土의 기세가 더욱 강해져 희신운의 10년이 계속된 바람에 세상을 떠나고 싶다던 말씀이 생기를 되찾아 "이제는 좀더 살고 싶다"고 할 정도로 살맛을 얻으시고 농사에 전념하여 주위 사람들에게 <농학박사>라는 별칭을 얻고 모종을 서로 다투어 예약하는 바람에 바쁘셨다.

그리고 丙子의 火水운을 만나서는 丙火가 신주의 庚金과 申金을 극하여 노쇠에 따른 잔질로 활동이 둔화되었다. 그러다 子운에 용신인 金이 병사지에 들어 己卯년 음력 2월 27일 새벽 한시경 84세를 일기로 영면하셨다. 이 사주는 공부하는 사람들을 위해서 운행을 상세하게 상술해 보았다.

본조의 주인공들이 다시 올 시기는 각

乙卯(2155 · 2215, 2395 · 2455)년 입추 후 庚寅일 亥시다.

19

Can Do

어느 날 필자는 평소에 잘 보지 않던 TV에 잠시 눈길을 보냈는데 그때 '자랑스러운 한국인'을 소개하는 프로그램이 시작되고 있었다. 과연 얼마나 자랑스러운 한국인이기에 특별 프로그램까지 설정해서 소개할까 하는 관심이 생겨 지켜보았다.

나온 주인공은 어떤 여자였다. 그러니 더 호기심이 생길 수밖에 없었다. 그녀 뒤에는 하얀 천에 크게 쓴 글씨가 걸려있다. 거기에는 영어로 'Can do'라고 적혀 있었다. '할 수 있다'는 말인데 그게 무슨 말을 하려고 그러는 것일까 하는 호기심이 생겨 아예 TV 앞에 차근히 자리를 잡았다. 그녀가 아나운서의 소개를 받자 역시 벽에 걸린 대로 명랑한 목소리로 'Can do, can do'를 연발하며 인사를 한다.

이어 아나운서의 코멘트가 시작되었다.

"외국에서, 그것도 더구나 여자 몸으로 어떻게 그런 백만장자가 되었습니까?"

그러자 그녀 특유의 몸짓으로 다시 'can do'를 연발하며 다음과 같은 내용의 말을 아나운서와 주고받았다.

자기는 경상도 모처에서 1946년 정월 초하루가 시작되자마자 태어났다는 것이다. 그런데 '새해 첫날이 되자마자 여자아이가 태어나면 집안이 망한다'는 속설을 부모가 믿고 있었기 때문에 태어나면서부터 부모로부터 구박을 받으며 그 말을 수없이 듣고 성장했다는 것이다.

그러면서 아버지와 어머니가 날마다 크게 다투어 집안이 매우 시끄러웠고, 밑으로 남동생이 한 명 있었는데 아버지에게 늘 남매가 얻어맞고 살았단다. 그러다 동생은 자살했고 그 후 어머니마저 자살해버렸다는 것이다.

그 뒤 일찍 결혼해서 남자를 만났지만 아이만 잉태하면 6개월쯤에 모두 유산하고 말았다고 한다. 둘이나 그랬는데 그나마 남편은 백수건달이어서 생활이 막막했으므로 헤어지고 20대에 미국으로 가버렸단다.

그녀는 생면부지의 그곳에 도착하여 살길을 찾아 닥치는 대로 무슨 일이든 가리지 않고 했다. 조그만 지하실 방에서 혼자 웅크리고 살며 이것저것 닥치는 대로 하기를 어언 십여 년. 그러다 컴퓨터 게임에 몰두하기 시작해서 게임 개발에 전력을 기울였다. 그때 약 35세쯤이었는데 그게 뜻대로 눈부시게 개발되어 히트를 치기 시작했고 연속해서 엄청난 속도로 발전했다는 것이다.

그래서 그녀는 일할 사람이 필요해지자 아주 특별한 사람들만을 골랐다. 그 특별한 사람들이란 다름 아니라 마약 중독자나 폭력배들로 사회에서 받아주지 않는 사람들이다. 그녀는 그들을 아예 자식으로 삼아 같이 먹고 자고 일했다는 것이다. 그녀가 이렇게 이야기를 하자 아나운서가 말했다.

"저기 저 사람들인가요?"

그러자 카메라가 그들이 있는 곳을 클로즈업시킨다. 그곳에는 젊은 이방인들이 6명이나 있었다. 그때 그들이 즐거운 표정으로 그녀에게 다 모여들며 이구동성으로 '어머니'라 부른다.

그녀는 그들을 한 명 한 명 포용하며 대견해한다. 그럴 만도 하다. 사회에서 받아주지 않던 자기들을 그녀가 반갑게 포용해서 함께 동고동락하며 회사를 크게 번창시키고 있으니 말이다.

프로가 끝날 무렵 그녀는 다시 특유의 구호를 연발한다.

'He can do, She can do, Why not me' (저 남자도 저 여자도 하는데 왜 나라고 안되랴 나도 할 수 있다)

그녀의 성명은 김태연 씨이다.

[1946-01-01, 2005-12-19 여명]

편인	乙(木金)酉	편재	01	11	21	31	41	51	61
식신	己(土土)丑	식신	庚	辛	壬	癸	甲	乙	丙
신주	丁(火土)未	식신	寅	卯	辰	巳	午	未	申
정재	庚(金水)子	편관	06	16	26	36	46	56	66

- 사주읽기 -

이 여조는 신주 丁火가 丑월에 태어나 실령했고 土金이 강해서 재다신약(財多身弱)하다. 따라서 신약의방의 용법에 의해 火가 용신이고, 木이 희신이며, 水는 병신이고, 金은 구신이며, 건토는 약신이다. 이 경우 未중에 丁火가 있으나 丑未가 상충해서 무력해졌는데 그 未중에는 乙木이 있으면서 연간에 나타났다. 그래도 용신과 희신이 강하지 못하다.

그러므로 46년생 중 한 여성은 1여1남의 맏딸로 태어나 庚金운행 즉 부친운이자 재성운을 만났다. 그 金운은 다시 재다신약을 부채질하니 어찌 감당 하겠는가. 그리하여 아버지가 어머니를 때리며 가족들에게 주먹질까지 서슴지 않았다. 그 통에 남동생이 자살했고 어머니마저 자살을 감행했다.

이 사주는 未중 乙木이 모친성이고, 또 그 중 丁火는 형제자매인데 丑未가 상충하여 모두 손상된 가운데 연간에 나타난 乙木(모친성)은 자좌살지(自坐殺地)요, 未중 丁火는 丑중 癸水와 丁癸로 상충된다. 그런 가운데 일찍 불운을 만났기 때문에 남동생과 모친에 그런 일이 발생했다.

그 뒤 결혼했는데 아이만 잉태하면 모두 6개월을 전후해 유산했다. 식상은 자녀성인데 그게 丑未로 충돌하여 土가 지진이 난 상태이다. 그런 가운데 남편이 건달이었으므로 헤어지고 20대인 36년 전 미국으로 이민을 갔다.

그녀는 그곳에서 혼자 엄청난 고생을 하며 壬辰운을 보내고 癸巳운행에 컴퓨터게임 개발에 몰두했다. 그리하여 巳火운행부터 발전을 거듭해 甲午의 木火운행에는 용신이 득세하므로 백만장자가 되었다.

이때는 재명유기격이 제대로 작용한 것이다. 丁火가 가장 좋아하는 甲木과 午火를 만나 용신이 동시에 득세한 운행이다.

그래서 乙未의 木火土운행 중 56세 庚辰년에 한국에 잠시 귀국해서 '자랑스런 한국인'으로 등장하여 TV에 재방송까지 되었다. 그가 방송에 나왔을 때 6명의 미국인들을 데리고 출연했는데 그들의 전적은 마약 중독자이거나 폭력배였다. 그녀는 자기 친자식은 없지만 그들을 자식으로 삼고 자기 회사에서 함께 생활하며 일하고 있다.

丙火운행까지는 그런 대로 괜찮겠고 申金운행은 불미하리라. 그녀는 크게 성공했고 항상 자신감이 넘쳤기 때문에 방송에서 두고 쓰는 말이 있다. "Can do. He can do, She can do, Why not me."

본조의 주인공들이 다시 올 시기는 각

乙酉(2185 · 2245, 2425 · 2485)년 소한 후 丁未일 子시다.

20
말씨를 조심하자.

바람이 세차게 부는 어느 겨울 날 한 부인이 방문했다. 밍크코트를 걸치고 있는 것으로 보아 생활은 넉넉한 여자인 것 같았다. 그녀는 자리를 잡자 나를 한참 동안 이리저리 살피는 눈치였다. 그리고는 이렇게 말문을 열었다.

"사주 잘 보십니까?"

듣기가 좀 거북했다. 그래서 필자가 말했다.

"부인의 표정을 보니 제가 시원치 않아 보이는 것 같습니다. 내키지 않으면 그냥 돌아가도 괜찮습니다."

그러자 그녀는 또 필자를 빤히 쳐다보며 뭔가를 생각하는 표정이었다. 그러더니 이윽고 말한다.

"한 번 들어왔는데 어떻게 그냥 돌아갑니까? 조금 전에도 이 근방에 있는 철학관에 들렀는데 영 시원치 않았어요. 그래서 선생님은 어떨까 하는 생각에 좀 머뭇거린 것이었는데, 아무튼 제 주인 사주 좀 봅시다."

그리하여 그녀가 불러준 생년월일과 생시를 따라 아래와 같이
그 부군의 도표를 정리했다.

[1934-02-04 남명]

편관 甲(木土)戌 비견　06　16　26　36　46　56　66
정인 丁(火木)卯 정관　戊　己　庚　辛　壬　癸　甲
신주 戊(土水)子 정재　辰　巳　午　未　申　酉　戌
정재 癸(水水)亥 편재

이 사주는 水木이 매우 많다. 水生木하므로 강해진 木의 세력
이 木克土로 신주를 극하니 신주가 약해진 신약(身弱) 사주다.
2월에 태어난 戊土라는 흙(신주)은 아직도 추위가 남아 있을 때
이므로 만물을 제대로 자양(滋養)할 수가 없다. 다시 말해서 나
무를 육성하려면 무엇보다 먼저 火로 땅을 데워놓아야 하는 것
이다. 그래야 土가 기운이 생겨 제 노릇을 할 수 있는 것이다.
이것을 다른 비유로 말해보자. 신주인 土는 인체(人體)상 살
(肉)이다. 신체(身體)가 생기를 유지하려면 호흡이 제대로 이루
어져야 한다. 다시 말해서 들숨과 날숨을 제대로 해야 되는 것
이다. 그런 호흡을 유지하려면 인체에 있어 체온(體溫)에 해당
된 火가 있어야 한다. 火의 기운이 있어야 숨을 마시고 내쉴 수
있는 것이다. 火가 없으면 체온이 없는 것과 같아 인체는 생명
을 잃게 된다. 숨 한 번에 생사가 걸린 것이 인체가 아닌가? 그
래서 이 사주는 火가 매우 필요하게 쓰일 용신이 되는 것이다.

이 경우 火중에서도 태양에 해당된 丙火가 있어야 반가운데 이 사주는 그 대신에 丁火가 戌중에 뿌리박고 나타나서 약간 서운하다. 하지만 그 丁火가 가장 학수고대하는 甲木이 바로 옆에 있으니 이거야말로 천군만마를 만난 것이나 다름없다.

게다가 甲木이라는 편관 즉 명예성인 관성이 학문성인 丁火라는 인성을 木生火하고 인성은 다시 火生土로 신주를 생조−생신 生身−하여 이른바 관인상생격(官印相生格)까지 구성했다. 이 격을 이루고 운행을 괜찮게 만나면 몸이 관록에 나아가는 것이다. 이 사주 운행이 전반(前半)에 巳午未의 화방운을 만났다. 그 운행은 학문성에 해당하는 인성운이다. 그래서 원국과 함께 木生火로 관인상생격이 더욱 강하게 이루어지고 있다. 그것을 감지하고 나는 부인에게 물었다.

"어릴 적에 좋은 환경에서 성장한 후 혹시 교육계통으로 나가지 않았습니까?"

그녀는 들어올 때처럼 무표정하게 앉아 있더니 금방 환하게 미소를 띠고 말한다.

"예. 재산가 집안에서 공부까지 잘했답니다. 그래서 선생이 되었지요. 그런데 지금은 말이 아니에요. 왜 그렇지요?"

처음과는 달리 나를 약간 신임하는 표정으로 변했다. 말끝에 왜 그러냐고 묻는 뜻은 지금의 상황을 알고 싶은 것이다. 이 주인공은 지금 64살로 癸酉운행을 걷고 있다. 그것은 水金운으로 용신인 火를 癸水운행이 水克火로 극(克)할 뿐 아니라 丁癸가 충극하고, 그 丁火를 바로 밑(곁)에서 생조해주는 卯를 酉金운행이 金克木으로 극할 뿐만 아니라 卯酉라는 것도 충극한다. 그 바람에 용신과 희신이 모두 한꺼번에 박살을 당했다.

그러면 죽을 지경에 이른 것인데 그래도 甲木이 하나 더 있으니 水를 흡수하여 그 정도까지는 이르지 않았을 것이다. 그렇지만 악운을 만난 것은 틀림없으니 부도가 터져 수습할 길이 없을 것이다. 앞서 비유를 들었지만 이 운행은 火라는 체온이 없어진 인체와 같은 때가 된 것이다.

"부도를 너무 크게 내서 지금 피해 다니거나 잡혀 들어갈 땝니다. 여간해서 쉽게 해결이 안 날 것 같은데요."

"그 양반 4년 언도를 받고 지금 복역중입니다. 그래서 구해내려고 아이들과 상의 중인데 나올 수 있을까요?"

"아니, 교육자가 무엇을 하다가 그렇게까지 되었습니까?"

"선생이나 잘 할 일이지 집 짓는 건축업까지 손 대더니 결국 이렇게 되고 말았어요."

"대략 마흔 여섯 살부터 운이 나쁘게 걸렸기 때문에 승진도 안되니까 건축업까지 손을 뻗었는가 봅니다. 아무튼 후반운이 좋지 않아 건축업에 손을 대자마자 연속 손해만 보았을 것입니다. 그게 오래 계속되다보니 결국 부도까지 만나서 그만 그렇게 된 것 같군요."

"그래요. 중학교 선생이었는데 평교사로 정년퇴임 했습니다. 선생이나 똑바르게 해서 교장이나 될 일이지 무슨 건축 일은 한다고 덤벙대다가 그만 이 꼬락서니가 되고 말았어요."

그녀는 자기 뜻대로 남편이 살지 않고 엉뚱한 일을 해서 이것도 저것도 안 된 것처럼 생각되었던지 말씨가 상당히 거칠어지고 있었다.

"후반(後半)에 불운을 만나서 그런 것입니다. 약 2년만 지나면 다시 운이 좀 회복되니까 너무 염려 안 해도 됩니다. 조금만 참고 기다려 보십시오."

"나와도 걱정이 태산이에요. 그 많은 빚을 어떻게 정리할 것인지 그게 문제예요. 집도 벌써 넘어가 없어진 지 오래 되었고 퇴직금도 일시불로 받아 사업하다 모두 다 없애버렸고…."

"자녀들이 있지 않습니까?"

"아들도 선생인데 제 아버지가 다 갖다 써버려 걔들도 형편이 좋지 않아요. 그러니 어떻게 살아가야 할 지 캄캄할 뿐입니다. 그 양반이 무어라고 말했는지 아세요? 자기 부모에게서 상당히 많은 재산을 물려받던 날 하는 말이 '술 먹어 없애기 딱 알맞겠다'고 그럽디다. 그러더니 오늘날 그 말대로 되고 만 것입니다."

"그래서 옛날 분들이 심은 대로 거둔다고 하지 않았습니까? 저도 살면서 주위 사람들이 뿌린 대로 거두는 것을 많이 보아오고 있습니다. 그래서 말하기 전에 한번씩 생각하는 습관을 기르고 있지요."

"곧 나오긴 나올까요?"

"크게 걱정 안 해도 됩니다. 왜냐하면 곧이어 좋은 운이 갈아들어 오니까요."

나는 이 상담을 마치고 말씨에 대해 평소 무디어진 생각을 다시 가다듬어 보았다.

신주 戊土가 木왕절의 卯월에 태어나 극신을 당하고 亥子의 수방과 癸水가 亥卯의 목국과 甲木을 水生木하여 극신하게 하니 재성과 관성이 강해 신약하다. 따라서 신약방조의 용법에 의해 火土가 용신이고, 水金은 병신이며, 木은 기신이다. 이 경우 용신이 연월에 있고 전반운행에 용신운을 만나서 명문가의 형상과 비슷하다.

그러므로 34년생 중 한 명은 장남으로 태어나 戊辰과 己巳운행에 부모의 재산이 풍성하여 구애 없이 교육도 받았다. 그리고는 고등학교 사회과 교사—丁火는 용신으로 학문성—로 나아가 巳午未의 화방운행에 평교사로 있다가 58세에 퇴직했다.

그런데 壬申운행부터는 병신운이 시작되어 재직 중 건축업을 겸업하더니 癸酉의 병신운행에 빚더미에 올라앉아 子卯의 형살로 감옥을 두 번이나 들어갔고 戊寅년 현재 카드빚으로 징역 4년을 언도 받아 복역중이다. 甲戌운행은 좀 나아지리라.

그의 부인(乙亥, 丙戌, 庚申, 甲申)의 말에 의하면 상속을 받을 때 이 주인공이 말하기를 '술 먹어 없애기 딱 알맞겠다'고 하더니 진짜 그렇게 되었다는 것이다. 꽃의 씨를 뿌리면 꽃이 피고 말의 씨를 뿌리면 말씨대로 거둔다. 따라서 우리가 쓰는 말씨를 조심하지 않으면 안 된다.

본조의 주인공들이 다시 올 시기는 각

甲戌(2114 · 2174, 2354 · 2414)년 경칩 후 戊子일 亥시다.

다음은 그 부인의 명조이다.

[1935-09-14 여명]

정재 乙(木水)亥 식신   09 19 29 39 49 59 69
편관 丙(火土)戌 편인   丁 戊 己 庚 辛 壬 癸
신주 庚(金金)申 비견   亥 子 丑 寅 卯 辰 巳
편재 甲(木金)申 비견

· 사주읽기 ·

이 여조는 신주 庚金이 土왕절의 戌월에 태어나 土生金으로 생신하고 일주가 똑같은 金−일록격 또는 간여지동−이며 일록귀시격이니 신강하다. 따라서 신강의극의 용법에 의해 火가 용신이고, 木이 희신이며, 水는 병신이고, 金은 구신이며, 습토는 기신이다. 이 경우 丙火는 기후용이고, 戌중 丁火가 제련용으로서 부군성이다.

그러므로 35년생 중 한 여성은 亥子丑의 수방운행에 어려운 환경 속에서 성장하여 부군(甲戌, 丁卯, 戊子, 癸亥)과 2남 2녀를 두었고 寅卯의 木운행에 살림의 주도권을 잡아 일구었다. 그러다 壬辰의 水−申辰수국−운행은 병신운이므로 부군이 돈 때문에 감옥을 드나들어 물심양면으로 戊寅년 현재 고생이 막심하다. 나머지 운도 신통하지 않다.

본조의 주인공들이 다시 올 시기는 각

乙亥(2115 · 2175, 2355 · 2415)년 한로 후 庚申일 申시다.

21

피카소의 초상화 값

그때가 辛巳년 어느 날이었을 것이다. 전화벨이 울려 수화기를 잡으니 정중한 목소리의 남자다. 그는 삼대 도시에 사는 사람으로 필자의 독자라고 했다. 그러면서 그는 필자의 책에 대한 칭찬을 늘어놓았다. 듣기는 싫지는 않았지만 그 정도가 너무 심해 의심이 갈 정도였다. 그리고는 말미에 서울에 가면 한 번 찾아보겠다고 한다. 그 날은 그렇게 하고 끝났다.

그 일이 있고 약 일주일 정도나 지났을까? 다시 그에게서 전화가 걸려왔다. 이번에는 더욱 가관이다. 지난번처럼 시작부터 여전히 칭찬을 늘어놓더니 책에 나온 필자의 사진이 마치 자기 형님과 비슷하다는 것이다. 나는 뭐 그럴 수도 있겠지, 세상에는 비슷한 사람들도 더러 있으니까… 그렇게 생각하며 계속 대화를 진행했다. 그러자 이번에는 아주 희한한 말을 한다.

"그래서 선생님의 사진을 확대해서 제 방에다 걸어놓고 보고 있습니다."

이거야, 원! 아니 이 사람 좀 이상한 사람 아닐까? 속으로 매우 의심하면서 가능한 한 빨리 통화를 끝내야겠다는 생각이 들었지만 그 순간에도 통화는 계속되고 있었다. 그런데 그런 예측과는 크게 빗나가는 말이 들려왔다.

그의 말을 간추리면 지금 자기도 3년 째 사주학을 공부하고 있으며 어떤 역학자에게 사사까지 받았다는 것이다. 그런데 자기 사주에 대해서는 영 뭐가 뭔지 통 알 수가 없다는 것이다.

어떤 역학인에게 가면 용신(用神:사주에서 가장 사용하고 싶은 오행)이 水라고 했고, 다른 이는 土, 또 다른 이는 火라고 하며 구구각각(口口各各)이란 것이다. 그러니 헷갈려 뭐가 뭔지 통 모르겠다는 것이다. 그러니 자기 사주의 용신이 무엇인지 좀 말해달라는 것이다.

전문적인 용어들을 나열하며 말하는 내용으로 보아 정신이상자는 아닌 듯도 하다. 그래도 좀 이상한 감이 지워지지 않아 전화를 빨리 끊으려고 이렇게 말했다.

"생시가 정확하지 않은 경우는 전화상담을 하지 않습니다. 생시 때문에 엉뚱한 사주의 내용만 이야기 하게 되니까 그렇습니다. 나중에 인연이 있으면 만나서 이야기 하기로 하고 오늘은 이만 바빠서 끝내겠습니다."

사실 나는 지방으로부터 걸려온 전화로 자주 사주를 보는 경우가 많은데 상대가 불러준 대로 보았다가 큰 실수를 한 적이 있다.

어떤 여자가 자기 언니 생년월일을 불러주고 亥시생이라는 것이다. 그래서 무심코 亥시로 도표를 작성하고 상담을 했는데 내가 말한 내용이 전혀 맞지 않을 뿐만 아니라 그 동생의 말대로라면 필자의 사주읽기가 엉터리라는 느낌이 스스로 들 정도였다. 그 당시 좀 바쁜 일이 있어서 그 상담에 전력을 기울이지 못한 탓도 있었겠지만 통화가 끝난 후 그거 참 이상하다는 생각으로 괴로웠다.

나는 그때 亥시생이라면 다음 날이 될 수도 있을 것 같아 도표를 다시 구성해 보았지만 그것도 영 아닌 것이다. 그래서 亥시보다 앞당겨 戌시생으로 도표를 작성해 보았다. 아 그랬더니 그 여동생이 말한 내용들이 그 속에 고스란히 들어있지 않겠는가. 이것을 알려 주어야겠는데 이미 기차는 역을 벗어나 버린 상태이다.

전화 상담자들은 자기 신변상 전화번호를 말해주지 않기 때문에 이런 경우 애프터서비스(A/S)가 되지 않는다. 그녀는 나를 신뢰해서 자기 사주도 보았고 또 작명도 했는데 자기 언니 사주를 본 뒤로는 얼마나 실망했던지 전화 한 번 주지 않는다.

이 자리를 빌어 죄송하다는 인사말을 드린다. (혹 이 책을 읽고 자기라고 생각되신 분이 계시면 연락 한 번 주십시오. 그 때 실수도 사과할 뿐 아니라 언니 사주에 대해서 다시 무료로 정확하게 서비스 하겠습니다. 그 지역이 확실치는 않지만 아마도 광양인 듯 합니다.)

이런 경험이 있었기 때문에 그 사람에게 그와 같이 말했던 것이다. 그리고 수화기를 놓으려는 순간 더 큰 목소리가 들려온다.

"선생님 그러지 마시고 제발 제 사주 용신이 무엇인지 한 번만 가르쳐 주십시오"

그러면서 자기 생년월일도 말하지 않고 자기 사주를 죽 불러준다. 나는 받아쓰지 않았다. 그가 불러준 사주대로 보아주었다가 틀리면 나만 실없는 사람으로 전락하고 마는 것이다. 만약 틀리면 '책을 썼다는 너도 별 볼일 없는 작자구나'하고 그 사람 머릿속에 입력될 것은 뻔하다. 자기가 말해준 생시가 틀려서 그렇게 된 것이라고 생각하지 않는다. 먼저 언니 사주를 보았던 여동생처럼….

필자는 단호하게 말했다.

"생시를 정확하게 말할 수 있을 경우 상담료를 보내고 전화하십시오."

그래야 상담료가 아까워서라도 생시를 정확하게 알아내어 볼 것이다. 그리고 보수가 따르니까 사주를 보는 역학자도 정확성을 기하려고 자기도 모르는 사이에 힘이 써지기 마련이다. 양쪽 모두를 위해서 상담료는 나쁜 제도가 아닌 것이다. 재미로 그냥 보는 사주는 대개 상대에게 듣기 좋은 말만 몇 마디 골라서 던져주고 끝내기 마련이다. 이해관계가 없으므로 상대가 듣기 싫은 말을 해서 미움을 살 필요가 어디 있겠는가?

그래서 단호하게 끝말을 강조했다. 그런데 그가 숨넘어가는 소리로 애걸하듯 외친다.

"선생님, 제발 틀려도 좋으니까 간단히 좀 부탁드립니다. 그러면 제가 서울 가는 길에 꼭 들러 찾아뵙겠습니다. 저는 선생님 사진을 제 방에다 걸어놓고 늘 들여다보고 있습니다. 얼마나 존경스럽습니까?"

허, 이거야, 원! 예의 그 수단이 또 동원된다. 아예 처음부터 공짜로 보아 달라고 솔직하게 나왔으면 좋았으련만 이거야말로 속이 훤히 들여다보이는 수법이다. 나는 그렇게까지 말하는데 매정하게 뿌리칠 수가 없고 또 우는 아기 젖 준다고 그 요구에 응했다.

그가 말해준 사주는 다음과 같다.

[1953-05-18, 2013-05-05 남명]

상관	癸(水火)巳 편관	07	17	27	37	47	57	67
편인	戊(土火)午 정관	丁	丙	乙	甲	癸	壬	辛
신주	庚(金土)戌 편인	巳	辰	卯	寅	丑	子	亥
상관	癸(水土)未 정인	03	13	23	33	43	53	63

다시 끈덕진 대화가 계속되었다.

지금 그의 나이가 49세다. 그래서 이렇게 일단 말해 보았다.

"불러준 사주가 확실하다는 전제 아래 이제부터 말해 보겠으니 틀리면 틀리다 맞으면 맞다 분명하게 말해 주어야 합니다."

"예 !"

그의 대답소리가 힘차다. 아마도 자기 수단이 먹혀들었다는 자신감 때문이리라. 그러든 말든 내가 말했다.

"지금 시궁창에 빠졌군요. 한 삼 년 전부터 그렇게 된 것 아닙니까? 사실대로 말해야 생시가 정확한 지 틀린 지 알 수 있으니 실상을 말해보시오."

"정말 대단하신데요. 3년 전에 큰 부도를 만난 뒤로 지금 골방에 처박혀 말이 아닙니다."

그렇게 말하는 것으로 보아 생시가 맞는가 보다. 그래도 미심쩍어 다시 지나온 세월을 약간 검토해 보았다.

"대략 30세부터 부도 전까지 무척 승승장구 했겠는데?"

그러자 그가 그 세월을 자랑삼아 신나게 말한다.

"저는 대학교 앞에서 당구장을 했었습니다. 그게 날로 번창하는 바람에 다시 레스토랑을 벌렸는데 그것도 더 번성했습니다. 그 바람에 이 도시 당구협회 회장까지 되었지요. 그래서 아무개라면 모르는 사람이 없을 지경이었습니다. 그러자 사회적인 지명도도 높아졌고 해서 대학교 앞에 땅을 매입해 아주 큰 건물을 짓기 시작했죠. 여기저기서 돈을 끌어대고 은행에다 땅을 잡히고 또 돈을 내다가 큰 건물을 지었습니다. 그런데 이게 어떻게된 일인지 생각했던 대로 돌아가지 않더니 끝내 부도가 터지고 말았죠."

"그 뒤로는 회생이 안 되고 있죠?"

이렇게 확실하게 묻자 그렇다며 이어 묻는다.

"왜 그렇죠?"

"사주에 木이 없어서 水운을 소통시킬 수가 없기 때문입니다. 그래서 그렇게 물어본 것입니다. 木이 없으니까 재기하기에 어려움이 있을 것이고 그래서 지금 시궁창에 빠졌겠다고 물었던 것입니다. 만약 木이 있었다면 그렇게까지 진흙탕에 빠질 수는 없는 일입니다. 아무튼 안 되었습니다."

이 외에도 여러 가지 이야기가 오고 갔지만 그것은 사주읽기에서 참조하기 바란다. 마지못해 상담에 응했지만 솔직하지 못한 그의 술책 때문에 기분이 개운치 않았다. 그는 그 뒤로 자기 볼일이 끝나서 그런지 영영 전화 한 통 없었다.

이런 일화가 있다. 피카소가 어느 카페에 앉아 있으니까 어떤 중년 부인이 들어오더니 그를 알아보고 인사를 했다. 그리고는 자기 초상화를 그려달라고 부탁했다. 그래서 피카소는 열심히 스케치하여 초상화를 완성했다.

그것을 보고 흡족해진 부인이 수고비는 얼마냐고 물었다. 피카소는 우리 돈으로 약 7천만원을 요구했다. 그러자 부인이 발라당 나자빠졌다. 웬 수고비가 그렇게 많느냐는 것이다. 그때 피카소가 말했다.

"나는 부인의 초상화 하나를 그려내기 위해서 평생 동안 그림 공부를 해왔는데 그것에 비하면 싸지 않습니까?"

· 사주읽기 ·

신주 庚金이 火왕절의 午월에 태어나 巳午未의 화방과 午戌의 화국에게 극신을 당하니 신약사주처럼 보인다. 그러나 이 사주는 金生水로 癸水가 두 개나 있으니 土들이 약간 습토로 변해 火吸土해서 土生金하므로 신강사주로 변한 것이다. 여기 두 癸

水는 상관으로 조모에 해당하니 그에게는 할머니가 두 분 있었기 때문에 甲申시가 아니고 癸未시가 되는 것이다.

신강의극의 용법에 의해 火가 용신이고, 木이 희신인데 이게 없어서 水운을 만나면 소통이 안되기 때문에 위험하다. 그래도 火들이 튼튼하고 여러 개 있어 水운을 만나도 생명에는 지장이 없다.

그러므로 53년생 중 한 명은 丁巳와 丙火운은 용신운이니 괜찮은 집안에서 성장했고 辰土는 화몰되니 학력은 좋지 않았다.

그리고 乙卯의 木운행부터 당구장과 레스토랑으로 막힘없이 발전해 돈을 많이 벌었으며 결혼해서 1남 2녀를 두었고 甲寅운행에는 그 도시(三大都市) 당구협회 회장까지 역임 하면서 재산가로 등장했다. 乙卯운행은 乙庚으로 합하여 재물이자 처성인 木이 합신하기 때문에 성가(成家)하고 재물이 득세하는 운이다.

그러나 癸丑운행은 丑土에 화몰되기 때문에 47세쯤 부도가 터져 진흙탕에 빠졌다. 壬子운행에는 흘러간 노래만 부르겠고 辛亥 역시 불미하리라.

본조의 주인공들이 다시 올 시기는 각

癸巳(2193 · 2253, 2433 · 2493)년 망종 후 庚戌일 未시다.

22
아니 이게 누구냐!

　잠자리에 들기 전에 옥상에 올라가 보면 가을 하늘은 높고 맑아서 별들이 하늘에 총총히 박혀있는 것을 볼 수 있다. 누구나 한 번쯤은 별을 보며 꿈을 꾼 적이 있을 것이다. 사랑하는 이의 얼굴을 별 속에 그려보기도 하고 자기의 이상을 실현하려고 생각에 잠겨 별을 쳐다보기도 한다. 별 헤는 밤처럼 호젓하고도 낭만적인 시간은 없을 것이다.

　필자는 일찍 자는 버릇 때문에 일찍 일어나는 습관이 있다. 보통 새벽 5시쯤이면 일어나서 동네 옆에 있는 약수터를 매일 한 시간 정도 산책하고 돌아온다. 그런데 산꼭대기에 올라보면 간밤에 보았던 별들이 다 없어졌다. 그 많은 별들은 다 어디로 갔을까? 매우 궁금하여 언제부턴가 그 흔적을 찾아 나섰다. 그러기를 얼마나 했을까. 드디어 그 자취를 기어이 찾아내고야 말았다.

　산 아래에는 무수한 주택들이 있다. 그런데 그 주택들마다 입구에는 별처럼 빛나는 불빛들이 찬연하게 빛나고 있다. 집집마다 집 앞에 불을 밝혀두고 사람들은 하루 일과를 시작한다.

그들은 오늘도 자기의 꿈을 이루기 위해 간밤에 하늘에 걸려있던 별들을 하나씩 따다가 자기 집 앞에 각자 걸어두고 그 꿈을 실현하고 있는 것이다. 그 사람들이 하나씩 따다가 자기 집 앞에 걸어 놓았으니 하늘에 별이 남아 있겠는가? 당연히 하늘은 텅 비어 있을 수밖에….

그렇게 사람들은 희망삼아 별을 따다가 걸어놓고 살아간다. 그런데 사람에 따라서 그 희망을 이루기도 하는가 하면 좌절하기도 한다. 왜 그런 차이가 생길까? 여기 이 여성을 보라. 그녀에 대한 사주 도표는 이 단원의 말미에 있다.

영미는 지방 소도시에서 태어났다. 아이들이 어렸을 적에는 아직 그 소질과 능력이 숨어있을 때이니 이른바 모두 '꿈나무'들이다. 그러나 초등학교를 나와 중학교 때쯤부터 서서히 개인의 능력이 나타나고 그 차이가 드러난다. 그것이 고등학교쯤 가면 더욱 확연해져 기대했던 것과는 달라지기 때문에 꿈나무라는 말이 서서히 자취를 감춘다.

그런데 영미는 그런 대로 괜찮은 집안에서 성장하며 총명을 발휘하기 시작해 공부를 매우 잘했다. 그러니 이 꿈나무는 자연히 부모의 사랑을 두텁게 받을 수밖에 없었고 그에 힘입어 영미는 더욱 눈부시게 일취월장을 거듭해 중학교를 아주 우수한 성적으로 졸업한 다음 고등학교에 진학했다.

고등학교만 해도 실력의 차이가 심하게 나타난다. 그때쯤에 이르면 과목에 따라 각자 애오(愛惡)가 다르게 나타나서 가령 수학을 싫어하는 사람은 그 수업 시간이 너무도 따분하기 때문에 상난을 치거나 토끼잠을 자기도 한다. 토끼는 눈을 멀쩡히 뜨고 잔다고 한다. 그런 학생들이 차츰 많이 생기므로 그 수업을 하는 선생님은 헛심이 날 것은 뻔하다. 그러므로 간혹 자기가 하는 일에 보람을 느끼지 못할 선생님도 있을 것이다.

그런데 영미만은 전 과목에 걸쳐 우수한 실력을 발휘했다. 그러니 선생님들의 사랑을 독차지할 수밖에 없었다. 오죽했으면 선생님들이 영미 하나 때문에 선생노릇 하는 보람을 느낀다고 했을까. 영미는 그 고등학교 전체에서도 특별한 학생 이었을 뿐만 아니라 도내 고등학교에서도 특출했다.

그래서 영미는 그 지방에서는 모르는 사람이 없을 정도였고 그 바람에 부모의 얼굴도 클로즈업 되었다. 영미는 가는 곳마다 환영받는 주인공이 되었다. 선생님들 중에는 수업시간에도 아예 대놓고 영미를 칭찬하는 분도 계셨다.

정선생 역시 그의 수업시간에 영미를 가리키며 말했다.

"내가 다른 학생들을 보면 선생노릇에 회의를 느끼다가도 영미만 보면 보람을 느낀다"

이런 말은 정선생 뿐만 아니라 거의 모든 선생님들이 노골적으로 여러 학생들 앞에서 서슴없이 말하곤 했다. 그만큼 영미는 놀라운 학습태도를 보였던 것이다.

결국 영미는 속칭 일류대에 들어갔다. 그녀는 거기서도 자기가 전공하는 과목에 유감없이 실력을 발휘했기 때문에 대학 당국에서도 그녀에게 기대를 걸었다.

어느덧 그녀는 2학년이 되었고 그 무렵 대학 도서관에서 건우라는 남자 친구를 만났다. 두 사람은 여러 번에 걸친 데이트 끝에 드디어 서로 좋아하는 사이가 되었다. 그렇게 사랑이 싹트자 남자는 야생마처럼 가슴이 펄떡펄떡 뛰고 여자는 동백꽃처럼 빨갛게 물들어갔다.

그러면 대뇌피질 안에 있는 변연계(邊緣系)가 활발해진다. 그곳은 식욕과 수면욕 그리고 성욕 등 인간의 본능과 희로애락이나 공포 같은 감정의 중추로 우리의 감정이 배태(胚胎)되고 무르익는 곳이다.

그러므로 사랑을 하게 되면 변연계의 신경전달 물질인 뉴런들이 활발해지기 때문에 엔도르핀을 과도하게 분비해 지나치게 즐거운 상태가 지속된다.

그런 상태가 지속되고 있을 때다. 두 사람은 도서관에서 밤늦게까지 공부하다가 잠시 쉴 겸 밖으로 함께 나와 거닐기 시작했다. 그때 건우가 영미에게 말했다.

"난 천우신조로 영미를 만난 것 같아. 영미야말로 뛰어난 지성에 아름다움까지 겸비한 여자이지. 우리가 이렇게 늦게까지 함께 공부하고 조용하게 산책도 하고…오래 오래 이처럼 함께 산다면 그야말로 축복 받은 한 쌍이 될 거야."

어느 새 건우의 손이 영미의 손을 잡고 있었다. 영미가 말했다.

"나도 그런 꿈을 꾸어왔어."

그때다. 건우가 걸음을 멈추더니 영미를 정면으로 바라보며 획 돌아섰다. 그리고는 둘은 감격의 눈동자로 한참 동안 서로를 응시하다가 포옹했다. 그러다 급기야 서로는 심장 박동이 빨라지고 숨이 가빠지며 무엇에 홀린 듯이 입술을 찾았다. 뜨거운 키스가 두 사람의 호흡을 거칠게 했다. 이리하여 둘은 장래를 약속하고 일년여를 보냈다.

그런 가운데 3학년 가을 무렵부터다. 두 사람의 만남이 좀 뜸해지더니 건우가 변했는지 만날 때마다 적극성이 사라진 채 시들했다. 그렇게 한참을 지속하다가 어느 날 갑자기 건우가 말했다.

"영미, 아무래도 우리는 인연이 아닌가봐. 영미는 자기 갈 길을 가. 나는 나의 갈 길이 따로 있는 것 같아. 내 마음이 예전과는 딴판이 되어 버렸어. 솔직하게 말해서 영미는 내 여자가 아닌 것 같아. 그걸 계속 숨기고 있을 수가 없다고 판단되어 오늘은 꼭 내 뜻을 전하고 싶었어. 미안해. 영미, 우리 앞으로 그냥 친구로만 대하기로 하자."

영미는 그 동안의 건우 태도로 보아 조금 이상하다 생각되었으나 이렇게 딱 부러지게 절교를 선언하리라고는 생각하지 못했다. 그녀는 왜 그렇게 되었느냐고 따지지 않았다. 다만 건우가 왜 그렇게 변했는지 그게 궁금했다. 아마도 다른 여자가 생긴 것이라고 생각되었다. 그래서 시간을 두고 그 동태를 살피기로 마음 먹고 그 날은 그냥 아무 말 없이 헤어졌다.

뒷날 알고 보니 건우는 예쁘고 키가 후리후리한 의대 여학생과 자주 만나고 있었다. 그녀는 불같이 화가 치밀었다. 그래서 건우를 여러 번 만나 따지듯 추궁했다. 그러나 그럴 때마다 오히려 건우는 자기를 더 싫어하는 눈치였다. 그러자 그녀는 건우를 상대로 설계했던 장래가 와르르 무너져 내렸다. 그 무너진 소리가 귓가를 떠나지 않고 계속되었다. 그런 가슴앓이가 4학년 졸업할 때까지도 그치지 않았다.

그런 상태가 오래 지속되면 변연계 내부의 뇌신경 세포가 손상되어 스트레스 호르몬이 조절되지 않고 지속적으로 흘러 우울증에 걸릴 수도 있다. 이 증상은 식욕과 수면 그리고 성욕 등에 이상을 일으키므로 신체 조절이 제대로 안되기 때문에 무력감이나 무기력으로 인해 자살에 대한 충동을 느끼게 한다.

그래서 그런지는 몰라도 그녀는 간혹 먼 산을 멀거니 바라보는 습관이 생겨났고 말이 없어졌다. 불과 몇 년 전만해도 그렇게 명랑할 수가 없었던 그녀가 철학자도 아니고 그렇다고 정신이상자도 아닌 이상야릇한 사람이 되어 있었다. 모든 의지가 상실된 것처럼 우두커니 서 있는가 하면 혼자서 피식 웃기도 했다.

영미 부모는 이해할 수 없는 상황이 딸에게서 나타나자 어찌할 바를 몰랐다. 그래도 공부를 더 하면서 세월을 보내다보면 언젠가는 제자리로 돌아오겠지 하는 한 가닥 희망만은 버리지 않았다. 그래서 부모는 그녀의 전공을 더 살릴 수 있는 전문 학술원에 보냈다.

그녀는 그 전공 방면에서도 자타가 공인하는 실력자가 되었지만 아무리 세월이 흘러가도 부모가 기대했던 제자리로는 돌아오

지 않았다. 제 자리는 커녕 혼미한 정신 때문에 취업도 안 되었
다. 그리하여 아르바이트로 돈을 조금 벌면 그보다 더 큰돈을
거리낌 없이 써버렸다. 그래서 항상 궁핍한 상태이지만 그녀는
그런데는 전혀 신경을 쓰지 않았다.

그런 그녀가 IMF로 인해 생긴 공공근로사업장에 나가 일일 근
로자로 일하고 있을 무렵이다. 어느 날 그녀가 일하고 있는 장
소를 지나가던 어떤 노신사가 무슨 이상한 일이라도 발견했다는
듯이 그녀 곁을 이리 기웃 저리 기웃 한참 동안 살폈다. 그러더
니 그 노신사가 그녀를 향해 말했다.

"아니 이게 누구냐? 너 영미 맞제? 내가 실수한 것이 아니
제?"

그렇게 말하면서 노신사는 자기가 잘못 알고 실수나 하지 않았
나 하는 눈치를 버리지 못하고 있었다. 노신사가 재차 그녀를
향해서 묻는다.

"너 영미 맞제?

그제야 그녀가 고개를 끄덕인다. 그렇게 고개만 끄덕인 채 말
없이 멍하게 노신사를 바라볼 뿐이다. 아연실색한 노신사가 놀
란 사람처럼 다시 말한다.

"아니 영미야! 이게 어찌 된 일이냐? 응? 어떻게 된 거야! 말
좀 해봐라! 말 좀 해봐. 응?"

그렇게 재촉하는 노신사는 고등학교 때 담임이었던 정선생이었
다. 영미는 그 당시 특출해서 모르는 사람이 드물 정도였기 때
문에 정선생은 바로 그녀를 알아보았던 것이다.

그렇지만 그 영미가 이런 공공근로사업장에 있을 지는 꿈에도 생각해 본 일이 없었기 때문에 노신사는 믿어지지 않는지 어리둥절한 채 그녀를 바라보고 있었다. 그녀가 말이 없고 표정에 변화가 없자 그들의 만남은 오래 가지 못했다.

감정관리가 안되므로 돈 관리도 되지 않아 빈손이었던 그녀는 종교단체에서 독신녀로 봉사하는 언니뻘 되는 여자의 방에 얹혀 지냈다. 그런 그녀를 부모는 안타깝게 바라볼 뿐 손을 쓰지 못했다. 그런 그녀가 壬午년에는 부군궁과 午戌로 합한 용신 해이므로 결혼해서 득남까지 했다. 그렇지만 부모는 실망이 큰 나머지 어찌할 바를 모르고 있다.

필자는 생각에 잠겨본다. 아무리 나쁜 운행을 만났다고는 하지만 이렇게까지 사람이 달라질 수 있을까 하고. 이런 사례로 보아 팔자를 미신으로 치부해 버릴 수가 없는 것이다.

[1909-01-05, 1968-11-23 여명]

식신	戊(土金)申 편재	07	17	27	37	47	57	67
정인	乙(木土)丑 상관	甲	癸	壬	辛	庚	己	戊
신주	丙(火土)戌 식신	子	亥	戌	酉	申	未	午
정재	辛(金木)卯 정인	02	12	22	32	42	52	62

- 사주읽기 -

이 여조는 신주 丙火가 엄동설한의 丑월에 태어나 실령했고 세 개의 土에게 설신이 심하니 진상관이 되어 신약하다. 따라서 신약방조와 식상패인의 용법에 의해 木이 용신이고, 金은 병신이며, 火는 약신이요, 水는 신약을 다시 극신하니 기신이며, 土는 설신시켜 이것도 기신에 속하면서 건토는 약간 약신에 속하기도 한다. 이 경우 水가 없어 卯木과 乙木이 탐재파인이 되었다. 그리고 천간끼리 丙辛이 합하고 그 밑에 있는 지지끼리는 卯戌이 합하여 천지덕합이다.

그러므로 68년생 중 한 여성은 甲子와 癸亥가 木운-亥卯로 木局-으로 용신운이자 학문성인 인성운이므로 그녀는 고등학교 때 자기 학교뿐 아니라 그 도(道) 전체에서 특출한 실력을 발휘해 도내에서도 모르는 사람이 없을 정도였다. 얼마나 잘했으면 공부하지 않는 다른 학생들 때문에 낙심이 컸던 선생님들이 이 학생만 보면 "너 하나만 보면 선생이 된 보람을 느낀다"고 했을까. 그 정도였기 때문에 속칭 일류대 어학과에 들어갔다.

그러다가 壬戌운행은 22살에서 31살까지인데 壬水운행이 남자운이므로 한 학생과 깊이 사귀었다. 그러나 壬水라는 남자는 壬丙으로 충하며 극신하는 기신이고 壬戌로 배치된 운행은 백호대살이면서 밑에 있는 戌土에게 土克水로 강극을 당한다.

그러므로 그 애인(壬水)이 떠났다. 그러자 상처를 크게 받은 그녀는 정신이상이 생겨 혼미 상태에 빠졌다. 戌土운행은 진상관이 다시 진상관을 만나 위험하지만 건토이기 때문에 그래도 戌중 丁火가 있어 어찌어찌 버티며 넘겼다.

그러나 辛酉운행은 乙辛과 卯酉가 충극하여 위 아래로 용신이 손상된다. 그 손상된 木은 학문성이자 종교성이며 정신이고 이 사주에 핵심인데 그게 크게 손상 되었으니 이 얼마나 무서운 일인가?

 그래서 그녀는 일류대를 졸업하고 그 학문에서도 더 전문학술단체까지 나와서 그 방면에는 일가견이 높지만 혼미한 정신 때문에 취업을 할 수가 없었다. 그리하여 IMF로 인해 생긴 공공근로사업장에 나가 일일 근로자가 되었다. 그녀는 얼굴형까지 흉하게 변하였다.

 壬午년은 午戌로 부군궁과 합신하여 火生土하므로 결혼해서 득남(土)했다. 癸未년까지는 그런 대로 버틸 것이다. 그러나 甲申과 乙酉년은 대단히 흉한 연도들이다. 다시 卯酉가 강력하게 충극하기 때문이다. 다음 운행은 庚申으로 乙庚合金되어 용신반합이니 더 말해서 무엇하랴.

 본조의 주인공들이 다시 올 시기는 각

 戊申(2148·2208, 2388·2448)년 소한 후 丙戌일 卯시다.

23

댄서 남편

'가는 년(年) 아쉽고 오는 년 반갑네' 라는 이상야릇한 인사말이 적혀 있을 지도 모르는 연하장이 오고 간지 며칠이 지났다. 그렇지만 말이 새해이지 아직도 음력으로는 己卯년 섣달이므로 강추위가 맹위를 떨치고 있어 몹시 추웠다.

그런 어느 날 두툼한 외투를 걸친 오십 대 부인이 방문했다. 그녀도 필자의 독자 중 한 여성으로 멀리서 여기까지 찾아온 것이라고 했다. 자리에 앉더니 우선 자기 남편 사주부터 말한다. 그래서 부군의 도표를 아래와 같이 작성해 놓았다.

[1943-10-29, 2003-10-18 남명]

정재	癸(水土)未	겁재	06	16	26	36	46	56	66
정재	癸(水水)亥	편재	壬	辛	庚	己	戊	丁	丙
신주	戊(土水)子	정재	戌	酉	申	未	午	巳	辰
편인	丙(火土)辰	비견	01	11	21	31	41	51	61

아니, 이건 또 무슨 사주가 이렇게 생겼다는 말인가? 타고날 때부터 양쪽에 여자를 두고 합(合身)하는 양다리 궁합은 간혹 보아 왔지만 이렇게 여러 여자들과 합이 많은 남명(男命)은 일찍이 보지 못했다. 사주학을 웬만큼 공부한 사람이라면 이 사주를 슬쩍만 보아도 한눈에 그게 보일 것이다.

남명에게 재성은 여자를 상징한다. 이 사주는 그 여자인 水들이 천간에 두 개의 癸水와 亥水, 그리고 子중 癸水와 辰중 癸水 이렇게 다섯 개나 표면에 있으면서 그 癸水들과 신주가 戊癸로 합신하니 여러 여자들과 내(신주)가 합하고 있다. 게다가 亥子라는 수국(水局)과 子辰이라는 수방(水方)까지 더 생겨 신주인 나를 둘러싸고 있다.

부인이 이 사주를 내민 때는 이 주인공이 59세이니 丁巳의 火 운행으로 희신운이다. 이 사주는 재다신약(財多身弱)하니 土가 용신이므로 火가 희신인데 용신이 무력해서 희신운을 만나도 사주에 木이 없기 때문에 水火가 소통이 안되고 서로 상극(相剋)만 하니 별 볼 일 없을 때다. 그래서 내가 부인에게 이렇게 물었다.

"아직 부인 사주를 아직 안 보았지만 이 남자가 부인의 남편이 맞긴 맞습니까?"

그러자 부인이 빙긋이 웃어 보이고 말한다.

"왜요. 아닐 것 같은가요?"

"이런 사주는 처음 보는 것 같습니다. 웬 놈의 여자들이 이 사주에 이렇게 많이 들어붙어 있다니… 이건 아무리 생각해 보아도 바람둥이 사주인 것 같은데요."

그녀가 머리를 끄덕끄덕 하더니 엷은 미소를 띠고 말한다.

"바람둥이 비슷한 사람입니다."

"비슷하다니… 그렇다면 춤꾼?"

"댄서랍니다."

춤꾼이나 댄서나 바람둥이나 거기서 거기 갈 만한 동의어들이 아닌가.

"운에 돈이 붙어있지 않는데 무엇으로 그 생활을 합니까? 월급 쟁이 댄서라는 것도 있습니까?"

"그런 게 어디 있어요. 선생님은 그런 세계를 통 모르시는가 봅니다. 아무튼 그 사람 평생 건달 중에 상 건달입니다. 만난 후로 돈 한 푼 집에 가지고 들어온 일이 없었으니까요. 그래도 키가 크고 허우대는 그럴싸하면서 남자답게 생겼을 뿐만 아니라 춤 하나만은 끝내주니까 여자들이 뿅 간다 그것 아닙니까.

그러니까 업소에서 오후만 되면 전화질이 빗발칩니다. 그러면 말끔하게 차려입고 출근하지요. 속 모르는 사람들이 보면 근사해요. 그렇게 출근해서 놀아주면 여자들이 돈 몇 푼 준 것 받아서 자기 혼자 쓰며 살아가지요. 집은 굶든지 말든지 상관이 없는 사람이에요."

"그런 남자를 어떻게 만나서 삽니까?"

"저도 약간 춤 끼가 있거든요. 그게 화근이 되어 만나서 살게 되었는데 춤은 춤이고 결혼은 결혼이어야 한다는 것을 그때는 미처 몰랐었지요. 왜 그것을 구분할 줄 몰랐는지 그게 후회가 되었지만 자식들 낳고 살다보니 헤어질 수도 없던데요. 애들이 애비 없는 호로자식이라는 말을 들을까 그것도 걱정이고 그 인간이 너무도 불쌍하기도 하고 그래서 지금까지 살아왔지요. 그러자니 말이 아니에요. 이제 와서 생각해보면 그런 애비가 있는 것보다 차라리 일찍 헤어져 따로 애들을 키울 것을 그랬다는 후회만 막급합니다.

"참 용하십니다. 다른 여자들 같았으면 벌써 헤어졌을텐데요."

"말이 한 집에 살 뿐이지 각방 쓴 지는 이미 20여 년도 넘었을 겁니다. 언제 나가고 언제 들어오는지 전혀 몰라요. 밥은 자기가 밖에서 해결할 것으로 보고 잠자리만 집에 들어와 해결하고 있는데 그나마 밖에서 지새고 들어오는 날이 태반일 겁니다. 나가고 들어오는 것도 모를 뿐만 아니라 방에서 죽어 있는지 어쩐지 저는 전혀 신경 쓰지 않습니다.

지금이라도 죽든지 아니면 나가버리든지 그랬으면 하는 생각뿐입니다. 왜 제가 그런 사람을 만나서 살아야 하는지 참으로 허무합니다. 그나마 가진 돈도 없고 남의 집 전셋방에서 아이들과 온갖 고생을 다하면서 말입니다. 제 사주 좀 봐 주시겠습니까?"

· 사주읽기 ·

신주 戊土가 水왕절의 亥월에 태어나 亥子의 수방과 子辰의 수국 그리고 두 癸水가 있어서 재다신약이다. 따라서 신약의방의 용법에 의해 土가 용신이고, 火가 희신이며, 木은 병신이고, 水는 구신이며, 金은 기신이다. 이 경우 未土는 亥未의 목국에 반극(反克)을 당했고 辰土는 수국에 가담하여 본성을 상실했으며, 丙火는 뿌리가 없어 허탈하기 때문에 용신무력이다.

그러므로 43년생 중 한 명은 부인(己丑, 己巳, 丁酉, 癸卯)과 1남 1녀를 두었으나 평생 댄서로 살아오고 있다. 이 사주는 여자성인 水가 亥水말고도 辰중 癸水와 子중 癸水 등을 합해 네 개나 더 있으면서 戊癸로 합신을 하고 있다.

그러니까 이 여자 저 여자와 마구잡이로 어울리는 형상이기 때문에 그는 己卯년 현재까지 20여 년 간 춤 선생으로 살면서 춤바람이 난 여자들에게서 용돈을 받아쓰고 있는 중이다.

집에는 무일푼이니 귀가해도 부인이 내버려두어 식사나 잠자리를 혼자 해결하며 숨쉬고 있다. 巳午未화운은 희신운이지만 水火가 상전하기 때문에 효과가 나타나지 않고 있다. 그래도 용돈은 궁하지 않을 세월이리라.

본조의 주인공들이 다시 올 시기는 각
癸未(2183 · 2243, 2423 · 2483)년 입동 후 戊子일 辰시다.

나는 그녀의 제안을 받아들여 아래와 같이 정리했다.

[1949-04-10 여명]
식신 己(土土)丑 식신　10　20　30　40　50　60　70
식신 己(土火)巳 겁재　庚　辛　壬　癸　甲　乙　丙

신주 丁(火金)酉 편재　午　未　申　酉　戌　亥　子

편관 癸(水木)卯 편인

이 여명(女命)은 巳酉丑이 금국 즉 재성으로 국(局)을 이루어 재다신약(財多身弱)이다. 그러므로 火가 용신이고, 木이 희신이다. 이 경우 신약해졌는데 왜 인성인 木으로 용신을 삼지 않고 火로 용신을 정하는가? 학술 용어로 탐재파인(貪財破印)이 되기 때문이다. 그 뜻은 火生土하고 土生金해서 사주의 기운이 금국으로 몰린 채 강해진 金이 金克木으로 인성(印星)인 木을 강타(克)해버려 木이 파괴되었다는 말이다.

그렇게 파괴(破壞)된 인성은 무능하므로 생신(生身)할 능력이 없는 것이다. 말하자면 신주를 생조해 줄 수 없다는 뜻이다. 이것은 표면적으로 볼 때 신주가 재물성인 金이 탐(貪)이 나서 인성을 파괴해 버린 것 같이 보이므로 탐재파인이라는 용어가 쓰인다. 그래서 火가 용신이 되었고 그것을 생조하는 木이 희신이 된 것이다. 그러니까 火를 극하는 水는 병신이고, 그 水를 생조하는 金은 구신이다.

그런데 이 사주는 천간끼리 그리고 지지끼리 丁癸와 卯酉가 충극하여 천지덕합(天地德合)과는 정반대인 천지혼란(天地混亂)이다. 말하자면 용신과 희신이 모두 손상되어 용신이 무력해졌고, 가정궁인 일시가 혼란한 일시형충(日時刑冲)이며 부군성인 癸水가 충극된 시간(時干)에 배치된 채 혼란에 빠졌다.

게다가 중년운에 壬申과 癸酉라는 병신과 구신운을 장장 20여

년이나 만났다. 그러니 어떻게 부군 덕을 보겠으며 안정된 생활을 할 수 있겠는가? 그래도 午未의 화방운행은 용신운이 되어 어릴 적에는 그런 대로 운을 괜찮게 만났다. 그래서 부인을 향해 말했다.

"친정에 있을 때는 괜찮은 환경에서 고등학교는 무난히 마쳤을 것 같은데요."

"그랬어요."

"그러다가 대략 30살 경부터 지금까지 매우 험난한 세월을 살아왔겠습니다. 그래도 작년부터는 운이 약간 열리기 시작해서 금년(己卯)에도 숨은 쉴 수 있어 보입니다."

"그 동안에 집도 날리고 말이 아니었습니다. 남의 집 전셋방으로 밀려나 두 아이들 중 하나도 제대로 가르칠 수가 없을 정도였으니 사는 것이 사는 것 같지 않았어요. 작년부터 택배 사무소에 나가 일감을 맡는 일을 하고 있지만 신통치 않아요. 앞으로 좀 나아지겠습니까?"

"庚辰년만 지나면 巳午未의 火들이 배치된 연도들이 들어오기 때문에 지나온 중년처럼 힘들지는 않을 것입니다. 부지런히 살아 보십시오. 앞으로 대략 10여 년은 좀 안정될 겁니다."

그때 부인이 부군 사주를 가리키며 말한다.

"그나저나 저 작자가 없어져야 좋아지던지 말던지 할텐데 꼴도 보기가 싫어 하루도 지겨울 정도입니다."

"부군만 너무 탓하지 않는 것이 나을 것 같습니다. 왜냐하면 부인의 사주도 가정궁이 매우 어수선한 짜임새입니다. 그런 사주에 태어나야만 할 이유가 있어서 그렇게 만난 것으로 보입니다. 모르긴 해도 아마 전생에 부군의 속을 너무 상하게 했던 것 같습니다. 그랬기 때문에 이생에서는 품갚음이 되었을 겁니다."

"하기야 그럴지도 모르죠. 전생이 있다면 말입니다."

"이런 실례(實例)가 증명된 일이 있었습니다. 이 책 여기를 보면 미국에서 증명된 사실로 친정이 잘사는 어느 여자가 있었는데 자기를 좋아하는 남자는 매우 가난한 집이었어요. 그래서 부모의 반대로 그 남자와 결혼을 못하고 부모의 강권에 못 이겨 재벌의 아들과 결혼했습니다.

그런데 결혼을 하고 보니 그 재벌 집 아들인 남편은 불감증 환자였어요. 우리말로 하면 고자였던 것입니다. 그랬는데도 헤어지지 못하고 17년간을 함께 살았어요.

그러던 중 어느 날 과거 어릴 적 좋아했던 남자가 성공해서 나타났어요. 그녀는 그때부터 마음에 갈등이 심화되기 시작하여 우울증에 걸렸습니다."

이때 부인이 자기도 우울증에 걸린 지 오래 되었다고 참견하고는 다시 이야기가 계속되기를 바라는 표정이다.

"그래서 견디다 못한 그녀는 영능력자인 에드가 케이시를 찾아갔습니다. 거기서 자기 전생을 돌아보게 되었는데 지금의 남편이 중세 십자군 전쟁 때도 부부였어요. 그 당시 남편이 십자군 전쟁에 출정하면서 자기에게 정조대─금속판에 가죽이나 또는 헝겊을 씌우고 자물쇠를 단 일종의 벨트─를 씌워놓고 갔었습니다. 그 바람에 당시 부인은 '어떻게든 벗어버릴 수 있다면 아무하고라도…' 하는 성문제로 무척 고심을 했었습니다.

 그게 무의식으로 이월되어 이 생에서는 남편이 정조대를 쓴 것처럼 성을 사용할 수 없게 되었다는 사실을 알게 된 것입니다. 그 까닭을 알고 난 뒤 부인은 마음에 평안을 찾았습니다. 이것은 원인이 있었기 때문에 지금과 같은 과정이 전개되고 있다는 것을 증명한 것입니다.

 부인 사주의 가정궁을 보면 과거 생에서 가정에 충실하지 않았다는 증거처럼 보입니다. 지금이라도 마음의 폭을 넓히면서 사는 것이 언젠가는 나에게 득이 될 지도 모를 일입니다. 이제 고약한 운은 다 지나갔으니 열심히 살아보면 보람이 있을 겁니다.”

 甲戌운행은 丁火가 가장 좋아하는 건조한 甲木운이고 卯戌이 합화(合火)되기 때문에 그녀에게 희망적인 말을 다소 할 수 있었다. 그런 말을 들어서 그런지 그녀가 돌아갈 때는 매서운 추위 속에서도 미소를 띄며 정중하게 인사하고 돌아갔다.

· 사주읽기 ·

 이 여조는 신주 丁火가 火왕절의 巳월에 태어나 득령해서 신강사주로 출발했으나 火洩土 해서 土生金으로 巳酉丑의 금국을 생조해 土金이 강해진 통에 신약사주로 변했다. 따라서 신약의방의 용법에 의해 火가 용신이고, 木이 희신이며, 水는 병신이고, 金은 구신이며, 건토는 약신이다. 이 경우 卯酉가 충극되어 卯木이 손상되었고 탐재파인이므로 卯木을 사용할 수 없고 재성인

金이 강해 비겁으로 용신을 정했다.

그러므로 49년생 중 한 여성은 午未의 화방운행에 그런 대로 괜찮았다. 그러나 壬癸의 水를 대동한 申酉의 금운행은 병신과 구신운이며 지지끼리는 일시형충이고 천간끼리는 丁癸가 충극한다. 그리하여 부군(癸未, 癸亥, 戊子, 丙辰)과 1남 1녀를 두고 집마저 팔아야 했다. 부군 사주를 찾아 읽어보면 그 기간을 어떻게 지냈는지 상세히 알 수 있다.

그 후 甲戌운행 중 己卯년에 일터로 나가 뛰고 있는데 木운행은 희신운이지 용신운이 아니므로 크게 기대할 수 없지만 그래도 중년보다는 좀 나아지리라.

본조의 주인공들이 다시 올 시기는 각

己丑(2129 · 2189, 2369 · 2429)년 입하 후 丁酉일 卯시다.

24

처녀 사장

어느 날 사십 대 중반쯤 되어 보이는 여성이 방문했다. 입고 있는 의상이 고상해서 그런지 지식이 있는 것처럼 보였고 예의 바른 행동으로 보아 그냥저냥 사는 여성은 아닌 것 같았다. 아무튼 외양과 사주의 삶이 다른 경우가 많으므로 일단 사주를 보고 나서 그녀와 대화를 나누어야 할 것 같았다. 나는 그녀가 일러준 생년월일과 생시를 따라 아래와 같이 도표를 작성했다.

[1952-04-07, 2012-03-25 여명]

편관	壬(水土)辰	식신	08	18	28	38	48	58	68
편인	甲(木土)辰	식신	癸	壬	辛	庚	己	戊	丁
신주	丙(火火)午	겁재	卯	寅	丑	子	亥	戌	酉
편관	壬(水土)辰	식신	04	14	24	34	44	54	64

신주 丙火는 이 사주의 주인공이다. 그게 물기를 많이 머금은

土(辰)월에 태어나 햇빛(丙火)이 땅 속으로 빨려들고 있는데 또 세 개의 辰土들이 있으니 연속 태양열이 빨려들어 가고 있다. 게다가 辰월은 그 가운데 곡우(穀雨)에 속한 癸水라는 비가 내리고 있는데 거기에 뿌리를 박고 壬水라는 것이 두 개나 나타났다.

그 壬水는 구름과 비슷하므로 태양인 丙火를 그 구름이 잔뜩 가리고 있는 형상이다. 그래서 신주가 약할 대로 약해진 신약사주(身弱四柱)이다. 그러므로 불빛을 살려내기 위해서는 木火가 더 필요한 명조(命造)다. 따라서 木火운을 만나면 영광스럽고 水金운을 만나면 괴롭다.

그런데 지금 46세이니 庚子라는 金水운이다. 이 기간 10여 년은 병신운으로 불길한 가운데 부군궁인 일지와 子午로 충극하기 때문에 부군과 험악한 사이가 되어 있을 것이다. 그리고 내 몸인 丙午가 충극을 당하니 몸이 불편할 것이다. 그것을 보고 내가 그녀에게 말했다.

"지금 부부사이가 험악해졌군요. 그리고 몸도 이상이 있을 테고…?"

그때 그녀가 희미한 미소를 띠고 말한다.

"말도 마세요, 선생님. 얼마 전에 가스 중독으로 병원 신세를 지고 나온 후 위장병에 걸려 지금까지 제대로 먹지를 못합니다. 거기다 고혈압까지 생겨서 날마다 병원 다니는 것이 일과가 되어버렸어요. 몸은 그렇다 치고 제 남편은 왜 그렇게 바람만 피우고 다니는지 모르겠어요. 이렇게 살려고 결혼한 것이 아니었는데….”

그녀는 말끝을 흐리면서 힘이 빠진 표정을 지었다. 아직 부군 사주는 뽑아놓지 않아서 모르니까 왜 그렇게 바람을 피우는지는 알 수 없고 이 여조만 우선 감정하기로 하고 사주를 다시 검토했다.

이 사주는 용신인 木火 가운데 甲木이 甲辰으로 배치되어 있다. 그 甲木은 辰중 乙木에 뿌리박고 나타나서 힘이 있다. 사주학 용어로 甲木이 辰중 乙木에 띠(帶)를 두르고 있는 형상이라고 해서 대목지토(帶木之土)라고 한다.

그러면 辰土의 힘은 약화되고 甲木의 기세는 강화된다. 게다가 辰중에는 癸水라는 곡우가 있어서 이것을 축수양목(蓄水養木)이라고도 하는데 그 뜻은 癸水라는 물이 甲木을 배양(培養)시킬 수 있다는 뜻이다. 그러면 甲木이 더 강해질 수밖에 없다.

이 사주의 경우는 그 甲木이 꼭 필요한 용신에 속하는데 그렇게 힘이 강해졌으니 반가운 일이 아닐 수 없다. 그게 부모터인 월주(月柱)에 자리잡고 있으면서 초반운에 그 木을 더욱 뒷받침하는 寅卯운이 있다. 그럴 경우는 명문가(名門家)에서 성장한 형상이 되는 것이다.

그래서 기가 죽어 있는 그녀의 기도 살릴 겸 말했다.

“처녀 시절에는 잘 사는 집안에서 활달하게 아주 잘 나갔겠는데요?”

그제야 그녀가 환한 얼굴을 하고 미소를 잔뜩 머금으며 활기 있게 말한다.

"제가 지금은 이렇게 되고 말았지만 처녀시절엔 사장이었어요. 아버지가 양조장(釀造場)을 하고 있었는데, 그 면내 사람들은 전부 우리 집에서 만든 술을 마시고 농사를 지었습니다. 아주 잘 살았지요. 그러다 제가 열여덟 살 때 아버지가 갑자기 돌아가셨죠. 그래서 아버지 대신 제가 양조장 관리를 전부 도맡았어요. 그때는 굉장히 똑똑해서 어디에서나 면민들이 나만 보면 '처녀사장'이라고 이구동성으로 불렀답니다. 인기 만점이었어요. 그런데 뭐 하러 결혼은 덜컹 해가지고 이 모양 이 꼴이 되었는지…. 결혼하자마자 그때부터 지금까지 되는 일이 하나도 없어요. 궁합이 안 맞는 건지, 제가 죄가 많은 건지 도대체 왜 그런지 알 수가 없습니다. 제 남편 사주를 한 번 봐주세요. 궁합이 어떤지요?"

그 말을 들으면서 나는 그녀의 사주에서 타고난 궁합을 살폈다. 이 사주는 부군성에 해당하는 壬水가 둘이고 辰중 癸水들이 있으면서 그 水를 감당할 수 없는 신약사주이다.

그런 가운데 중년에 있는 亥子丑의 수방(水方)운들은 사주에 있는 水들을 또 부추긴다. 이것은 태양에 가린 주인공인 신주를 또 먹구름으로 가려버려 맥을 못 추게 하는 것이다. 그러니 어떻게 그 水들을 감당할 수 있겠는가. 이런 운을 만나면 부군이 제 때를 만난 양 호기를 부려 나를 괴롭히는 기간이 된다. 그런 기간에 또 子午가 상충하고 있다.

이것을 사주학 용어로 전이불항(戰而不抗)이라고 한다. 그 뜻은 신주 丙火에게 午火는 양인살인데 그 살을 충하는 子를 만나면 子午로 충극한다. 그때 억센 양인이 죽었으면 죽었지 절대로 항복을 하지 않는다는 것이다. 바꿔 말하면 양인살과 그것을 충하는 글자들이 싸움(沖克)을 벌이면 절대 항복하지 않고 차라리 죽음을 택한다는 것이다.

이런 운을 만나면 부부가 끝까지 서로 양보하지 않고 기어이 끝장을 내버리는 경우들이 많다. 그래서 순간의 싸움판이 뜻밖에 생사를 판가름 내는 엄청난 일이 벌어지기도 하는 것이다. 이 정도면 내가 즐겨 쓰는 부적을 일러주어야 할 때다.

"내가 부적을 해드릴 테니 지금부터 잘 듣고 실천해야 합니다. 내 부적은 종이에 빨간 물로 써서 돈 받고 파는 것이 아니라 불운을 피해 가는 방법을 말로 일러주는 것입니다. 내 방식에 의하면 '방법부적'인데 잘 들어두어야 합니다.

앞으로도 상당 기간 불운이 끝나지 않으므로 부부간 사이가 쉽게 풀리지 않을 겁니다. 그 기간에는 뜻밖에 엄청난 일이 벌어질 수 있으니 자녀들을 생각해서 부군의 행동을 아예 모른 체하며 사십시오. 절대로 대항하지 말란 말입니다. 그래야 건강을 지킬 수 있을 겁니다. 어머니가 건강해야 애들이 믿고 살 수 있지 않겠습니까? 만약 대항하면 가정이 산산조각 날 수 있어요. 그러면 애들의 의지처가 상실될 수 있습니다. 그건 댁의 자세 하나에 달려 있으니 명심해야 합니다. 돈 받지 않는 부적이라고 결코 소홀히 해서는 안돼요."

정성 들여 내가 이렇게 부탁하자 그녀가 말한다.

"선생님 말씀은 무슨 뜻인지 짐작하지만, 에그, 지금은 부부라고도 할 수 없는 원수나 다름없어요. 그 자 때문에 내 속이 썩을 대로 썩었을 뿐만 아니라 그 바람에 내 건강도 더 말이 아니게 악화되고 있잖아요. 못 만날 사람을 만나서 그런 것 아닌가요?"

"서로가 네 탓이라고 우기면 하루도 편할 날이 없습니다. 모두가 내 탓입니다. 댁도 자기 탓이고 댁의 부군도 그 자신의 탓인데 그것을 서로에게 떠넘기는 버릇 때문에 자신들도 모르는 사이에 책임 전가를 하려고 시끄러워집니다. 아무튼 내 부적을 함부로 취급하지 마십시오. 절대 잊어서는 안 됩니다."

· 사주읽기 ·

이 여조는 신주 丙火가 土왕절의 辰월에 태어나 세 개의 土에게 설신되며 辰중 癸水에 뿌리박고 나타난 두 개의 壬水가 극신하니 신약하다. 따라서 신약방조와 식상패인의 용법에 의해 木火가 용신이고, 金水는 병신이며, 土는 기신이다. 이 경우 용신이 부모터인 월주에 있고 초반에 寅卯의 목방운을 만나 명문가에서 성장하는 형상이다.

그러므로 52년생 중 한 여인은 초반운행에 부친이 양조장을 운영하여 큰 부자였다. 그러다 18세 때 부친이 사거하여 양조장을 맡아 운영하자 처녀사장님으로 통했다. 그 후 부군(辛卯, 丙申,. 丁未, 庚戌)을 만나 1녀 1남을 낳으면서부터 辛丑의 金土 즉 병신운이 들어오자 부군이 외도하고 온 몸이 아프기 시작했다.

그러더니 庚子운행에는 가스 중독으로 위장병에 고혈압 등으로 위기를 만나기도 했다. 그래도 甲木이 있어 水를 소통시키므로 대흉하지는 않았지만 생기를 잃고 있다. 己亥운행은 甲己合土되어 용신반합이니 위험하고 나머지도 별로다.

본조의 주인공들이 다시 올 시기는 각

壬辰(2192·2252, 2432·2492)년 청명 후 丙午일 辰시다.

이렇게 말하고 그녀가 불러준 대로 그녀의 남편 사주를 뽑아 도표를 작성했다.

[1951-08-04, 2011-07-21 남명]

편재 辛(金木)卯 편인	09	19	29	39	49	59	69
겁재 丙(火金)申 정재	乙	甲	癸	壬	辛	庚	己
신주 丁(火土)未 식신	未	午	巳	辰	卯	寅	丑
정재 庚(金土)戌 상관	04	14	24	34	44	54	64

남편 사주를 보고 말했다.

"이 주인공 혹시 어머니가 자기 아버지의 재취였던가요? 말하자면 이복형제가 있느냐 그 말입니다."

"그걸 어떻게 아세요? 몸이 아파 수도 없이 점쟁이나 철학관을 찾아갔지만 그런 말을 하는 사람은 처음인데요. 시집갈 때는 그 사실을 몰랐어요. 직장도 있고 신체도 건강한 것처럼 보여 결혼하고 나서 알았는데 그 사람 어머니가 재취였어요. 참 이상하네요. 다른 데서는 그런 말을 못 들었는데…."

"아는 수가 있습니다. 이복형은 별 볼 일 없어 보이는데요?"

"그래요. 그것도 그 사주로 알 수 있습니까?"

"그럼요. 그러니까 확인한 것 아닙니까? 그건 그렇고, 직장이라면 불이 번쩍거리는 광고업 같은데 계신가요?"

"아닌데, 주물업을 하고 있습니다. 그 전에는 형광등(불이 번쩍거림) 회사에 부장으로 있다가 그만 두고 지금은 주물(鑄物)업을 자영하고 있어요. 그런데 말이 아닌가 봐요."

그녀가 말하고 있는 지금은 壬辰운으로 용신인 火木이 壬水에게 水克火로 극을 당해 불인 火가 꺼질 때이고 게다가 화설토(火洩土)로 火의 기운이 土 속으로 스며(설기, 洩氣)들어 이 또한 꺼질 지경이다. 그러니 그녀 말대로 말이 아닐 지경임에는 틀림없다.

그 辰土운은 신약사주가 감당하기 어려운 재물에 속한 재성을 土生金으로 부추겨 강하게 하므로 더욱 감당하기 힘들어 돈을 까먹을 때다. 그러니 자금 사정이 매우 나빠질 것은 당연하고, 더구나 金에 속한 쇠붙이에 해당되는 주물업을 하고 있다니 그 사업에 신물이 날 지경일 것이다.

"크게 고전하고 있을 겁니다. 한동안 그런 상태를 못 벗어나겠는데…."

"돈 한 푼 안 가져 온 지 오래되었어요. 운이 나빠서 그런 것입니까? 아니면 다른 여자들에게 갖다 바치느라고 그런 건가요?

나는 내가 몸이 아프기 때문에 자기 잠자리를 만족시켜 주지 못해서 바람을 피우느라고 다른 여자에게 다 바쳐서 그런 줄 알고 있는데요."

"그런 것이 아닙니다. 다른 여자들에게 쓸 돈도 없을 것 같습니다. 오히려 여자들로 인해서 손해만 나는 운입니다. 바람기는 타고나서 그렇고."

"아니, 그런 것도 타고납니까? 별 희한한 것도 다 타고나는가 보네요?"

"이 사주는 丁未일에 태어나서 戊午일에 태어난 사람들처럼 탐색하는 통계에 듭니다. 그리고 여자에 해당되는 金이 여기저기 많이 있는 사줍니다. 공식적으로 세 개나 있고 숨어 있는 글자도 하나 더 있어요."

내가 이렇게 설명하자 그녀가 말한다.

"아이그! 닮을 걸 닮아야지. 자기 아버지처럼 여자들이라면 사족을 못쓰는 사준가 본데, 그것도 유전인가 보네요."

"간혹 내림 사주들도 있긴 있습니다만, 아마도 어려서부터 아버지가 여러 여자들과 사는 것을 예사롭게 보고 성장해서 지금 자기가 그러고 사는 것도 당연시하고 있을 지도 모릅니다."

"그러니까 결혼할 때는 그 집 물내를 살펴보고 해야 하는 건데, 이제는 다 소용없으니…. 그나저나 제 몸은 좀 나아질까요?"

그래서 나는 열식품에 속한 꿀이라든가 인삼 등을 자주 대하라고 일러주고 상담을 끝냈다.

· 사주읽기 ·

　신주 丁火가 金왕절의 申월에 태어나 실령했고 土金이 왕성해서 신약하다. 따라서 신약방조의 용법에 의해 木火가 용신이고, 金水가 병신이며, 土는 기신이다. 이 경우 丁火(신주)는 未戌의 형살로 튀어나온 丁火에 뿌리박고 있으나 丙火는 丙辛合水해서 제 노릇을 못하고 있다. 그래도 卯未가 목국을 이루어 용신이 약하지 않은 가운데 운행이 화방과 목방으로 달린다.

　그래서 51년생 중 한 명은 형광등을 제조하는 회사에 부장으로 근무하다가 丁丑년에 IMF로 퇴직하고 주물업을 하고 있으나 壬辰과 辛金운행은 불리하여 진퇴양난이다. 그는 재성과 인성이 함께 배치된 辛卯가 내 몸과 卯未로 합신하여 재인합신하므로 모가재취였고 부인(壬辰, 甲辰, 丙午, 壬辰)과 1녀 1남을 두었으며 丙火라는 이복형이 있는데 절지 위에 있고 합하여 그 형은 겨우 생활하고 있다.

　이 사주는 丁未일이고 재성이자 처성인 金이 여기저기 있어 여자관계가 매우 복잡하므로 그 부인이 애를 먹기도 했다. 庚寅운에 약간 풀리겠고 己丑운은 화몰되어 매우 불길하리라.

　본조의 주인공들이 다시 올 시기는 각

　辛卯(2191 · 2251, 2431 · 2491)년 입추 후 丁未일 戌시다.

25

새끼 셋 팽개친 바람기

　오늘은 여러 가지 일들이 오후에 밀려 든 바람에 늦은 시각까지 사무실이 열려 있었다. 필자가 대강 주섬주섬 치우고 문을 닫고 있었다. 그 때 누군가가 등 뒤에서 남자 목소리로 너무 늦게 와서 오늘은 볼 수 없느냐고 묻는다. 그래서 뒤를 돌아보니 50대 초반쯤 되어 보이는 남자였다. 기왕 늦은 김에 그에게 의자를 권했다. 자리에 앉은 그는 무슨 일인지 긴 한숨부터 내뿜는다. 그러더니 한참 후 나를 한 번 바라보며 무겁게 입을 연다.
　"제 팔자 좀 봐 주시겠습니까? 세상에 이런 팔자가 또 있을까요?"
　그의 생년월일시를 물어 그 사주의 도표를 정리했다.

[1934-04-13, 1994-03-30 남명]
　편인 甲(木土)戌 식신　04　14　24　34　44　54　64
　상관 己(土火)巳 비견　庚　辛　壬　癸　甲　乙　丙

신주 丙(火金)申 편재　午　未　申　酉　戌　亥　子
편인 甲(木火)午 겁재　09　19　29　39　49　59　69

　우선 눈에 띄는 것이 본처와 해로하기 어렵다는 통계(일지편
재)에 속하고 운(행)을 보니 재물이자 처에 해당되는 오행(金)
이 같은 남성이나 형제자매에 속하는 오행(火)에게 강타(强打)
를 당하고 있다. 이를 종합해서 추리해 보면 부인(申金)이 다른
남자(火)와 내통했거나 재물이 크게 없어졌을 것이다.

　왜 그러냐 하면 이 사주는 처궁(妻宮:처의 자리)인 일지(日支)
에 처성(妻星:처를 나타내는 별자리)인 申金이 자리잡고 있으면
서 함께 배치된 丙申의 丙火라는 남자가 있고, 申戌로 금방을
이루면서 戌중 丁火라는 남자와도 합하고 巳申이 형합(刑合)하
면서 巳火라는 남자와도 합하니 여러 남자들과 합해 내통하는
형상이기 때문이다. 그런 申金을 甲戌운행에 午戌로 화국을 이
루어 또 火克金으로 공격하니 처와 재물인 申金에 탈이 붙었다.

　그뿐 아니다. 甲戌운행은 戌중 丁火라는 것이 申金이라는 처에
게 남자가 되어 申戌로 합(내통)하고 있다. 이런 형상으로 처궁
이 짜인 것이다. 그러니까 바꾸어 말하면 '타고난 궁합'이 그런
형국이라는 뜻이다. 상대방인 여자 사주를 보지 않아도 처복이
이렇게 애당초 짜여진 명조이다.

　그래서 이렇게 말했다.

　"부인 사주를 아직 보지 않아서 단언하기는 그렇습니다만 댁의
팔자만으로 보면 지금 부인이 다른 남자와 관련이 생겨 돈도 축

내었겠는데요?"

그러자 그가 어이없다는 듯 나를 노려본다. 자기가 보기에는 필자가 좀 이상한 사람 같다는 눈치다. 급기야 언성을 높여 나에게 이런 말을 던진다.

"아니, 여보! 바람난 여편네가 잘못한 것이 아니고 내 팔자가 그래서 그런 일이 생겼다는 말 같은데 그렇게 말할 수 있는 것이오? 당신 좀 어떻게 이상한 것 아니오?"

말하는 투로 보아 그렇지 않아도 마누라가 바람이 나서 화가 치밀어 있는데 당신까지 내 팔자 탓을 하고 있으니 어처구니가 없다는 듯한 표정이다. 그 申金은 성인이 되기 전에는 부친성으로 작용하는 그 申金이라는 부친에게는 두 甲木이 처성이 된다. 그러면서 庚辛의 金운은 그 木을 극할 뿐 아니라 午未의 화방에 木이 설기되어 힘이 빠진다. 그 화방운은 본인에게는 불운이다. 이것들을 보고 내가 덧붙여서 말했다.

"그래요? 그렇다면 내가 하나 더 말할 테니 말씀해 주시겠소? 혹 아버지가 두 부인을 상대한 적이 없소? 그러니까 어머니 외에 또 다른 어머니가 없었느냐 그 말이오?"

이렇게 다그치자 조금 전과는 전혀 달라진 표정으로 멍하니 필자를 바라본다. 그리고 어떻게 생각되었는지 의아한 눈으로 바라보며 힘이 빠진 목소리로 말한다.

"그건 그렇소만…."

"그리고 아버지가 무능하여 어려운 집안에서 성장한 것으로 보이는데 어떻소? 사실대로만 말해 보겠소?"

"그것 참! 그걸 어떻게 아시오? 우리 아버지는 네 번이나 여자들을 만났고, 우리 어머니는 두 번째였는데 나 낳고 내가 4살 때 세상을 떠났습니다. 집안도 선생 말대로 어려웠고 아버지는 여자들에만 정신이 팔려 교육에는 정신이 없었기 때문에 나는 초등학교도 겨우 나온 둥 만 둥 했습니다. 근데, 선생님! 제 사주가 그렇게 생겼다는 그런 말 아니오? 조금 전은 실례했습니다. 미안합니다."

이제 존댓말을 섞어 쓰며 사과하는 것으로 보아 필자에게 대들 생각은 없었던 것으로 보인다. 그가 지금 어려운 처지에 놓여 자기도 모르게 그런 화를 냈을 것으로 보고 그를 자극하지 말아야겠다고 생각하며 말했다.

"그래도 약 25세부터 40세까지는 그런 대로 운이 들어와서 결혼하고 자녀들과 평안하게 살아 왔을 겁니다. 그러나 지금 상태는 매우 어려워 보이는데…"

그러자 그는 천장에 눈길을 잠시 고정시켰다가 필자를 바라보며 이렇게 장광설을 늘어놓는다.

"선생님 말씀대로 저는 어려서 안 해 본 고생 없이 떠돌았습니다. 그러다 늦게야 어떻게 겨우 나이 어린 마누라를 만나 아들만 3형제를 낳고 돈도 약간 모아 전셋집도 넓히고 그랬지요. 아버지가 일생 동안 여러 여자들과 만났다 헤어지기를 반복하며 사는 것이 불만이었기 때문에 난 그렇게 살아서는 안 된다며 마누라에게 평생 저만치 서라는 말 한 마디 않고 공주 모시듯 살아왔습니다.

그리고 더 호강을 시키려고 중동에 노무자로 돈을 벌러 갔습니다. 그래서 월급을 타면 자식들하고 생활을 해야 하니까 꼬박꼬박 한 번도 빠짐없이 송금했습니다. 일년을 더 계속해서 돈을 벌어 보냈습니다. 그리고 한 해 정도 더 연장해서 돈을 벌려고 마음 먹었지요. 그래야 마누라하고 애들이 더 낫게 살 수 있을 거라고 생각했기 때문이죠. 그래서 마누라와 자식들을 잠시 보고 가려고 귀국했습니다."

그는 여기까지 단숨에 말하더니 잠시 조용해졌다. 그리고는 갑자기 한 숨을 크게 몰아 내쉬었다. 나는 그가 계속해서 말할 눈치였기 때문에 기다렸다.

"아 ! 선생님, 세상에 이렇게 기가 막힌 일도 있을 수 있습니까?"

이렇게 반문하고 그는 이글거리는 눈빛이 되었다. 뭔가 잔뜩 화가 치민 듯 했다. 그리고는 고개를 좌우로 설레설레 젓더니 말한다.

"집에 들어서니 이게 어찌 된 일인지 애들이 왈칵 달려들며 통곡듯 울었습니다. 반갑게 맞아줄 줄 알고 선물을 든 채 방에 들어섰는데 애들이 일제히 통곡하는 바람에 나는 어리벙벙한 채 불길한 예감이 들어 방을 이리저리 둘러보았습니다. 방 가운데에는 다 찌그러진 냄비가 난로 옆에 있고 빈 라면 봉지들이 여기저기 흩어져 있었습니다. 그때는 늦가을이자 초겨울이라서 방 안이 싸늘했는데도 애들은 제대로 옷도 못 입은 채 웅크리고 있었어요.

아이들에게 엄마 어디 갔냐고 물었습니다. 그래도 아이들은 엉엉 소리 내어 울 뿐 말이 없었습니다. 그래서 곧바로 집주인을 찾았죠. 그랬더니 아주머니가 청천벽력 같은 말을 하는 것입니다. 애 엄마가 미쳐서 집을 나간 지 오래 되었다는 것입니다. 애 엄마가 미쳤다니 무슨 병이 났는가 하고 다시 재촉했더니 그게 아니고 다른 남자들하고 춤바람이 나서 나갔는데 그런 지가 벌써 일 년쯤 되었다는 것입니다. 집만 나간 것이 아니고 전세금을 사글세로 돌려 돈을 빼갔는데 지금 밀린 집세가 열 달도 넘었다는 것입니다. 이런 청천벽력이 어디에 있단 말입니까?"

그는 여기서 잠깐 숨을 돌리더니 이미 시작된 말이니 끝까지 다해버리겠다는 듯 계속해서 말했다.

"초등학교에 다니던 애들은 학교도 다니다말다 했고 찬방에서 먹을 것은 고사하고 라면도 제대로 먹지 못해 얼굴들이 영양실조에 걸려 말이 아니었습니다. 나는 번 돈을 빠짐없이 다달이 다 보냈기 때문에 귀국했을 때는 겨우 여비밖에 없었습니다. 너무도 막연해서 하늘이 노랬습니다. 어찌 할 바를 몰랐어요. 아버지가 바람을 피운 바람에 이복형제, 자매들뿐이라서 누구 에게 상의하거나 도움을 청할 수도 없었고…. 환장하고 미치겠다는 말이 저절로 나왔어요."

· 사주읽기 ·

신주 丙火가 火왕절이 시작된 巳月에 태어나 득령(得令)했고, 巳午의 火方과 午戌의 火局이 신주(火)와 합세하며, 두 甲木이

木生火로 생신하니 신강사주다. 그러므로 신강의재의 용법에 의해 金이 용신인데, 木(生)火가 많아서 왕성해진 火의 세력이 火克金으로 용신을 연속 공격하기 때문에 용신무력이다. 金이 용신이니 습기 찬 丑辰의 土가 희신이고 건조한 未戌의 土는 기신이며, 火는 병신이고 木은 구신이며, 水는 약신이다. 따라서 운행은 癸酉와 壬申의 水金운만 조금 길할 뿐이고 나머지는 불길한 운이다.

이 사주에서 용신인 金은 부친성이자 처성이며 재물성인데 火의 세력에 의해 너무나 많이 공격(克)을 받고 있기 때문에 (군겁쟁재) 그 방면에 하자가 발생할 형상이다.

그래서 36년생 중 한 명은 그 부친이 네 번이나 부인을 바꾸었고 본명의 모친은 4살 때 별세해서 모외유모했으며 午未의 火方(병신)운행에 어렵게 성장했다. 그 후 운행 癸酉 중 35세 戊申년에—처성인 申酉의 金이 겹쳐 15세나 연하인 부인(己丑, 丙子, 己卯, 甲戌)과 겨우 결혼해서 아들만 3형제를 두었다.

그리고 일지에 역마 지살이 있어서 해외에 취업해 월급을 꼬박꼬박 모두 송금했는데 귀국해서 보니 그 부인이 잔뜩 바람이 들어서 송금해 준 돈만 가지고 사라진 것이 아니라 전셋방을 사글세(월세)로 돌려 세 아들을 그곳에 방치해 놓고 전세금까지 송두리째 빼서 어디론가 사라져 버렸다. 이때가 甲戌로 木土(구신과 기신)운행이다.

그렇게 되고 말았으니 자연히 재물까지 빈털터리의 신세가 되었고 세 아이들은 초등학교도 중퇴한 채 라면도 제 때에 못 먹어 굶주리고 있었는데 본인도 어찌 할 바를 모르고 망연자실한 채 빈 하늘만 멍하니 지켜볼 뿐이었다.

몇 년이 지난 뒤 그 부인의 행방을 알게 되었는데 그 부인은 제비족들에게 돌려가면서 짓밟혀 창녀처럼 되어 버렸다. 그래도 그런 생활이 좋다고 도망쳐버려 제 정신이 아니었으므로 데리고 들어올 수도 없었다.

본인의 말에 의하면 자기 아버지처럼 전철을 밟지 않으려고 부인을 애지중지하면서 섬기고 받들다시피 했는데 이 지경이 되고 말았다며 푸념처럼 혼잣말을 했다. 이렇게 부친과 처와 재물이 산산조각 난 까닭은 용신인 申金이 화세(火勢)에 의하여 많이 손상되었을 뿐만 아니라 巳申으로 형살이 이루어진 탓이다.

운행 乙亥의 木水도 乙木은 구신이고 亥水는 용신인 金의 병사지요 巳亥가 충극하며 金이 水에 金洩水로 설기되어 불길하다.

이 사주는 일지편재로 처궁에 하자가 발생할 명조요, 자식성인 水가 亥중 壬水 뿐이지만 水金운은 배치상 金生水니 癸水가 강해져 3형제를 둔 것이다. 참으로 괴로운 명기다.

본조의 주인공들이 다시 올 시기는 각

甲戌(2174 · 2234, 2414 · 2474)년 입하 후 丙申일 午시다.

나는 묵묵히 그의 말을 끝까지 듣고 있다가 나이 어린 마누라라는 말이 떠올라 부인의 생년월일을 아느냐고 물었더니 일러주었다. 그 도표는 아래와 같다.

[1949-10-26 여명]

비견 己(土土)丑 비견　07　17　27　37　47　57　67

정인 丙(火水)子 편재　丁　戊　己　庚　辛　壬　癸

신주 己(土木)卯 편관　丑　寅　卯　辰　巳　午　未

정관 甲(木火)戌 겁재

나는 여자 사주를 보고 말했다.

"아니 15년이나 차이가 있군요. 그런 젊은 부인을 두고 외국을 나가다니…."

"마누라와 아이들을 더 편하게 살리려고…. 오직 그 맘뿐이었죠."

"혹시 이 여자 사교력이 너무 지나치게 심하지 않았습니까? 말하자면 아무나 서슴없이 잘 사귀면서 정이 헤프지 않았습니까? 성욕도 만만치가 않겠고…."

이 여자 명조는 지나치게 합이 많은 사주로 정이 헤픈 과어유정(過於有情)이고, 도화살이 子卯로 예의가 없다는 무례지형(無禮之刑)인 형살을 범했기 때문에 그렇게 물었다.

"성욕이요? 말도 마십시오. 저녁 밥상도 미처 끝나기 전에 애들이 보건 말건 벌써 허리춤으로 손이 들어옵니다. 하룻밤에 한 번으로 안 되었어요. 그래서 좀 염려가 되었지만 자식이 삼 형제나 있는데 제 새끼 먹여 살리려면 어떤 여자가 바람을 피우겠는가 하고 생각하고 돈 벌러 갔다가 그만 이 꼬락서니가 되고 말았습니다."

"젊고 그렇게 성욕까지 강한 여자를 혼자 두고 나가시다니….
게다가 댁의 운까지 나쁘게 겹쳤고…."

그의 처지가 너무도 안타까워 뭐라 위로할 말이 없었다. 그는
그 뒤 수소문을 통해 아이 엄마를 찾았으나 제비족들에게 돌림
신세가 되어 제 정신이 아닌 채 집이 싫다고 도망쳐버렸다는 것
이다. 그런 지가 이미 두 해 정도 지났단다.

그가 지금까지 살아온 삶은 말 그대로 파란만장(波瀾萬丈)이
아닐 수 없다. 이 말은 물결 파(波)자에 작고 큰 물결 란(瀾)자
그리고 일장(一丈)은 열척(十尺)인데 그게 만장(萬丈)이면 십만
척이니 크고 작은 풍랑을 그만큼 겪었다는 뜻이다. 이 주인공이
실로 그렇지 않은가?

오늘은 어쩌다 문을 늦게까지 열어놨다가 가슴 미어지는 사연
만 듣고 말았다.

· 사주읽기 ·

이 여조는 신주 己土가 水왕절의 子월에 태어나 실령했고 木에
게 극신을 당하니 신약사주다. 그러므로 신약의조의 용법에 따
라 火가 용신이고 木이 희신이며, 水는 병신이고, 金은 구신이
며, 습기 찬 己丑辰의 土는 화몰되어 기신이다. 따라서 중반에
있는 庚辰의 金土와 辛金은 丙辛이 합해 용신반합이니 불길한
기간이다.

이런 기간을 배경으로 깔고 부군성인 木이 두개나 있으면서 甲
己로 합신하고, 卯戌로 합하며, 子丑이 합하여 과어유정이다. 그

런가 하면 도화살과 홍란살을 낀 子卯—無禮之刑 : 무례한 짓을 벌리는 형살—가 형살을 이루었기 때문에 아궁이가 불기둥이 그리워 근질근질한 섹스(Sex)광의 형상이다.

그러므로 49년생 중 한 여인은 그 부군(甲戌, 己巳, 丙申, 甲午)이 저녁상도 물리기도 전에 허리춤으로 손을 밀어 넣고 불기둥을 찾아 아라비안나이트에 나온 '시트 알 후슨'처럼 덤벼들어 하룻밤에도 한두 차례로는 만족하지 못했다.

장록수의 현신이냐? 아니면 김개시(상궁)의 부활이냐? 그것도 아니면 남자 노비들을 등 쳐 먹었던 고관대작 마님의 환생이냐? 성욕에 굶주렸던 못 생긴 기생의 중생이냐?

본조의 말미를 잘 보아 두었다가 이 사주가 구성되는 일시에 딸 낳는 것을 피하라. 더구나 이 사주는 모친성인 丙火와 부친성인 子水가 부모궁인 월주에 있으면서 水克火로 상호 싸우는 형상이다.

그래서 실제로 그 부모가 밤인지 낮인지 모르고 서로 으르렁거렸으며 부친은 알코올 중독자였다. 그런데도 무턱대고 이 주인공을 낳아 놓고 거기다가 '생일 축하합니다'하며 '해피 버스데이 투 유'까지 부를 수는 없지 않는가?

본조의 주인공들이 다시 올 시기는 각

己丑(2129 · 2189, 2369 · 2429)년 대설 후 己卯일 戌시다.

26

소견머리와 버르장머리

미리 전화로 약속하고 찾아온 여성이 사무실로 들어섰다. 그녀는 키가 크고 몸매가 늘씬했으며, 얼굴은 각이 진 형태였고, 귀가 유달리 작은 편이었다. 우선 어색한 분위기도 풀 겸 필자가 먼저 말했다.

"어떻게 알고 오시게 되었습니까?"

"예. 백화점에 선생님이 쓰신 「이야기 사주학」 책이 있어서 그걸 보고 알게 되었어요."

"아니, 백화점에 그 책이 진열되어 있습니까?"

"손님들이 쉬면서 보도록 이 책 저 책들이 있는데 그 중에 선생님 책이 있어 우연히 보게 되었지요."

"그래요? 아무튼 여기까지 오실 때는 자기 사주를 알고 싶어서 오셨을 테니까 생년월일을 말해 보시겠습니까?"

그녀가 불러준 생년월일을 따라 아래와 같은 도표를 작성했다.

[1906-11-22, 1966-11-11 여명]

상관 丙(火火)午 식신   10 20 30 40 50 60 70
정관 庚(金水)子 편인   己 戊 丁 丙 乙 甲 癸
신주 乙(木木)卯 비견   亥 戌 酉 申 未 午 巳
정관 庚(金土)辰 정재   05 15 25 35 45 55 65

　사주를 보니 주인공에 속한 신주가 乙木인데 그게 동짓달에 태어났다. 한창 추운 동짓달에 태어난 초목(草木)인 신주(주인공)는 추위에 잔뜩 움츠러든 형상이다.

　그런 초목을 그나마 金들이 나타나서 金克木으로 벌목(克)까지 하려고 하는 형국이니 주인공인 초목은 추위에 떨 뿐 아니라 金에게 벌목(伐木)을 당할 우려도 겸하고 있는 것이다.

　주인공에게 피해를 입힌 金은 육친으로 남자에 속한 별자리들이다. 사주학 용어로는 부군성(夫君星)인데 지금 35살(庚辰년)로 또 酉金이라는 金운행을 보내고 있었다. 작년은 己卯년이었으니까 卯酉가 충극하므로 부군궁과 전쟁이 벌어진 꼴이다. 그러니까 보나마나 남자에게 큰 피해를 당했을 것은 뻔하지 않겠는가. 확인할 겸 물었다.

　"이 근래에 애인에게 배신을 당한 일은 없습니까?"

　그때 그녀가 피식 웃으며 말한다.

　"저는 왜 이렇게 남자복이 없는지 모르겠어요. 작년(己卯年)에 헤어졌지요. 제가 백화점에서 근무하고 있을 때 만난 남자인데 이름 있는 대학도 나왔고 사업하다 실패는 했지만, 아마 선생님

보다 나이가 더 많을 지도 모릅니다. 그 사람 육십이 넘었으니까요."

"아니, 댁의 나이가 지금 35살인데 육십이 넘은 남자와…?"

내가 놀란 표정을 짓고 그렇게 묻자 그녀는 뜻밖에도 이렇게 말하지 않는가.

"그게 뭐가 이상합니까? 내 친구들은 시집가기 전에 여러 남자들과 동거하다가 결혼해서도 잘만 살던데요. 선생님은 지금이 어떤 시대인지 잘 모르시는 가 본데 그게 흉이 되지 않는 시대 잖아요?"

오히려 이렇게 반문하니 할 말이 없어졌다. 그렇다면 왜 헤어졌는지 궁금한 일이다.

"그러면 왜 헤어졌습니까?"

"유부남인데 사업하다 실패한 뒤로 자기 가정에서까지 푸대접을 받아 세상이 허무해져 정 붙일 데가 없어졌대요. 그럴 때 저를 만나 힘을 얻게 되고 다시 살맛나는 세상이 되었다는 것입니다.

나이가 육십을 넘었지만 하룻밤에도 두 번씩이나 즐겼어요. 어디서 그런 힘이 나오는지 저를 아주 까무러치게 만들어 주었답니다. 젊은 사람 저만치 가랄 정도였지요.

그랬는데 부인이 눈치를 채고 찾아와서 간통죄로 고발하겠다는 것입니다. 내 나이 또래의 아들까지 데리고 나타나서 말입니다. 그래서 할 수 없이 작년에 헤어지고 말았습니다.

이 여조(女造)는 부군성인 庚金이 신주를 가운데 두고 양쪽에 나타나서 乙庚으로 이리저리 합한다. 이와 같은 형상은 많은 남성이 신주와 합한다고 해서 관다합여(官多合女)라는 용어를 쓴다.

이런 주인공은 양다리 궁합을 걸치고 태어난 것이다. 다시 말해서 타고난 궁합이 한 남자로는 끝나지 않는 것이다. 그러므로 처음 결혼할 때 어떤 남자 사주와 궁합을 맞추어 본다는 것은 소용없는 일이다. 맞추어 보았자 맞아지는 것이 아니고 타고난 궁합대로 살아가는 것이다.

게다가 이 여명(女命)은 乙庚이 천간끼리 합하고 있는데 그 밑(옆)에 있는 것들은 子卯로 형살이다. 이것을 사주학 용어로 곧 랑도화(滾浪桃花)라고 하는데 그 뜻은 바람기가 물이 줄줄 흐르듯 샌다는 것으로 색욕(色慾)이 남다른 것이다. 말하자면 평생 바람을 옆구리에 끼고 사는 것인데 그것은 또한 子卯가 무례지형(無禮之刑)이기 때문에 예의가 없는 바람기이다.

이러니 이 여조는 아직도 여러 남자들과 만났다 헤어지기를 반복할 가능성을 담뿍 품고 있는 것이다. 그러니까 노랑(老郎)이든 젊은이든 가리지 않고 약간의 의사만 통하면 정을 통해 시원함을 맛보려는 형상인 것이다.

"그 남자말고 다른 남자도 사귄 적이 있어 보이는데…."

"그 전에 한 남자와 동거 해 보았는데 남자마다 정력이 다 다른 것 같데요. 그 전 남자는 훨씬 젊은 사람이었는데도 하룻밤에 두 번은 고사하고 그것도 며칠 만에 한 번씩 가뭄에 콩 나듯 그랬어요. 영 성미에 차지 않아 제가 먼저 헤어지자고 해서 그만 두고 말았지만. 이번 남자는 거기다 대면 청춘이나 다름없었는데 그만 부인이란 여자가 나타나서….”

이렇게 말하면서 그녀는 헤어지게 된 것을 매우 서운해 하는 표정이었다. 나는 곤랑도화의 폐단을 첨부해서 말했다.

“댁의 사주에는 색욕이 넘치는 살(곤랑도화)이 있는데 이것은 자칫 성병에도 걸릴 수 있는 살입니다. 그러니 함부로 남자들을 상대해서는 위험해요. 만일 그런 몹쓸 병에 걸리면 일생동안 엄청난 고역을 치르게 될 게 아닙니까? 조심해야 합니다. 방관하면 에이즈 같은 고약한 병에 걸릴 수도 있어요.”

상대를 위협하기 위해서 그렇게 주의를 준 것이 아니라 사실상 곤랑도화가 있는 남녀들 중 제법 많은 사람들이 성병에 걸려 오래도록 고통을 겪는 것을 실감(實鑑)했기 때문에 그녀에게 조심하도록 하기 위해서 그와 같이 말했다. 그런데 뜻밖에도 그녀가 버르장머리라고는 하나도 없이 말한다.

“그러니까 아무하고나 연애를 합니까? 선생님 같이 여자를 밝히지 않는 사람만 골라야지요. 그 남자보다 선생님 나이가 적어 보이니까 선생님이 저를 좋아한다면 저는 무조건 OK입니다. 어때요? 저라면?”

이처럼 말해놓고 그녀는 염치도 없이 내 동정을 살피는 눈치이다. 아무리 무례지형이 있다고는 하지만 그녀는 처음부터 말하는 투가 소견머리라고는 하나도 없더니 급기야는 버르장머리까지 없는 소리를 내지른다. 그러든 말든 나는 다시 강조했다.

“내가 겁을 주려고 그런 말을 해주는 것이 아닙니다. 아까 내가 한 말을 명심해요."

그러자 그녀가 이렇게 말한다.

"선생님 말씀대로 제가 다른 여자들에 비해 섹스에 관심이 많은 것 같기도 해요. 그렇지만 내키는 것을 억지로 참을 수도 없는 일이잖아요. 성병에 걸릴 수 있다고 하니까 걱정이 좀 되긴 되는데 뭐 부적 같은 걸로 예방할 수 있지 않겠습니까? 온 김에 한 장 해갈까요?"

"이미 부적은 해드렸는데…"

그러자 그녀가 두 팔을 벌려 빈손을 펴 보이며 무슨 말이냐는 듯 나를 빤히 쳐다본다. 그래서 이어 말했다.

"빨간 글씨로 쓴 종이 부적은 아무 효력이 없습니다. 아까 내가 해준 '조심해야 된다'는 말이 부적입니다. 그 이상 효과적인 부적은 없습니다. 내 의지로 해결해야지 다른 것에 의지해서 하려면 성과가 나타나지 않습니다."

"그래도 왜 그런 말 있지 않아요? 물에 빠진 사람이 지푸라기라도 잡아 보려고 한다는 속담 말이에요."

"만일 부적이 조금이라도 효과가 있다면 돈 몇 푼 받고 남에게 써줄 것이 아니라 먼저 내 사무실과 내 방부터 부적으로 온통 도배를 할 것입니다. 그렇게 해서 우선 나부터 막힘없이 잘되고 볼 일입니다. 그러나 소용이 없기 때문에 보시다시피 내 사무실에는 그런 흔적이 하나도 없지 않습니까? 나는 부적장사와는 거리가 멀어요."

"…"

그녀는 내 말이 이상하게 들렸던지 물끄러미 바라볼 뿐 말이 없다. 그래서 다른 방법을 동원해 주기로 작심하고 이렇게 말했다.

"또 한 가지 방법이 있기는 있는데…."

이렇게 말끝을 흐리자 그녀는 매우 궁금했는지 재촉하듯 묻는다.

"무슨 방법인데요?"

그녀가 좀더 내 말에 주의를 기울이도록 잠시 뜸을 들인 후 말했다.

"「토지」를 쓴 작가 박경리 씨가 이렇게 말했습니다. 일을 하다 보면 생각에서 놓여 난다구요. 일 자체는 이득이나 도덕에서도 독립된 것으로서, 일을 하며 누리는 공간과 시간이 내게 자유를 준다고 말입니다. 그래서 그 분은 밤이 싫다고 말했습니다. 일을 할 수 없기 때문이죠.

사실 그렇습니다. 일을 하지 않고 가만히 있으면 온갖 잡념이 가지에 가지를 쳐서 번뇌가 끝도 갓(가)도 없이 번지므로 고민만 무성해집니다. 따라서 어떤 일에 전념해야 합니다. 그러면 고뇌가 사라집니다.

다시 말해서 일이 나를 구원시켜 준다 그 말입니다. 그러니까 일터에 들어가 열심히 일하셔요. 그래서 무엇인가 준비해 두면 후반운이 좋아서 그때에 반드시 크게 안정될 것입니다."

"그때가 언제부터인데요?"

좋은 운인 木火운이 약 오십 살부터 시작된다. 그런 나이를 말해주면 젊은 사람이라 크게 낙심할 것은 뻔하다. 그래서 말했다.

"살아보시면 언젠가 내 말이 실증될 테니 내 말을 믿고 부지런히 일하면서 살아봐요. 나는 빈 말은 안 합니다. 대신 준비를 않고 그 시기를 만나면 그 효과가 반감(半減)되어 때를 만나서도 좋아진 것을 실감하지 못 할 수도 있습니다. 돌아가서 내일부터라도 일터를 장만해 열심히 뛰어 보세요. 내 말이 효과가 나타나는지 어떤지 시험해 보시라 그 말입니다."

"마음이 정리가 안 되고 갈팡질팡해서 일터에 나가고 싶지가 않아요. 두 해를 놀았더니 번민만 늘었나 봐요. 시골에 계신 부모님은 내가 이러고 사는 것을 전혀 모르고 계신데, 이 사실을 아신다면 얼마나 놀라시고 낙심하겠어요? 빨리 운이 좋아져서 이렇다할 남자를 데리고 부모님 앞에 나타나야겠는데 그렇게 될까요?"

"당분간은 운이 트이지 않아 그것이 이루어질지는 의문입니다만 일터에 나가 열심히 일하면서 그런 사람을 찾아보면 가능할 수도 있습니다. 아무튼 문제는 차근차근 풀어나가야 하니까 내일 당장 일터를 찾아봐요. 그러면 길이 있을 겁니다."

이렇게 자꾸 일터를 강조하자 그녀는 시무룩한 표정만 지었다. 내년부터라도 운이 확 열려 그럴 듯한 남자를 만나서 걱정 없이 즐겁게 살 것이라고 대답해 주어야 속이 시원해질텐데 아직도 운이 부족하므로 일터에 나가 열심히 살라는 말만 되풀이하고 있으니 답답하다는 표정이다.

그렇지만 아직도 丙申운을 거쳐야 한다. 이 운 역시 申金이라는 병신(病神)운이므로 거짓말을 할 수도 없는 노릇이다. 그때에 또 申중 庚金과 乙庚으로 합신한다. 말하자면 또 다른 남자(庚金)와 주인공인 신주가 합하므로 다시 남자들과 합해서 피해를 보는 기간이다.

그러니 어떻게 그녀가 바라는 대로 당장 되겠다고 말해줄 수 있겠는가? 그래서 희망을 가지고 열심히 살아보라는 말 정도로 그치고 말았다.

상담 후 돌아간 그녀는 다음 해 辛巳년에도 계속 놀면서 여차하면 전화통에 대고 같은 말만 되묻고 또 되물었다. 그때마다 필자는 그전처럼 일터에 나가보라는 똑같은 말만 되풀이해서 대답해 주었더니 나중에는 그녀도 지쳤는지 조용해졌다.

아무 일도 않으면서 감나무 밑에 누워 홍시가 입에 떨어지기를 고대하고 있으니 필자도 할 말이 없는 것이다.

· 사주읽기 ·

이 여명은 신주 乙木이 水왕절의 子월에 태어나 생신하고 있지만 실제로 초목(신주)이 대설에 태어났기 때문에 실령한 것이고 卯辰의 목방이 신주에게 합세하니 외형상으로는 신강하다. 그러나 金을 보아 벌목까지 당할 염려가 있으니 진태오리의 난법(暖法)에 의해 火가 용신이고, 木이 희신이며, 水는 병신이고, 金은 구신이며, 건토는 약신이다. 이 경우 丙午라는 火가 신주와 멀리 떨어져 있어 귀기불통(貴氣不通)인데 그나마 子午 충극으로 午火가 손상된 바람에 丙火까지 허탈해져 용신무력이다.

그러므로 66년생 중 한 여성은 3남 3녀의 형제자매가 있고 어려운 집안에서 성장하다가 상경(上京)해 丁酉의 酉金운행이 남자성이므로 사업에 실패한 60대 남자와 2, 3년 동거생활을 했다. 그러자 남자 부인 측에서 己卯년에 간통죄로 고발하려고 했기 때문에 헤어지고 庚辰년과 辛巳(36살)년 현재 놀고 있다.

　이 여조야말로 乙庚끼리 이리저리 합신하고 더구나 申酉의 金운행을 걸어가고 있는 중이다. 그 金들은 감당하기 어려운 관살혼잡으로 남성들이다. 그리고 곤랑도화와 무례지형까지 겸했다. 그러니 언제 남들처럼 가정이 안정되겠는가? 巳午未의 화방운에나 기대해 볼 수 있지만 다 늙은 기간에 해당되니 안타깝더라도 그나마 좀 다행이랄까.

　본조의 주인공들이 다시 올 시기는 각

　丙午(2146 · 2206, 2386 · 2446)년 대설 후 乙卯일 辰시다.

27

입양을 축하합니다.

 진달래가 한창 만발한 어느 봄날 오후, 한 부인이 사무실로 들어섰다. 얼른 보니 얼굴이 덕스러워 보였고 깨끗하게 노년기를 맞이하고 있었다. 부인은 의자에 조용히 앉더니 나를 한참 살피는 눈치였다. 그러더니 미소를 짓고 이렇게 묻는다.

 "이런 일을 하신 지가 얼마나 되었습니까?"

 "좀 되긴 했습니다만 왜요?"

 "아니 그냥 한 번 물어본 것입니다. 잘 보시는가 어떤가 해서요."

 "글쎄요. 그렇게 말씀하시니까 제 스스로 잘 본다면 자화자찬이 될 것이고 못 본다고 할 수도 없고 그것 참 대답하기 곤란한 일인데요. 하하하"

 필자가 이렇게 응하자 그녀도 따라 웃으며 말한다.

 "그럼 우선 제 사주부터 좀 봐 주실까요?"

 "그립시다."

이렇게 해서 그녀가 불러준 생년월일과 생시를 만세력에서 찾아 아래와 같이 정리했다.

[1939-10-09 여명]

　　정인 己(土木)卯 정재　　04　14　24　34　44　54　64
　　정재 乙(木水)亥 식신　　丙　丁　戊　己　庚　辛　壬
　　신주 庚(金金)申 비견　　子　丑　寅　卯　辰　巳　午
　　편인 戊(土木)寅 편재

얼른 보니 들어올 때 본 첫 인상대로 역시 살결이 곱고 미모라는 金水쌍청(雙淸)이다. 그건 그렇고 많은 재성들 때문에 신약(身弱)해진 사주가 부군성에 해당하는 火가 표면에 없으면서 寅申이 충하여 가정궁이 불안하다는 일시형충(日時刑沖)이고 부군궁인 일지(日支)는 부군성인 火가 병사지인 申金이 자리잡고 있다.

그리고 일주가 간여지동(干與支同)이기 때문에 火가 들어오지 못한다. 그래도 丁丑운행은 신약사주를 土生金으로 생신하는 용신운이니 친정은 괜찮게 살았을 것이다.

그리고 戊寅운행은 寅木이 다시 재성운인데 이것은 재다신약(財多身弱) 사주가 또다시 재성운을 만나 더욱 신약해지면서 부군궁인 일지와 또 寅申으로 충한다. 그래서 寅중 丙火라는 부군성이 손상된다. 그렇다면 부부가 그때 생이별할 수도 있다.

여기까지 우선 대강 사주를 읽고서 내가 입을 열었다.

"처녀 시절 친정이 꽤 잘 살았겠습니다. 그렇지요?"

확인 겸 이렇게 묻자 나를 빤히 바라보고 있던 그녀가 빙긋이 웃으며 말한다.

"그랬어요. 동네에서는 잘 산다는 말을 들은 집이었습니다."

"그리고 혼처도 괜찮은 데가 생겨 시집도 잘 갔겠으나 대강 24살에서 33살 사이에 생이별 수가 들어 있는데 어떻게 그때를 넘겼습니까?"

그러자 그녀가 또 한번 빙그레 웃더니 느닷없이 이렇게 말한다.

"이제 되었습니다. 제 사주는 그만 보고 제 딸 사주 좀 봅시다."

"아니, 아직도 이 사주를 다 보려면 좀 더 봐야하는데…."

그러자 그 부인이 이렇게 말한다.

"제가 무슨 일을 하나 벌리려고 왔는데 선생님이 잘 보시는가 어떤가를 미리 알기 위해 우선 제 사주부터 보자고 했던 것입니다. 제 사주를 맞게 보면 아까 말한 것을 알아볼 것이고 만약 그렇지 않으면 제 사주만 보고 그냥 일어나려 했었습니다. 그런데 금방 제 사주 보는 것을 보니 잘 맞습니다.

저는 어려운 그 당시에도 잘사는 집에서 고생 모르고 컸을 뿐 아니라 도청에 다니는 부잣집 신랑을 만나 선생님 말씀대로 시집 잘 갔다는 소문이 동네방네 자자 했었습니다.

시집은 우리 집과 비교도 안 될 정도로 엄청난 부잣집이었습니다. 총각 때 신랑은 말을 타고 다닐 정도였고 시아버지는 가마를 타고 출입을 했으니까요. 그런데 스물여섯 살 때 느닷없이 남편이 목욕탕에서 심장마비로 쓰러져 그 길로 영영 가버리고 말았습니다. 딸 하나 두고 그런 일을 당해서 그 뒤로 딸과 지금까지 살아오고 있답니다.

그런데 선생님이 지나온 일을 본 듯이 말하고 있으니 잘 보시는 것 같아 제가 벌리려고 한 것까지 알고 싶어졌어요. 그 일은 제 딸 일이자 제 일이라고도 할까 그런 일입니다. 매우 중요한 일입니다"

필자는 그녀의 말을 들으면서 관상과 사주는 딴 판이란 생각이 들었다. 왜냐하면 얼굴이 깨끗하고 살결이 고우며 순하게 생겨 덕스럽게 보였지만 청상과부가 된 뒤로 이제까지 혼자 고생하며 세상을 살아왔다니 타고난 팔자대로 살 뿐 관상과는 거리가 멀었기 때문이다.

얼굴은 세월 따라 늘 변모를 거듭하여 일정한 형태가 없다. 더구나 지금은 여차하면 성형수술로 얼굴을 뜯어 고치는 시대이다. 그러므로 관상이란 믿을 것이 못되는 것이다.

그러나 사주팔자는 시간과 공간을 초월하여 귀신이라도 일점일획을 가감하거나 이리저리 옮겨 바꾸어 놓을 수가 없다. 그러니까 기본틀이 한번 마련되면 좋든 싫든 일생을 그 틀대로 그 안에서 살 수 밖에 다른 도리가 없는 것이다. 그 실제적인 예가 바로 이 부인이지 않은가? 필자는 이 사주가 지나온 운들을 대강 정리하고 부군 사주도 감명했다.

이 여명은 신주 庚金이 水왕절의 亥월에 태어나 실령했고 亥卯의 목국과 寅亥合木 그리고 寅卯의 목방과 乙木 등 재성의 세력이 강해서 신약하다. 이 경우 아무리 金水식상요견관(食傷要見官)이라고 하지만 신약하므로 신약의방의 용법에 의해 金이 용신이고, 습토가 희신이며, 火는 병신이고, 木은 구신이며, 水는 기신이다. 이 경우 일주가 똑같은 金이지만 寅申이 상충해서 申金이 손상된 통에 용신무력이다.

그래도 丁丑운행은 丑土가 희신운이므로 39년생 중 한 여인은 도청(道廳)에 근무하는 부군(乙亥, 己丑, 壬寅, 壬寅)을 잘 만나 외동딸(亥水)을 두었다. 그러나 가정궁이 寅申으로 충극하는 일시형충에 해당하고 寅중 丙火라는 부군성이 손상된 가운데 戊寅운행 중 甲辰년에 상부했다.

그 후로 외딸과 평생을 같이 살면서 庚辰운에는 그런 대로 괜찮게 살았으며 辛巳운행에는 寅巳申이 삼형살이므로 혼자 살고 있다.

본조의 주인공들이 다시 올 시기는 각
己卯(2119 · 2179, 2359 · 2419)년 입동 후 庚申일 寅시다.

[1935-12-27 남명]

상관	乙(木水)亥	비견	05	15	25	35	45	55	65
정관	己(土土)丑	정관	戊	丁	丙	乙	甲	癸	壬
신주	壬(水木)寅	식신	子	亥	戌	酉	申	未	午

비견 壬(水木)寅 식신

· 사주읽기 ·

신주 壬水가 癸水를 간직한 土왕절의 丑월에 태어나 통근은 했으나 극신을 당하고 많은 木에게 水洩木으로 설신이 심하니 신약하다. 따라서 신약방조의 용법에 의해 水金이 용신이고, 土火는 병신이며, 木은 기신이다. 이 경우 亥丑의 수방이 조상터인 연월에 있고 초반에 亥子의 수방운을 만나 명문가의 형상이다.

그러므로 35년생 중 한 명은 6남매의 형제자매가 있으면서 亥子의 水운행에 기와집이 세 채인 시골의 부농에서 애지중지 성장하며 국립대학을 졸업하고 도청에 출신했다.

그러나 丙戌의 火土운행은 병신운으로 金이 없어 소통이 안된 가운데 甲辰(30세)년은 木이 다시 왕성해진다. 그러므로 목욕하다 갑자기 사거하고 말았다. 그는 부인(己卯, 乙亥, 庚申, 戊寅)과의 사이에 외동딸(己丑은 같은 土)을 남겼다.

본조의 주인공들이 다시 올 시기는 각

乙亥(2115 · 2175, 2355 · 2415)년 소한 후 壬寅일 寅시다.

다음은 딸과 사위의 명기들이다.

[1902-01-18, 1962-01-06 여명]

정재 壬(水木)寅 정관　07　17　27　37　47　57　67

정재 壬(水木)寅 정관　辛　庚　己　戊　丁　丙　乙

신주 己(土木)卯 편관　丑　子　亥　戌　酉　申　未
정관 甲(木水)子 편재　02　12　22　32　42　52　62

[1960-06-09, 2020윤4-26 남명]
겁재 庚(金水)子 식신　02　12　22　32　42　52　62
상관 壬(水火)午 편관　癸　甲　乙　丙　丁　戊　己
신주 辛(金木)卯 편재　未　申　酉　戌　亥　子　丑
정재 甲(木火)午 편관　06　16　26　36　46　56　66

위의 딸 사주를 보니 신주와 같은 土는 형제자매의 별자리(兄弟姉妹星)인데 다른 곳에 전혀 없으니 외동딸이라는 말이 맞기는 맞다. 그런데 신주가 土生金으로 생산하는 자녀성인 金이 전무(全無)하다. 설령 있다손치더라도 텅 비었다는 공망살(空亡殺)에 해당한다.

신강한 여명(女命)은 자녀성이 없어도 자녀들이 있지만 이 사주는 종격(從格) 여명으로 가정궁이자 자녀궁인 일시가 子卯로 형살이기 때문에 자녀를 두기가 어렵다.

그래서 부인에게 말했다.

"따님 사주에 자녀를 나타내는 글자가 안보입니다."

· 사주읽기 ·

이 여조는 신주 己土가 木왕절이 시작된 寅월에 태어나 실령했는데 지지에 생신해 줄 火土가 전혀 없어서 水木의 세력에게 순종하는 종살격이 되었다. 이 경우 재성들이 관성을 생조하고 있어서 명관과마격을 이루고 있으므로 그 부군이 공직에 나아갈 형상이다. 그래서 62년생 중 한 여인은 그 부군(庚子, 壬午, 辛卯, 甲午)이 戊寅년 현재 국가기관에서 운영하는 기업체에 대리로 근무 중이다.

한편 신주와 같은 土는 형제자매인데 다른 곳에 일점도 없으므로 그녀는 무남독녀로 태어났고, 세살 때 부친과 사별했다. 부친성인 재성의 水가 子卯로 형살이고 모두 설기가 심하여 무력하기 때문이다. 그리고 자녀성인 식상의 金이 전무해서 자녀를 일체 두지 못했으므로 양녀를 두 명 입양했다. 그 부군의 명기에 공망된 자녀이나마 둘이 있기 때문이다.

亥子丑의 水方운행은 水木이 협력해서 순탄했고 戊戌은 寅戌로 火局과 卯戌이 合火해서 水木火가 순생하니 무난하다. 그러나 酉운은 부군궁이자 사주에서 대세를 움켜쥐고 있는 木의 세력과 卯酉가 상충해서 가정에 변화가 심할 때지만 土洩金시켜 金生水하고 水生木으로 소통되니 무난하리라.

본조의 여주인공들이 다시 올 시기는 각
壬寅(2142·2202, 2381·2442)년 입춘 후 己卯일 子시다.

그러자 부인이 고개를 끄덕이며 말한다.
"그 문제로 온 겁니다. 사위 사주에도 없는가 한 번 보아주시겠습니까?"
그래서 그녀가 불러준 사위의 생년월일을 따라 딸 사주 옆(여기서는 아래)에 나란히 정리해 놓고 유심히 살폈다.

· 사주읽기 ·

신주 辛金이 火가 왕성한 午월에 태어나 木의 생조를 받은 두 개의 午火에게 극신을 당하니 신약사주. 따라서 신약방조의 용법에 따라 土金이 용신이고, 木火는 병신이며, 水는 극신하는 火를 제압해서 신주를 보호해 주니 식상제살법에 의해 길신이다. 그러므로 60년생 중 한 명은 申酉戌의 金方운행에 대학을 순조롭게 나와 금융계로 진출해서 38세에 대리가 되었다. 이어 亥子丑의 水方운에는 병신인 火를 제압하므로 더욱 발전할 것이다. 庚辰년에는 아파트가 당첨되어 이사했다.

그런데 그는 아이를 전혀 낳지 못해서 여아(癸酉, 丙辰, 己未, 庚午)를 한 명 입양했다. 그리고 한 명의 여아(丁丑, 癸卯, 戊午, 壬戌)를 또 입양했다. 이 명기는 자식성인 관성의 火가 두개나 있지만 둘 다 텅 빈 공망살이 도사렸고, 子午가 상충하여 손상되었기 때문에 흔적만 남아 있어서 두 아이를 입양할 형상이다. 그 부인(壬寅, 壬寅, 己卯, 甲子)의 사주에는 아예 자녀성인 식상이 하나도 없다.

본조의 주인공들이 다시 올 시기는 각

庚子(2200 · 2260, 2440 · 2500)년 망종 후 辛卯일 午시다

남자 사주는 火가 자녀성인데 두 개나 있다. 이상해서 다시 여러 가지를 적용해 보았다. 그랬더니 둘 다 공망살이 침범했다.

둘이나 있지만 그게 모두 텅 비었다는 살이 도사리고 있으니 유야무야(有耶無耶)하다는 결론이다.

그래서 부인에게 말했다.

"사위 사주에는 자녀성이 둘이 있지만 그게 있으나마나 한 형상입니다. 그래도 둘이나 자리를 잡고 있으니 양자나 입양해야 할 것 같습니다."

이렇게 처방을 내리자 부인이 말한다.

"그러니까 내 딸만 자식이 없는 팔자가 아니라 사위도 그렇다는 말인데, 그것도 모르고 사돈네들이 어디 가서 물어보면 자기 아들 사주에는 둘이나 있는데 며느리 사주에 없어서 자손을 못 둔다고 한숨 섞인 말투로 두 사람이 있는데서 여차하면 말하곤 한답니다.

부모와 따로 살고 있긴 하지만 만날 때마다 그런 말을 들으니 제 딸이 기가 죽어 말이 아니었어요. 저희 내외 정은 나쁘지 않은데 말입니다. 그래서 생각다 못해 사위와 상의했습니다."

부인은 여기서 말을 중단하고 손가방을 열더니 메모해 온 종이 한 장을 내 앞에 내민다. 그래서 받아 펴보니 생년월일과 생시가 적힌 것이 두 개나 있지 않은가? 그래서 내가 물었다.

"이게 무엇입니까?"

그러자 부인이 이렇게 말하는 것이 아닌가.

"이건 둘 다 여자아이들입니다. 제가 사위 내외와 상의하고 몇 달 전부터 H아동복지회관에 가서 입양할 만한 아이들을 물색했습니다. 아이들을 찬찬히 살핀 후 둘을 지정해서 생년월일을 물어 적어온 것입니다. 둘 중에 하나를 입양할까 하고 말입니다."

그래서 나는 두 사주를 뽑아 아래와 같이 도표를 작성했다.

[1933-03-29, 1993-03-17 덕희]

편재 癸(水金)酉 식신　04　14　24　34　44　54　64
정인 丙(火土)辰 겁재　丁　戊　己　庚　辛　壬　癸
신주 己(土土)未 비견　巳　午　未　申　酉　戌　亥
상관 庚(金火)午 편인　09　19　29　39　49　59　69

[1937-02-20, 1997-02-09 덕영]

정인 丁(火土)丑 겁재　01　11　21　31　41　51　61
정재 癸(水木)卯 정관　甲　乙　丙　丁　戊　己　庚
신주 戊(土火)午 정인　辰　巳　午　未　申　酉　戌
편재 壬(水土)戌 비견　06　16　26　36　46　56　66

개인 프라이버시 때문에 여기서는 편의상 93년생을 덕희라고 하고 97년생은 덕영이라고 하자.

덕희는 모친성인 火가 둘이니 어머니 외에 또 다른 어머니가 있는 사주로 金이 용신인데 중년에 金운행이 이십여 년간이나 들어 있다. 직업보다 운이 중요한 것인데 이 여명(女命)은 水金이 길신이므로 예체능 계통이나 그 밖의 재물로 크게 한바탕 득세할 수 있다. 상당히 쓸 만한 사주이다.

그리고 덕영이 사주는 壬癸라는 재성들이 戊癸로 합신하고, 午

戌로 합신하면서 壬水도 합신하여 재다합신(財多合身)이니 생진사초(生秦事楚)이다. 그 말은 진나라에서 태어나 초나라에서 산다 또는 섬긴다는 뜻이니 낳은 부모 따로 있고, 자랄 부모 따로 있다는 명조이다. 이 여명은 木이 용신이고, 水가 희신인데 초반에 甲辰이라는 木운부터 만났다.

두 사주를 뽑아 읽으면서 이런 생각에 휩싸였다. 이 둘 중 나의 말에 따라 하나만 국내에 입양될텐데 이 문제를 어떻게 해야 할까? 하나를 선택해 주면 나머지 한 명은 탈락될 것이고 그러면 그 애는 어떻게 될까? 상당히 괴로운 문제가 아닐 수 없다. 이럴 때는 솔로몬의 지혜가 필요할 때다. 그러나 나의 우둔한 머리로 어떻게 솔로몬의 명판결이 나올 수 있을까 걱정이다. 사주학에 의하면 덕희 명조가 더 낫다. 그렇다면 덕영이는 어떻게 해야 할까? 상담하다가 이런 일은 처음 만났다.

결론을 내려야 할 차례지만 부인과 다른 이야기를 더 하며 천천히 그 방법을 찾기로 마음먹고 이렇게 말했다.

"시집에서는 모르는 일입니까?"

그러자 부인이 이렇게 말하는 것이 아닌가.

"열 달 전인 작년부터 딸이 임신했다는 소문을 내고 배가 불러오는 것처럼 두툼한 옷들을 배에 겹쳐서 두른 채 지금까지 왔습니다. 달이 다 찼어요. 그래서 며칠 새에 입양해야 할 처지입니다."

그 말을 듣고 보니 좀 이상했다. 왜냐하면 상담하고 있는 지금은 丁丑년이니까 덕영이는 丁丑생이므로 배가 불러 낳았다고 할 수 있지만 덕희는 그보다 다섯 살이나 많은 癸酉생이므로 그런 아이를 주위 사람들 특히 시집 댁에 보인다면 금방 탄로가 날 것이 아닌가? 걱정이 또 하나 더 첨가된 것이다. 진땀나는 상담이다. 우선 이 걱정부터 풀어야 했다.

그래서 부인에게 말했다.

"그렇다면 지금 다섯 살짜리는 시집 식구들이 그냥 알아볼 테니 입양을 못하는 것이 아닙니까?"

의아한 말투로 부인을 향해 묻자 그녀는 뜻밖에 간단히 대답한다.

"만약 큰 아이 사주가 더 낫다면 그 아동복지회관에서 금년에 태어난 아이까지 함께 데려올 판입니다. 거기서 물어보니 잠시 맡아서 기른 경우도 있다고 해요. 그러니까 작은 아이까지 함께 데려다가 시집식구들이 볼 때는 작은 아이만 보이고 큰애는 나 혼자 사는 집에 두었다가 나중에 나이를 낮추어 키우면 되지 않겠습니까? 그건 걱정 마시고 어떤 애가 더 나은가 그것만 말씀해 주세요."

역시 여자들의 직감과 순발력은 알아줄 만하다. 괜히 나 혼자 이중으로 걱정을 사서 했던 것이다. 그러나 저러나 부인이 또 누가 더 낫냐고 다그치니 처음에 걱정했던 문제가 코앞에 떨어졌다.

"참으로 복 받을 일입니다. 제 부모도 버린 생령(生靈)들을 입양해서 키우려고 하니 그 공이 어디로 가겠습니까? 두고두고 찾아 쓸 예금통장을 미리 장만해 놓는 것이나 다름없는 일입니다."

이렇게 일단 축복부터 하며 대답을 정리했다. 그리고는 잔뜩 궁금하게 기다린 부인을 향해 말했다.

"둘 다 놓치기 아까운 아이들입니다. 큰애나 작은 아이나 키워 놓으면 한 가락씩 할 아이들입니다. 그래서 키워준 보람이 있고 그 보답을 꼭 할 아이들인데, 큰애는 작은 아이보다 남자답고 포부가 더 커서 여장부가 될 수 있어요. 그리고 작은 애는 비록 부모는 일찍 헤어졌다고는 하지만 공부를 아주 잘해 양부모에게 즐거움을 줄 아이입니다."

이렇게 말하면서 그 의향을 은근히 기다리고 있었다. 그 때 부인이 말한다.

"그럼 둘 다 입양을 해볼까요? 가만히 있자…. 한꺼번에 쌍둥이를 낳았다고 할 수는 없고…."

부인은 한참 무엇인가 골똘히 생각에 잠겼다. 그러더니 이어 말한다.

"그것 잘된 일인지도 모르겠네요. 작은애까지 데려다가 우선 키워보고 내년쯤 해서 또 낳았다고 하고 작은애도 입양하면 될 것도 같은데…. 아무튼 그 일은 저의 내외에게 새로 상의해야 할 일이니까 우선 큰애부터 정식으로 입양하고 나서 나중에 생각해볼 일인 것 같습니다.

큰애를 제가 잘 살펴 보았는데 내 맘에 꼭 들었어요. 생김새가 선생님 말씀대로 크면 여장부가 될 것 같은 예감이 들었습니다.

그 애 눈이 초롱초롱 살아 있더라구요.

 그 애를 보러가던 전날 밤에 꿈을 꾸었는데 옛날 친정 할머니가 아이를 낳아 내가 받았습니다. 그 할머니가 그 동네에서 여장부로 통했거든요. 그 꿈을 꾼 후 그 날 그 애를 만났기 때문에 예삿일이 아닌 듯 했습니다."

"모르긴 해도 아마 그 애는 친정 할머니가 다시 환생한 것인지도 모릅니다. 할머니가 이 세상에 다시 오면서 잠시 엉뚱한 부모를 만났다가 이제 본래의 인연을 제대로 찾아 오려고 한 것인지도 모를 일입니다.

 미국에서 여러 명의 정신과 의사들이 전생요법이란 보고서들을 발표해놓은 책을 본 적이 있는데 거기에 보면 입양해서 한 가족으로 살게 되는 것도 전생이나 전전생에 함께 살았었다는 사실들이 증명 되었어요. 그저 우연히 만나게 되는 것이 아닙니다. 뭔가 꼭 인연이 있었습니다. 그런데 작은 애는 어떻게 알게 되었습니까?"

"작은 애는 그 큰애를 여러 번 자세히 살피러 다니던 도중에 보게 된 거구요. 그런데 하나 더 물어봅시다."

"무엇을 말입니까?"

"키워놓으면 나중에 속 썩힐 일은 하지 않겠습니까? 제 뱃속으로 나서 키워놓은 자식들도 제 부모 속을 썩히는 자식들이 세상에는 많지 않습니까. 그게 걱정이 돼서…"

"그런 걱정은 마십시오. 이 아이들은 운이 좋아서 그런 일은 없을 겁니다. 잘 키워보십시오. 그러면 그 보답이 반드시 있을 겁니다. 보답을 바라고 키우는 것은 아니지만 기왕이면 운이 좋은 아이들이 더 낫지 않습니까."

이렇게 해서 진땀나는 상담을 끝내고 부인은 돌아갔다.

그 후 삼 년쯤 지난 어느 날 그 부인이 두 아이를 직접 데리고 필자를 방문했다. 눈짓으로 그때 상담했던 아이들이란 시늉을 보냈다. 나는 특별한 상담 이었기에 잊지 않고 있었으므로 대번에 알아차렸다. 애들이 할머니를 잘 따랐다. 부인은 애들을 밖으로 내보낸 후 만면에 웃음을 가득 머금고 이렇게 말했다.

"하나만 입양해 놓고 보니 저 혼자 쓸쓸할 것 같아 남은 애까지 입양시켰더니 둘이 아주 잘 어울려 논답니다. 둘 다 그때 선생님에게 물어 보았던 아이들입니다."

"참으로 잘 했습니다. 욕심이 많군요. 복을 하나 더 받으려고 둘 다 입양을 시켰으니까 말입니다. 저축 통장을 또 하나 더 장만했군요."

이렇게 말하고 부인과 나는 한참 동안 즐겁게 웃었다. 버리는 자는 영원히 복을 내버린 것이지만 맞아들여 키운 자는 두고두고 복을 쌓는 것이다.

· 사주읽기(덕희) ·

이 여조는 신주 己土가 土왕절의 辰월에 태어나 득령했고 일주가 똑같은 土이며 午未의 화방과 丙火가 생신하니 신강하다. 따라서 신강의재의 용법에 의해 水가 용신이고, 金이 희신이며, 土는 병신이고, 火는 구신이다. 그러므로 巳午未의 火方운행은 불길운이다. 그렇지만 辰土가 火의 기를 흡수해 辰酉合金으로 소화하기 때문에 아주 나쁜 운이 아니다. 이 사주는 모친성인 火가 丙火와 午火로 두 개가 있어 모외유모의 형상이고 전반운이 불길하다.

그래서 93년생 중 한 여자는 H아동복지회관에 맡겨져 입양을 기다리고 있었다. 그러다 필자의 천거로 양부모를 만났다. 申酉戌의 금방운행에는 재물과 예체능계 또는 기타로 기어이 빛을 보리라.

본조의 주인공들이 다시 올 시기는 각

癸酉(2173 · 2233, 2413 · 2473)년 청명 후 己未일 午시다.

· 사주읽기(덕영) ·

이 여명은 신주 戊土가 木왕절의 卯월에 태어나 극신을 당하니 실령해서 신약사주로 출발했다. 그러나 억센 양인인 午火가 午戌로 화국을 이루어 생신하고, 戊癸가 合火해서 신주를 생조할 뿐만 아니라 丑戌의 土가 신주의 土에게 가세하니 신강사주로 변했다. 따라서 신강의극의 용법에 의해 木이 용신이고, 水가 희신이며, 金은 병신이고, 土는 구신이며, 火는 약신이다.

이 경우 午戌이 합신하자 함께 배치된 壬水라는 재성도 합신하고 戊癸가 합신하자 癸水라는 재성도 합신한다. 이렇게 재다합신이면 생진사초에 해당한다. 그리고 모친성인 丁火가 癸水에게 충거되고 또 다른 午火라는 모친성이 있어 모외유모의 형상도 겸했다. 그래서 97년생 중 한 여자아이는 H아동복지회관에 있다가 국내에 입양되어 부모가 둘이 된 것이다. 己酉운행부터 불길하다.

　본조의 주인공들이 다시 올 시기는 각

　丁丑(2177.2337, 2417·2477)년 경칩 후 戊午일 戌시다.

28

신이 들려야 사주를 본다고?

 어느 날 칠십 대쯤 되어 보이는 노신사가 방문했다. 그 분은 나이가 칠십이 넘었지만 건강상태가 매우 좋아 육십 대 정도로 젊어 보였다. 그분은 어느 도서관에서 필자의 책을 읽고 방문한 것인데, 서로 이야기를 나누다보니 필자와 친인척이 되는 분이어서 금방 가까워진 분위기가 되었다.

 그 분은 중학교 선생으로 있다가 정년퇴직한 뒤로 십여 년 동안 틈틈이 사주 공부를 해왔는데 하면 할수록 오리무중이라는 것이다. 그러면서 이렇게 말한다.

 "사주는 공부만 한다고 해서 되는 것이 아니고 신이 들려야 볼 수 있는 것이라고 보는데 어떻게 생각합니까?"

 아무리 십여 년을 공부해 왔다고는 하지만 그것도 독학이고 체계적으로 공부하지 않았기 때문에 그런 말이 나올 법도 하다. 이런 경우는 이론적으로 뭐라고 설명해 보았자 별로 효과가 없다. 실제 사주를 가지고 해설하는 것이 훨씬 빠르게 이해가 될 것이다. 그래서 꼭 보고 싶은 사주가 있으면 하나만 우선 말씀해보라고 했다. 그러자 아래와 같은 사주의 생년월일을 말하여 도표를 작성해서 살펴보았다.

[1901-08-22, 1961-08-10 남명]

편관 辛(金土)丑 편재　09　19　29　39　49　59　69
식신 丁(火金)酉 편관　丙　乙　甲　癸　壬　辛　庚
신주 乙(木木)卯 비견　申　未　午　巳　辰　卯　寅
상관 丙(火土)戌 정재　04　14　24　34　44　54　64

아무튼 학술을 겸해서 이 사주를 말해야 할 차례이다.

"이 사람이 누구인지 모르지만 주위 사람들을 제압하는 면모가 있지 않습니까?"

"그렇긴 그런데 그걸 어떻게 알 수 있단 말이오?"

필자는 그 분을 향해서 빙그레 웃어 보이며 말했다.

"저도 귀신이 좀 들려서 그렇게 봅니다. 하하"

그러자 그분이 의아한 눈으로 나를 빤히 들여다보듯 한참 동안 바라보는 것이었다. 나는 더 빙그레 웃으며 말했다.

"이 사주는 식상제살격(食傷制殺格)이라는 학술 용어가 적용됩니다. 대개 이 격들에 속한 주인공들은 다른 사람들 앞에 나서서 그들을 통솔하는 면모가 있어요. 그래서 한 번 확인해본 것입니다. 이 사람 누굽니까? 이 사람에 대해서 잘 알고 계십니까?"

이렇게 다그치듯 묻자 그분이 말했다.

"바로 내 아들이요."

"그럼 왜 식상제살격인가를 말씀 들릴테니 귀신이 씌어서 그런가 학술적인가 한 번 판단해 보십시오.

주인공에 해당하는 신주가 乙木인데 金이 왕성한 酉월에 태어났습니다. 그 金이 酉丑으로 금국(金局)을 이루고 또 酉戌로 금방(金方)을 이룹니다. 그렇게 억세진 금국과 금방에 뿌리를 박고 辛金까지 나타나서 金들이 떼를 지었지요?"

"그렇소만…."

응답으로 보아 거기까지 설명은 소화가 된 듯했다.

"그렇게 金의 세력들이 막강해진 채로 신주인 초목(乙木)을 金克木하니 주인공인 신주가 사면초가에 몰려있어요. 말하자면 金들이 乙木을 에워싸고 벌목(伐木)해서 없애버리겠다는 형국입니다. 그래서 주인공인 신주가 매우 다급한 지경에 처했습니다.

이런 때는 신주의 강약을 따지지 않고 그 金들을 물리쳐(克) 위급한 상황에 처한 신주부터 구해내야 합니다. 그래서 火를 사용하여 火克金으로 金을 공격해야 신주가 생존할 수 있어요. 그 火는 그 역할만 하는 것이 아니고 한로(酉月)에 태어난 乙木을 따뜻한 햇빛으로 쪼여 기후까지 조절해 주는 역할도 겸하고 있습니다. 바꿔 말해 일거양득에 속한 火입니다. 그 火가 보시다시피 식신과 상관이지요.

그것들을 통틀어 한마디로 식상이라 하고 그것을 사용하여 살성(殺星)인 편관들을 다스린(克)다고 해서 아까 말한 대로 식상제살격이라는 학술 용어를 씁니다. 여기서 사용(使用)한다는 말은 그 사주가 쓸 용신(用神)이란 말이지요. 어때요? 논리적입니까 아니면 신을 빌려 말한다고 생각되십니까?"

그러자 그 분이 이렇게 묻는다.

"하하, 아주 논리적이오. 그런데 내 아들을 한 번도 본 적이 없으면서 어떻게 남을 제압하는 풍모를 가지고 있다고 알아냈소?"

"사주학에는 이인화지(以仁化之)와 이력복지(以力服之)라는 용어가 있습니다. 전자는 어진 마음으로 적들을 순화시키는 것이고 후자는 힘으로 적들을 복종시킨다는 뜻입니다.

이 사주에 있어서 적은 金인데 그 金과 신주인 木이 서로 대적(克. 金克木)하고 있을 때 인성인 水로 소통(金生水하고 水生木으로)시킬 경우 이것은 水가 모친(印星)으로서 아들(木)을 해치는 金—여기서는 之자에 해당—을 어진(仁) 마음으로 중간에서 순화시켜주기 때문에 이인화지라고 합니다.

그러나 식상이란 힘을 활용해서 적들을 제압—克. 이 사주는 火克金—하는 형국이면 이력복지가 됩니다. 이런 형국의 주인공들은 대개 사람들을 제압하는 모습을 지니고 있습니다.

이 사주가 바로 한신(韓信)이나 항우(項羽)의 사주와 같은—이마당 말미에 두 사주가 있음— 이력복지의 형국이기 때문에 맨처음에 그와 같이 확인해 본 것이죠. 어때요? 논리적입니까? 신을 빌려 본 것 같습니까?"

그 분의 편견을 없애주기 위해서 이번에도 말끝에 아까와 같이 재차 반문해 보았다. 그러자 정색을 하고 정중한 표정을 지으며 말했다.

"정말 논리적이오. 그런데 그것을 어디서 배웠소?"

필자는 사주학에 속한 경전들을 여러 권 꺼내 보이며 말했다.

"이 책들을 보십시오. 책마다 손때가 시커멓게 묻어있지 않습니까? 몇십 번씩 읽었는지 저도 잘 모릅니다. 낱낱이 수십 번씩 읽고 그것들을 종합해서 총체적으로 다시 구성해 보았습니다. 그랬더니 뭔가 나왔습니다. 방금 사용한 학술 용어를 포함해서 다른 용어들도 다 이 책들 안에 있습니다. 제가 어디서 귀신을 빌려다가 보는 것이 아닙니다. 귀신이 학술 용어 가르쳐 줍니까?"

그분은 놀란 듯한 표정을 오래 짓고 한참 후 말한다.

"그런 줄도 모르고 나는 공부를 아무리 해봐도 오락가락만 해서 이런 것은 신이 들려야 볼 수 있을 것 같은 생각이 많이 들었어요. 그래서 내가 자꾸 신 이야기를 한 것이지. 그런데 어떤 저자들은 천기누설이라고 말하기도 하지 않소? 그 말 자체가 어쩌면 신이 들려야 한다는 말로도 들리거든."

"천기누설이란 말을 사용한 사람들은 뭔가 아주 잘못된 것입니다. 그런 말을 하는 사람들이 노리는 것은 자기만이 뭔가를 터득한 체 하기 위해서나 사주학을 신비화하기 위해서 그런 말을 합니다.

또 심지어 어떤 사람은 무슨 산 속에 들어가서 도통을 했다는 식으로 말하는 사람들도 간혹 있어요. 그렇지만 사주도 학문이기 때문에 누구든지 열심히 공부하면 그만큼 수준급에 올라올 수 있어요. 탐구하기에 따라서는 누구나 선생을 능가(靑出於藍)할 수 있고 더 많이 연구하면 심오한 학술도 개발해낼 수 있습니다.

　그런데도 자기만이 특별히 알고 있거나 신비한 학문을 알고 있는 것처럼 천기누설이니 도통이니 하는 괴상한 말들을 함부로 내뱉고 있습니다. 이 사주를 제가 학술적으로 해석해 드렸는데 어떻습니까. 천기누설같이 들렸습니까?"

　"설명하는 것을 들어보니 어려운 공부를 아주 깊이 했구먼."

　"사람들은 보통 사주 공부쯤은 별 것 아니라고 가볍게 생각하고 입문하지만 이 학술이 만만치가 않습니다. 언젠가 알아줄 만한 대학을 나온 현직 공무원인 젊은 사람이 이 학문을 취미 삼아 배워보겠다고 찾아 왔는데 며칠 후 그 사람 하는 말이 "아, 이것 만만치 않은데요. 정식으로 대학 노트를 준비해서 차근차근 배워야 할 것 같습니다."고 했어요. 그 사람 말대로 기초부터 체계적으로 차근차근 실력을 쌓지 않고 여기서 조금 저기서 조금 조각조각 배워 놓으면 누더기 지식만 되어 혼란만 가중됩니다. 그래서 아까 말씀한 오리무중이란 말이 나오는 것입니다."

　"그런 줄도 모르고 나는 관련된 책만 많이 보면 될 것으로 생각했지. 그래서 지금 사람들이 내보낸 이 책 저 책들을 섭렵했어. 그렇게 여러 책들을 보게 된 까닭은 행여나 이 책에는 어떤 조리가 있지 않을까 해서 사보지만 책마다 말이 다 다르고 이론도 각기 달라 점점 더 복잡해지더라고.

그래서 나중에는 아마 신이 들려야 하는가 보다 생각하고 요즈음에는 그런 책들을 거의 보지 않고 있지. 그런 중에 도서관에서 이 책이 눈에 뜨여 보았더니 일리가 있는 것 같더라고. 그래이렇게 직접 찾아와서 들어보니 진짜 일리랄까 논리랄까 그런 것이 있구먼. 아무튼 그건 그렇고 이왕 이야기가 나온 김에 이사주 운 좀 보아줘요."

필자는 지나온 운부터 먼저 점검하기 시작했다.

네 살부터 丙火운이 시작되었으니 용신운이므로 약 5년 간은 괜찮은 환경에서 성장하며 똑똑하다는 말을 들었을 것이다. 그리고 그 후는 申金운이니 이것은 申酉戌이 다 모여 벌목하려고 하는 병신운이므로 학력도 별스럽지 못했을 것이며 집안도 발전하지 못했을 것이다.

그것을 점검했더니 이분이 선생이었으므로 생활은 괜찮았는데 공부가 시원치 않아 기대했던 고등학교를 들어가지 못했다고 한다. 乙未운행은 좀 낫지만 그것도 특별한 효과가 없어서 대학도 보통학교를 나왔다.

그러나 24살부터 甲午운행은 木火로 午戌이 화국을 이루어 매우 반가운 운이다. 일생 중 가장 잘 만난 운이다. 그래서 내가 말했다.

"대략 24살부터 약 10년간은 일생 중 가장 황금기입니다. 그때 실제로 그랬었습니까?"

"그 무렵 시원치 않은 대학을 나와 보니 취업 자리가 마땅치 않을 것 같아서 해외로 유학을 보냈어요. 거기라도 갔다 오면 일자리가 훨씬 더 좋게 걸릴 것으로 보고 보냈던 것이지. 그래서 유학 기간이 오래 걸렸는데 아무튼 그때가 그 애로 보아서는 아까 말한 것처럼 쓰고 싶은 대로 쓰고 가장 편했던 시기라면 그런 셈이지.

"전공이 무엇이었습니까? 이 사주는 卯酉戌이 다 있어서 의약 계통도 할 수 있는데요."

"아 어떻게 된 판인지 경제학과를 나와 전공과는 달리 무슨 안경사 자격증을 따오더군. 그것도 10년이나 유학을 해서 말이오. 그 후 아무튼 한약회사에 들어갔어. 그리고 거기서 아까 말한 대로 사람들을 다루는 일을 했어요. 사람을 제압하는 면모가 좀 있으니까 채용한 거지."

그 말을 들으며 癸水라는 병신운을 짚어보았다.

"그런 의약업 계통에 그대로 계속해서 있어야 하는데 39살 근방에서 그만 두지 않았던가요?"

"아 글쎄 말이여. 그대로 있어야 하는데 자기 사업을 해보겠다고 나와서 좀 하다가 내가 대준 밑천까지 다 날려 버리고 말았지. 금년(辛巳년)에는 놀고 있으니까 부부 사이도 험난해진 것 같아."

이어 巳火운행은 사주에 있는 것들과 巳酉丑으로 완전히 금국을 이루니 이 또한 병신운이 강해졌다. 그러므로 당연히 풀리지 않고 오히려 더 궁지에 빠질 운이다. 이런 운에는 자기 사업을 하면 백발백중 실패다. 그래서 내가 처방을 말해야 할 차례다.

"하루라도 빨리 사업은 그만 두고 이런 불길한 운에는 직장 생활로 그 기간을 때워야 합니다. 말하자면 내 운이 불리할 때는 몸으로 때우는 남의 집 밥을 먹어야 한다는 그 말입니다."

필자의 말을 들은 그분은 막연한지 무표정하다가 돌아갔다. 그 뒤 壬午년에도 다시 만났는데 역시 놀고 있는데다가 부부간에 이혼 이야기까지 심화되고 있다는 것이다.

'장남이 잘 되어야 부모가 편한데….'라는 그분의 말이 여운을 남긴다.

· 사주읽기 ·

신주 乙木이 金왕절의 酉월에 태어나 실령했고 酉丑의 금국과 酉戌의 금방 그리고 辛金에게 극신을 심하게 당해 신약하다. 따라서 식상제살의 용법에 의해 火가 용신이고, 木이 희신이며, 水는 병신이고, 金은 구신이며, 건토는 약신이다.

그러므로 61년생 중 한 명은 식상제살격답게 사람을 제압하는 면모가 있고, 午未의 木火土운행에 유학까지 했으나 癸巳의 水金-巳酉丑금국-운행을 만나 아무 일도 못하고 무직 상태에 들어갔다. 그는 卯酉戌이 다 있어 의약업에 관여할 수 있는데 이 경우 실제 주인공은 아무 일도 안 되자 안경사 자격증을 땄다. 그래도 壬辰운행까지 불길하므로 자격증의 효과가 의심이요, 부인(甲辰, 丙寅, 乙未, 壬午)과의 사이에 1녀 1남을 두었다. 나머지 운행은 甲午운행만 못하다.

본조의 주인공들이 다시 올 시기는 각

辛丑(2141 · 2201, 2381 · 2441)년 백로 후 乙卯일 戌시다.

아래는 아들의 부인 명기이다.

[1904-01-16, 1964-01-04 여명]

겁재 甲(木土)辰 정재	09	19	29	39	49	59	69
상관 丙(火木)寅 겁재	乙	甲	癸	壬	辛	庚	己
신주 乙(木土)未 편재	丑	子	亥	戌	酉	申	未
정인 壬(水火)午 식신	04	14	24	34	44	54	64

· 사주읽기 ·

이 여조는 신주 乙木이 木왕절의 寅월에 태어나 득령했고 寅辰의 목방과 甲木이 신주에게 합신하니 신강하다. 그렇지만 태어난 寅월은 아직도 꽃샘추위가 한창이므로 조후법과 신강의설의 용법에 의해 火가 용신이고, 木이 희신이며, 水는 화세가 강하므로 한신이며, 金은 병신이며, 土는 대체로 구신이다.

그러므로 64년생 중 한 여성은 甲子의 木운행에 대학을 졸업하고 유학 중에 부군(辛丑, 丁酉, 乙卯, 丙戌)을 만나 1남 1녀를 두었다. 癸亥운행은 寅亥合木되어 木生火로 용신을 도와 그녀는 어학 학원 계통에서 壬午년 현재 일하고 있는데 상관이 용신이기 때문이다.

한편 이 여명은 부군성인 金이 없고 식상은 왕성해 金이 약세에 놓였다. 게다가 壬戌운행은 부군궁인 일지와 未戌로 형살이고 寅午戌로 화국을 이루어 없는 金을 공격하므로 그 부군이 무직 상태이고 이혼을 크게 거론하고 있다. 申酉戌의 金方운행은 어려운 기간이리라.

본조의 주인공들이 다시 올 시기는 각

甲辰(2144 · 2204, 2384 · 2444)년 입춘 후 乙未일 午시다.

이하는 앞에서 그 분과 대화하면서 소개했던 한신과 항우의 사주들로 식상제살격의 명조들이다. 그 격으로서 주인공들의 통솔력을 실제로 설명해 주는 예조들이다. 둘 다 호운을 만났을 때는 남을 통솔해서 한 세상을 풍미했다. 그러나 불운을 만났을 때는 예외 없이 모두 비참했던 것이다.

편관 辛(金金)酉 편관

식신 丁(火金)酉 편관　丙　乙　甲　癸　壬　辛　庚

신주 乙(木木)卯 비견　申　未　午　巳　辰　卯　寅

비견 乙(木金)酉 편관

· 사주읽기 ·

신주 乙木이 金왕절의 酉월에 태어나 실령했는데 네 개의 金들이 떼지어 金克木으로 신주를 벌목(伐木)하려고 몰려드니 신주가 당장 위급지경에 처했다. 그래서 마치 형양 땅 영양성에서 진을 치고 있던 한나라의 유방이 초패왕의 항우와 그의 적장들인 종이매, 항백에게 대패하여 쫓기다가 가슴에 화살까지 맞아 목숨이 경각에 달린 형세와 흡사하다.

그러니까 신주인 乙木이 유방이라면 金의 세력들은 항우와 그의 적장들이다. 이 때 木生火로 신주가 신임하고 있는 丁火는 대원수 한신과 같은 존재가 되어 火克金으로 적장들인 金을 쫓아내(克)고 신주인 유방을 구해내는 형상이다. 丁火인 한신(韓信)은 제나라를 토벌하고 그 나라 왕으로 있다가 유방이 다급해졌다는 소식을 듣고 초패왕과 그의 적장들을 물리치기 위해 대군을 이끌고 성고까지 육박해서 초군의 양도(糧道)를 차단시켜 보급로를 끊어 버렸다.

이런 급보를 전해들은 초패왕인 항우(項羽)는 유방(劉邦)을 금방 결단 내리던 계획을 포기하고 후일로 미룬 바람에 유방은 풍전등화의 위기에서 벗어났다. 그러니까 유방(乙木)은 한신(丁火)에 의해서 극적으로 살아난 것이다. 이것을 학술 용어로 일장당관격(一將當關格) 또는 식상제살격이라고 말하는데 丁火는 식상 중 식신이자 한 장수(一將)로서 살성인 金을 제압하고 신주를 보위하는 역할을 톡톡히 해낸 것이다.

따라서 火가 용신이고, 木이 희신이며, 水는 병신이고, 金은 신주의 병신이며, 건조한 未戌의 土는 약신이고, 습기찬 丑辰의 土는 기신이다. 그러므로 운행은 乙未와 甲午의 木火土운이 황금기요 癸巳의 水金-巳酉로 금국-운은 丁癸가 상충하고, 火는 金에 이르러 병사지를 만났으며, 壬辰운은 丁壬이 합하여 용신반합이니 丁火가 토사구팽을 당했다.

한신이 이 명기를 거쳐갔는데 그는 金왕절인 가을에 사거했다. 이 사주는 卯酉로 충살—형살과 유사—이고 장성(將星)이 많으며 일장당관격이므로 군·경·율의 계통에 나아갈 형상이다.

<사기>(史記)에 실린 '월왕구천세가(越王句踐世家)'를 보면 중국 춘추전국시대에 월나라 임금 구천을 도와 오(吳)나라를 멸망시키고 구천을 패자로 만드는 데 큰공을 세웠던 범려(范蠡)가 관직을 모두 내던지고 제나라로 간 뒤 함께 공을 세웠던 대부 문종(文種)에게 다음과 같은 서신을 보냈다.

"나는 새가 다 잡히면 좋은 활은 활집에 감추어지고—비조진(蜚鳥盡) 양궁장(良弓藏)—교활한 토끼가 죽으면 주인을 위해 달리던 사냥개는 삶아져 먹힌다오—교토사(狡兔死) 주구팽(走狗烹)—구천은 목이 길고 입이 까마귀처럼 뾰족하여 사나운 인상이니 어려움은 같이 할 수 있지만 즐거움은 함께 나눌 수 없는 인물인데 어찌 그 곁을 떠나지 않으시오?"

이 편지를 받고 문종은 칭병(稱病)한 다음 조정에 나가지 않았다. 그런데 어떤 이가 문종이 장차 난을 일으키려 한다고 참소했다. 그러자 문종은 마침내 자살해 버렸다.

또 <사기> '회음후열전(淮陰侯列傳)'에는 한나라 고조 유방(劉邦)이 무사들을 시켜서 한신을 포박하자 이렇게 말했다.

"과연 사람들의 말대로 교활한 토끼가 죽으면 유능한 사냥개는 삶아 먹히고—과약인언(果若人言) 교토사(狡兔死) 양구팽(良狗烹)—적국이 멸망하고 나면 모사는 죽게 된다고 하더니, 이제 천하가 평정 되었으니 쓸모 없어진 내가 정말 팽형을 당하는구나

(적국파(敵國破) 모신망(謀臣亡) 천하이정(天下已定) 아고당팽
(我固當烹)"

```
상관 丁(火木)卯 겁재
정재 己(土金)酉 정관    戊  丁  丙  乙  甲  癸  壬
신주 甲(木土)辰 편재    申  未  午  巳  辰  卯  寅
상관 丁(火木)卯 겁재
```

· 사주읽기 ·

이 사주는 월령이 金왕절이고 木生火, 火生土, 土生金으로 사주
의 기세가 辰酉合金에 쏠렸기 때문에 金의 세력이 매우 강해진
채 신주 甲木을 극신한다.

그러므로 식상제살의 용법에 따라 火가 용신인데 두개의 丁火
가 호위병처럼 신주를 가운데 두고 감싸고 있다. 그리고 양인과
장성이 있고, 수옥살이 있으며, 양인가살(羊刃架殺)을 이루면서
식상제살격이므로 군경율의 계통에 출신할 형상이며, 양인의 卯
가 거듭 있어 관살인 酉에게 항복하지 않는 전이불항(戰而不降)
이다.

따라서 운행은 丁未의 火土운과 丙午의 火운이 대길하므로 항
우(項羽)는 파죽지세로 방방곡곡을 누비고 다니면서 유방과 천
하를 다투었다. 그러다 乙巳운이 갈아들자 巳가 사주의 酉와 巳
酉로 금국을 이루어 양인인 卯木을 극해 또다시 전이불항이고,
己亥년은 金으로 변해 火氣가 약해진 운행의 巳를 그나마 巳亥

로 충극하여 완전히 火가 꺼져버렸다. 그래서 장량과 한신의 계략에 휘말려 오강에서 애마인 오추마를 버리고 자결했다.

"내 힘은 태산을 뽑을 듯 하고 기운은 천하를 휩쓸었도다(力拔山兮氣蓋世). 슬프다! 시운이 불리하구나 오추마는 아직 살아 있지만 달리지 않는구나.(時不利兮騅不逝) 천리마가 달리지 않으니 어찌할거나(騅不逝兮可奈何). 우미인이여, 우미인이여! 나는 장차 어찌할거나(虞兮虞兮奈若何)."

29

두 남자와 한 여자

한여름 어느 날이었다. 오전부터 찜통더위가 기승을 부리고 있는데 육십 대 남자와 사십 대 여자 그리고 이십 대 여성이 함께 사무실로 들어섰다. 나이 든 남자와 사십 대 여성은 얼른 보기에 얼굴형이 남매처럼 닮아 보였다. 그래서 부부일까 짐작도 했지만 함께 들어선 이십 대 여성은 남자와 얼굴이 전혀 딴판이었기 때문에 확실하게 부부라고 말할 수도 없었다. 그런데도 그들은 가족처럼 서로 어색하지 않게 행동하고 있었다. 일행 중 부인처럼 보이는 여자가 먼저 말했다.

"선생님 책을 보고 이 근방에 볼일도 있어서 겸사겸사 찾아왔습니다. 제 사주 좀 봐주시겠습니까?"

그리하여 나는 그녀가 불러준 생일을 만세력에서 찾아 아래와 같이 정리했다.

[1954-08-28, 2014-08-16 여명]

상관 甲(木火) 午 편재	05	15	25	35	45	55	65
비견 癸(水金) 酉 편인	壬	辛	庚	己	戊	丁	丙
신주 癸(水土) 未 편관	申	未	午	巳	辰	卯	寅
편인 辛(金金) 酉 편인	01	11	21	31	41	51	61

이 여명은 용신이 火이니 희신은 건조한 木이다. 그리고 용신을 극하는 水—水克火—는 병신이고 金은 구신이며 습기 찬 土는 기신이고 건조한 土는 약신이다. 그렇다면 壬申의 水金운행은 병신과 구신운이니 어려운 집안에서 성장했을 것이고 辛金운행도 불길하므로 학력은 별로다.

그러나 午未의 화방운은 용신운이자 재물성인 운이므로 불과 같이 훤한 일로 큰돈을 벌었을 것이다. 여자가 훤한 불빛의 직업이라면 미용업이나 나이트클럽을 해서 돈을 벌 운이다.

셋이 나만 바라보고 있으니 우선 말문을 열었다.

"어려운 집안에서 성장했겠고 학력이 좋지 않았을텐데요."

그러자 이십 대 여자를 돌아보고 나서 말한다.

"예. 아주 가난한 집에서 고등학교도 겨우 고학으로 졸업하다시피 했습니다."

그녀의 말로 보아 용신이 제대로 잡힌 것이다. 그렇다면 午未의 화방운행도 맞을 것이므로 내가 이렇게 확인해 보았다.

"그때 나이가 젊었을 때니 나이트클럽은 아니겠고 혹시 미용사로 나가 35살 정도까지 큰돈을 모으지 않았습니까?"

이 말이 떨어지기가 바쁘게 셋이서 서로 얼굴을 번갈아 마주

본 다음 부인이 말한다.

"제 팔자가 미용사로 큰돈을 번다는 그런 사주란 말씀이죠. 사실 제가 고졸로 여자가 배울 것은 없고 그래서 미용학원을 다녔습니다. 그리고 미용실을 차렸는데 그게 번성을 하고 있을 때 누가 미용기구 도매상을 해보라는 거예요. 그래서 그걸 했더니 더 엄청나게 잘되었습니다. 돈이 벌리기로 시작하니까 번다는 말보다는 돈을 줍는다는 말이 맞을 정도였어요."

지나간 일이지만 그 때의 일이 생생하게 되살아나는지 그녀가 잔뜩 신나게 설명한다. 그런 그녀를 향해서 다시 말했다.

"그랬지만 35살이 넘자 남자로 인해서 큰돈을 날리지 않았습니까?"

이렇게 확인하자 또 셋이서 얼굴을 번갈아 보더니 부인이 약간 한숨을 내쉰 듯하고 나서 이렇게 말한다.

"죽어라 하고 돈을 벌면 뭐합니까? 애들 아버지가 사업한답시고 벌어놓기가 바쁘게 전부 날려버린 것을…"

그녀가 턱으로 가리키며 애라고 하는 사람은 함께 들어온 이십대 여성을 말했다. 그런데 나이든 남자는 가리키지 않는 것으로 보아 남편은 아닌 듯 했다.

웬 남자와 같이 왔을까? 나는 단서를 찾기 위해 그녀의 사주를 유심히 살폈다. 己巳의 巳운행은 부군궁인 일지와 巳午未로 합한다. 巳중에는 戊土가 간직되어 있다. 그것은 己土라는 부군성을 간직한 未土보다 간지의 순서로 위(上)이다. 甲乙丙丁戊己庚…으로 간지의 순서가 나가니까 己土보다 戊土가 먼저이기 때문인데, 그 戊土가 신주와 戊癸로 합신한다.

이것은 己巳운행에 未土라는 남편보다 연상(上)인 戊土라는 나이든 남자와 합하는 형국이니 남몰래 내통한 늙은 남자가 생기는 운이다.

이렇게 추리하면서 함께 온 남자를 내가 넌지시 한 번 바라보았다. 그런데 이상한 것은 두 사람의 얼굴이 매우 비슷하다는 점이다. 혹시 남매사이가 아닐까? 주제넘게 오버액션(over action) 하다가 잘못하면 큰 봉변을 당할 것이다. 나는 모른 척하고 가볍게 말했다.

"미용실 하다가 혹시 나이든 남자와 사귄 일도 있었을 것 같은데…."

이렇게 말끝을 흐리자 또 셋이서 얼굴을 마주본다. 그거 참 이상한 사람들이다. 무슨 말만 하면 약속이라도 한 듯이 다함께 얼굴을 마주 바라보니 이거야 참으로 이상하다는 생각이 들었다. 무언가를 망설이더니 부인이 말한다.

"뭐 애도 다 아는 일이니까 말 못할 것도 없지."

이렇게 말해 놓고 나이든 남자와 딸을 다시 한 번 바라본 후 그들의 반응을 살폈다는 표정을 지으며 남자를 바라보고 말한다.

"이 분이 제 애인입니다. 이 애도 우리 관계를 진작부터 다 알고 있으니까 괜찮습니다. 어때요? 잘 생긴 미남이죠?"

그렇게 말하자 남자도 즐거운 표정이고 부인 역시 환한 얼굴이며 딸도 얼굴색 하나 변하지 않는다. 하, 이거야 원! 상담을 하다보니 별 일을 다 본다. 딸이 없다면 몰라도 이건 버젓이 딸까지 있는 데서 어색한 기색도 없이 나이든 애인을 추겨 세우다니 어안이 벙벙할 따름이다. 괜한 것을 확인해 가지고 못 볼 것을 본 것이 되고 말았다. 찜통더위도 그렇지만 진땀나는 일이다. 내가 나이든 남자를 바라보자 그는 만면에 웃음을 띠고 밖으로 나간다. 딸도 나갔다. 그러자 넉살 좋게 그녀가 또 이렇게 말한다.

"애 아버지가 돈을 다 날려버려 빚을 지게 되었어요. 그때 복덕방에 들렀더니 저 남자가 있어서 돈 빌리는 방법을 물었습니다. 그러자 집을 담보 잡히면 자기가 싼 이자로 돈을 빌려준다는 것입니다. 처음에는 농담으로 알았는데 그 당시 은행이자나 다름없는 조건으로 빌려 주었어요.

그게 계기가 되어 그만 저 남자를 알게 되었는데 집에 있는 남편보다 정력이 아주 강했어요. 그래서 떼지를 못하고 지금 7, 8년째 만나고 있는 중입니다. 오래되다 보니 딸애도 알게 되고요. 집에 있는 남자는 밤일을 잊어버렸나 봐요. 언제나 냉돌방 같이 썰렁해요. 그런 주제에 돈만 까먹고 이제는 꼼짝도 않고 있으니 정이 있겠어요?"

"정리할 생각은 없습니까?"

"끊으려면 집을 팔아 빚부터 청산을 해야겠는데 이렇게 경기가 나빠 집도 안 팔리니 방법이 없잖아요. 저 남자는 이자도 챙기고 나하고도 즐기고 말하자면 꿩 먹고 알 먹는 식이니까 빚 갚으라는 재촉도 않습니다."

들어보니 돈이 말썽이다. 개는 길가에 돈이 떨어져 있어도 그냥 지나가지만 사람이라는 귀신들은 창고에 감추어둔 돈까지 용케도 잘 찾아내서 훔쳐간다는 말이 있으니 그 돈이란 것이 귀신도 부린다(有錢用神)는 속담이 빈말은 아닌 성싶다.

· 사주읽기 ·

이 여조는 신주 癸水가 金왕절의 酉월에 태어나 金生水로 수원(水源)이 마련되어 득기(得氣)했고 金生水가 강하므로 신강하다. 따라서 신강의재의 용법에 의해 火가 용신이고, 木이 희신이며, 水는 병신이고, 金은 구신이며, 건토는 약신이고, 습토는 기신이다. 이 경우 午未가 화방을 이루었다.

그러므로 54년생 중 한 여성은 壬申의 水金운행이 병신운이므로 고학하다시피 해서 고졸이고, 巳午未의 화방운행에 미용기술(火)로 크게 발전했다. 그녀는 부군과 1남 1녀를 두며 午火운행에 큰돈을 벌었는데 그것을 부군(辛卯, 癸巳, 癸亥, 丙辰)이 사업자금으로 가져가 己土운행에 다 날려버렸다.

그러자 그녀는 巳火운에 巳午未로 화국을 이루면서 巳중 戊土를 일진(日辰)에 끌어들여 庚辰년 현재 다른 남자-그 남자는 이 여주인공과 얼굴이 매우 닮아 오누이처럼 보였음-와 8년여 내연의 관계를 지속하고 있다. 戊辰의 辰土에는 辰酉合金되어 고통의 기간이지만 丁卯와 丙寅운행에는 안정하리라.

본조의 주인공들이 다시 올 시기는 각
甲午(2194 · 2254, 2434 · 2494)년 백로 후 癸未일 酉시다.

아무튼 나는 부군 사주도 보게 되었는데 그 명조도 아래에 있다. 남편 사주는 중년운이 영 말이 아니었다. 그녀가 돌아간 뒤 오후 늦게 나이든 남자가 다시 찾아왔다.

[1951-04-18, 2011-04-06 남명]

편인 辛(金木)卯 식신 06 16 26 36 46 56 66
비견 癸(水火)巳 정재 壬 辛 庚 己 戊 丁 丙
신주 癸(水水)亥 겁재 辰 卯 寅 丑 子 亥 戌
정재 丙(火土)辰 편관 01 11 21 31 41 51 61

· 사주읽기 ·

신주 癸水가 火왕절의 巳월에 태어나 실령했고 亥卯의 목국과 卯辰의 목방에게 설신된 채 木生火로 木火가 강해져 신약하다. 따라서 신약방조의 용법에 의해 水金이 용신이고, 土火는 병신이며, 木은 기신이다.

그러므로 51년생 중 한 명은 壬辰과 辛金운행에 그런 대로 괜찮은 집안에서 성장한 다음 부인(甲午, 癸酉, 癸未, 辛酉)과 1남 1녀를 두었다. 그리고 己丑과 戊土운행은 불길한 병신운이므로 부인이 돈을 벌어놓기가 바쁘게 사업을 한다며 다 날려버렸다. 그러자 부인이 庚辰년 현재까지 내연의 남자와 7, 8년 내통을 계속해오고 있다.

이 사주는 처성인 丙火가 丙辰으로 배치된 채 辛卯와 지지끼리도 卯辰으로 합하고 천간끼리도 丙辛으로 합해 合水된다. 그 合水는 丙火가 만들어낸 것으로 丙火에게는 合水가 다른 남자가 되는데 卯辰끼리도 합쳐 떨어지지 않고 연속적으로 그런 관계를 이 주인공 몰래 유지하고 있는 것으로 생각된다. 아무튼 자식은 다 낳고 그러니까 자식마저 의심할 것은 없어 보인다. 子水운이 좀 낮고 나머지는 신통한 운이 없어 보인다.

본조의 주인공들이 다시 올 시기는 각

辛卯(2191 · 2251, 2431 · 2491)년 입하 후 癸亥일 辰시다.

이 아래는 그 부인의 나이든 애인이다. 그가 다시 찾아와 말한다.

"아까 그 여자 사주 보는 것을 보고 내 사주도 좀 보고 싶어 온 것입니다. 한 번 봐주시겠소?"

그리하여 나는 아래와 같이 그의 사주를 정리해 놓고 말했다.

[1937-10-15 남명]

정인 丁(火土)丑 겁재   03 13 23 33 43 53 63

상관 辛(金水)亥 편재   庚 己 戊 丁 丙 乙 甲

신주 戊(土金)申 식신   戌 酉 申 未 午 巳 辰

정재 癸(水土)丑 겁재

"어려서부터 약 서른 살까지는 고생 좀 했겠습니다. 그 후 대략 삼십 년 동안에 상당히 잘 나가 돈을 많이 거머쥐었지요?"

"말도 마소. 선생 말대로 삼십까지는 안 해본 일이 없었소. 고생고생 말도 마소. 공부라는 것은 천국에서 태어난 사람들이나 하는 것으로 알았을 정도였으니까 말이오. 그랬지만 중년에 부

동산 소개업에 뛰어들어 선생 말대로 집도 몇 채 장만했고 여유
돈도 생겼습니다. 그런데 지금은 몇 년째 안 되고 있어요. IMF
전부터 그랬는데 더군다나 이런 난리까지 만나서 그런지 도무지
건수가 없어서 들어앉을까 말까 망설이고 있습니다."

그의 나이 올 해 64세이므로 乙巳와 甲辰운행을 거치고 있다.
火土가 용신이고, 水金이 병신이며, 木은 신주를 극해서 불길하
지만 그래도 丁火가 목흡화(木吸火)로 소통시키고 있어 아주 나
쁘지만은 않다. 그러나 火土운에다 비하랴.

"사무실 관리비가 많이 나가는 곳이라면 작은 곳으로 옮겨야
할 것 같습니다. 쓸 만한 운은 다 지나갔고 지금부터는 소일거
리 운만 남았으니까요."

"나도 그런 생각이 십중팔구요. 내 점은 내가 더 잘 치고 있는
셈입니다. 그런데 그건 그렇고 아까 그 젊은 여자 말이오. 떼야
겠는데 빌려준 돈을 받아야 정리할 수가 있습니다. 집을 담보
잡고 돈을 제법 빌려준 것이 있는데 이자도 안낸지가 벌써 일년
가까이 되었고 이제는 날 잡아 잡수시오 그런 식입니다. 내 운
이 돈을 받기나 하겠소? 그 여자 집이 팔려야 할 텐데 경기가
이렇게 나빠서 될 것 같지 않거든요."

"지금은 어렵고 壬午년 쯤 댁의 운이 좀 나아지니 그때까지 기
다려 봐야겠습니다."

"그렇다면 이자는 포기하고 그때까지 그 여자 관리나 잘해야겠
구면. 아직 팽팽하니까 말이오. 하하."

그런 그와 상담을 계속할 수가 없어서 사주읽기에 나온 내용들

을 대강 점검하고 돌려보냈다.

· 사주읽기 ·

신주 戊土가 水왕절의 亥월에 태어나 실령했고, 金에게 설신되며 癸水가 나타나 金의 도움을 받고 있으니 신약하다. 따라서 신약방조의 용법에 의해 火土가 용신이고, 水金은 병신이며, 木은 기신이다.

그러므로 37년생 중 한 명은 申酉戌의 금방운행에 어려운 환경에서 성장하고 본인은 안 해본 고생이 없었다고 한다. 그러다가 巳午未의 火土운 30여 년에 부동산(土) 소개업자로 대단히 큰돈을 벌어 몇 채의 건물을 장만했다.

본처는 亥水다. 그 水는 바다나 호수와 비슷한 형상이므로 점검해 보았더니 그녀는 역시 묵직하다고 한다. 亥水와 3녀 2남을 두었다. 한편 시간(時干)에 있는 癸水라는 처성은 지지의 순서로 亥水보다 아래다. 亥중 壬水는 癸水보다 위(上)이니 반대로 癸水는 壬水보다 아래(下)에 속하여 본처보다 어린 애첩이 되는데 그게 신주와 戊癸로 합신한다.

양다리 궁합을 타고났기 때문에 그는 나이 어린 유부녀와 8년 정도 庚辰년 현재 애인관계를 유지해 오고 있다. 그리고 甲辰의 甲木운행에 고전하고 있다.

본조의 주인공들이 다시 올 시기는 각

丁丑(2117 · 2177, 2357 · 2417)년 입동 후 戊申일 丑시다.

30

낙선운동

　국회의원 선거가 끝나고 얼마 후 변호사 한 분이 방문했다. 그 변호사는 필자가 쓴 두 권의 책들을 다 본 독자로 사주학에 상당한 지식을 축적했을 뿐만 아니라 판검사들의 사주들도 많이 모으고 있었다. 그는 우선 자기 사주부터 감정을 마친 다음 아래와 같은 명조를 내놓고 말했다.

[1942-02-07, 2002-01-25 남명]

정인	壬(水火)午	식신	04	14	24	34	44	54	64
편인	癸(水木)卯	비견	甲	乙	丙	丁	戊	己	庚
신주	乙(木水)亥	정인	辰	巳	午	未	申	酉	戌
편관	辛(金火)巳	상관							

　"이 사주 한 번 잘 좀 봐주십시오."

　유심히 살펴보니 신강사주가 火에게 설신하고도 힘이 남아 巳 중 戊土와 午중 己土까지 사용해야 할 명조요. 그 土들은 길신 암장(吉神暗藏)으로 辛金까지 土生金해서 시상일위귀격을 이루었다. 이 격은 일명 시상편관격이라고 말하는데 시결(詩訣)에 보면 당주(當主:주인공)가 국가의 동량(棟樑)으로 공헌할 것이라고 했다. 대단한 귀격이 아닐 수 없다. 그래서 필자가 말했다.

"이 사주 누구인지 몰라도 대단한 귀격으로 크게 출세했겠습니다."

"국회의원을 두 번 했습니다. 이번에 여당으로 공천을 받아 투표일을 며칠 앞두고는 크게 우세했습니다. 그런데 총선연대가 느닷없이 이 사람을 지목하고 낙선운동을 펼쳤어요. 그 바람에 이번에는 떨어지고 말았습니다."

금년이 庚辰년이니까 59살로 酉金운행이다. 金들이 겹쳤다. 土가 용신이니까 土洩金으로 용신의 기가 빠지(洩氣)고 있다. 그러므로 土를 생조하는 火운이나 같은 土운을 만나면 매우 발전하지만 土를 극하는 木-木克土-운이나 土를 설기시키는 金운은 침체한다. 이렇게 정리했지만 그래도 지나온 운들을 짚어볼 필요가 있다.

그래서 확인해 본 결과 이 주인공은 甲乙의 木운행에 매우 어려운 환경에서 성장하며 고졸이었다. 그리고 항만 노동자로 출신해서 午未의 火土운행에 노조 조합장까지 육박했다. 戊土운행은 용신운이다. 그래서 변호사에게 물었다.

"이 戊土운행에 한바탕 출세했습니까?"

그러자 그가 자기 메모장을 보고 말했다.

"그때가 올림픽이 있었던 戊辰년이었을 것입니다. 그 당시 노조가 강력히 밀어 부쳐 압도적으로 당선 되었습니다."

戊辰년은 土土로 용신이 득세했으니 그럴 만하다. 그 다음 申金운행은 土洩金으로 설기되기 때문에 불리하다. 그래서 또 연속으로 나왔었느냐고 물었더니 그랬었는데 그때 낙선했다는 것이다.

그 후 己土운행은 또 용신운이다. 확인했더니 丙子년 4(壬辰)월 11일(戊寅)에 실시한 15대 총선에서는 다시 당선되었다. 그러나 이번 庚辰년 庚辰월 辛丑일에 실시한 총선에서는 金이 겹쳐서 용신을 설기시키므로 낙선했다.

"운이 불리하니까 낙선운동을 만난 것으로 보입니다."

그러자 그가 말한다.

"제가 여기 온 것은 다름이 아니고 그 분이 저를 통해 총선연대를 걸어 법정 투쟁을 해보겠다는 의사를 가지고 있습니다. 그렇게 했을 경우 승산이 있겠는지 그것이 좀 알고 싶어 왔습니다."

이런 문제는 오래 끌기 때문에 내년까지 검토해야 할 것 같다. 금년은 庚辰년이고 내년은 辛巳년이다. 모두 金으로 된 연도들이다. 辛巳의 巳火는 운행과 巳酉로 금국을 구성하기 때문에 그렇게 본 것이다. 게다가 운행도 아직 金운이 계속되고 있다. 壬午년이라면 어느 정도 승산이 좀 있겠지만 법정 싸움을 해보았자 속효(速效)가 나타나지 않을 것이다.

나는 사주 공부를 많이 한 그 변호사에게 그 논리를 설명해주고 효력이 없겠으니 괜히 헛수고만 할 것이 아니라 그만 두는 것이 좋겠다는 의견을 개진해 주었다. 그는 酉金운행을 걷고 있는 2004년 甲申(63세)년 양력 4월 15일에 실시한 총선에는 출마조차도 아니 했다.

- 사주읽기 -

신주 乙木이 간직된 木왕절의 卯월에 태어나 득령했고 水들이 생신하니 신강하다. 따라서 신강의재의 용법에 의해 土가 용신이고, 火는 희신이며, 木은 병신이고, 水는 구신이며, 金은 약신이다. 이 경우 水木이 강하여 巳午의 화방에 설신하고도 여력이 있으며 흙이 부족하므로 강한 나무가 뿌리를 내려야 하고, 火金을 소통시키기 위해서도 土가 필요하기 때문에 午중 己土와 巳중 戊土가 매우 필요하다. 이때 巳亥가 충하려고 하는 찰나 亥卯로 목국을 이루어 목국이 巳火를 木生火하고 火는 土를 생조하니 길신암장들이 튼튼해졌다. 그리하여 土生金하므로 火金의 전투(克)도 해결된 것이다. 그래서 시상일위귀격이자 巳亥 형충으로 군경율에 출신할 형상이다.

그러므로 42년생 중 한 명은 甲辰과 乙木운행이 병신운이므로 가정형편이 매우 곤란해서 겨우 고졸이다. 그 후 巳火부터 길운이므로 부두 노동자로 입신해 丙午와 丁未운행에 항만노조 조합장으로 크게 활약했다.

그러다가 戊土운행 중 戊辰(47세)년에 국회의원에 당선된 다음 申金운행 壬子년에 낙선했고 己土운행 중 丙子년(55세)에 재선되었으며, 酉金운행은 巳酉合金한 중 庚辰년에 총선연대의 낙선운동 때문에 여당이면서 낙선의 고배를 마셨다.

그는 변호사를 활용하여 총선연대와 법정 싸움을 벌이려고 문의해 왔지만 申金운행과 庚辰년 그리고 辛巳년이 모두 불리하기 때문에 말렸다. 그랬더니 아닌게 아니라 조용하게 지나가고 있다. 庚戌의 戊土운행이 다시 길운인데 酉金과 庚金이라는 기간이 너무 길어 큰 효과가 나타날 지 의문이다. 그는 酉金운행인 2004(甲申 63세)년 양력 4월 15일에 실시된 17대 총선에는 출마도 하지 않았다.

본조의 주인공들이 다시 올 시기는 각

壬午(2182·2242, 2422·2482)년 경칩 후 乙亥일 巳시다.

31

굿 하다가 빚만 더 늘다.

  초여름 어느 날 저 먼 남쪽 끝에서 전화가 걸려왔다. 그녀 역
시 독자로 자기 사주를 보고 싶다는 것이다. 그래서 불러준 생
년월일을 따라 만세력에서 아래와 같이 그녀의 도표를 정리해
놓았다.

[1959-07-01, 2019-06-18 여명]

겁재	己(土水)亥 편재	01	11	21	31	41	51	61
상관	辛(金土)未 겁재	壬	癸	甲	乙	丙	丁	戊
신주	戊(土火)午 정인	申	酉	戌	亥	子	丑	寅
정인	丁(火火)巳 편인	06	16	26	36	46	56	66

  신강사주이므로 金이 용신이고, 습기 찬 土가 희신이며, 火는
병신이고, 木은 구신이다. 따라서 壬癸의 水와 함께 배치된 申酉
의 금방(金方) 운행은 용신운이므로 괜찮은 환경에서 학력도 좋

앉을 것이다.

그러나 戊土운행은 다시 신강해지기 때문에 불길해져 乙亥의 木水운행도 고난을 겪었을 것이다. 그리고 그녀가 전화를 걸었을 때는 庚辰년이니 丙火운행으로 용신인 辛金과 丙辛이 합해서 용신반합(用神半合)이다. 이 용어는 옛날 명서에서는 용신기반이라고 했다. 용신기반(用神羈絆)의 기(羈)는 말이나 소의 얼굴을 묶는 줄인데 속박을 의미하고 반(絆)은 말의 발을 잡아매는 줄로서 역시 얽매인다는 뜻이다. 사주학적으로 말하면 용신이 어떤 것과 묶여 제 노릇을 못하게 되었다는 것이다. 그러므로 이 丙火운행은 정말 어려운 기간이다.

한편 부군성인 木이 분명하게 나타나지 않아서 뚜렷하지 못한 가운데 亥중에 甲木과 未중 乙木 이렇게 두 개가 잠복되어 있다. 그러면서 亥未로 합했다가 午未로 합신(合身)하니 잠복된 木들이 속으로 은연중 내 몸인 戊午로 둘 다 합신하고 있다.

甲戌운행에 만난 남자는 亥중 甲木이고, 乙亥의 乙木운행에 만난 남자는 未중 乙木이다. 게다가 그 水木운행들은 용신인 金이 설기되고 乙辛이 충극하여 용신이 무력해지므로 불길한 운행이다.

10분 정도가 지나자 다시 벨이 울렸다.

"초반운이 좋아서 친정에 있을 때는 괜찮은 환경에서 공부도 많이 했겠습니다."

"네. 배울 만치 배웠어요."

"살림은 어머니가 주도권을 잡아서 일궜습니까?"

"그래요. 아버지는 조용한 분이었고 어머니가 억세게 살림을 일구어 자녀들을 다 가르쳤습니다."

이 여명은 아버지에 해당된 편재(亥水)가 亥未의 목국에 가담해서 그 본성인 水의 성질을 많이 잃었는데 모친성인 火의 세력은 강력하기 때문에 그렇게 확인해 본 것이다.

"그런데 결혼하고 나서부터 지금까지 상당히 많은 곤경을 당하고 있지 않습니까?"

"아이구, 선생님! 말도 마세요. 결혼하고부터 왜 그렇게 막히는지 알 수가 없어요. 애 아빠가 되는 일이 전혀 없어서 농사를 짓게 되었는데 그것마저도 연속 안 되는 것 있죠. 지금 잔뜩 빚만 늘어나서 산더미 같이 쌓였어요. 그토록 하도 꼬이기만 하니까 굿집을 제집 드나들 듯 했어요."

"굿을 하고 나면 잠시라도 괜찮아지던가요?"

"하나도 소용이 없어요. 처음에는 정성이 부족해서 그런가 하고 몇 차례 더하다가 빚만 몽땅 더 지고, 그래서 이제는 그만두었는데 점치는 집에만 가면 모두 다 애 아빠와 이혼을 해야 된다는 것입니다. 이혼을 안 하니까 빚이 늘어나 맘고생을 하고 있다는 겁니다."

"거 참! 이상한 말들을 합니다. 아니, 이혼을 해서 나쁜 운을 지울 수 있다거나 좋은 운으로 바꿀 수 있다면 혹시 모르지만, 한 번 정해진 운은 귀신도 바꿀 수 없다고 했는데 어찌 사람이 그렇게 할 수 있겠습니까? 그건 그렇고 혹시 점치는 사람들의 말을 믿고 다른 남자를 만나고 있지는 않습니까?"

점치는 사람들을 활용해서 사주에 숨어 있는 남자들이 어떻게 작용하고 있는가를 확인하려고 말을 바꾸어 물었다. 그러자 그녀가 말한다.

"하나 있어요. 하도 점치는 사람들이 그러기에 만나면 좀 나아질까 해서 지금 가끔 동거하는 남자가 생겼어요. 그 남자 사주를 불러줄 테니까 좀 봐주시겠습니까?"

· 사주읽기 ·

이 여조는 신주 戊土가 土왕절의 未월에 태어나 득령했고, 巳午未의 화방과 丁火가 생신하니 신강하다. 따라서 신강의설의 용법에 의해 金이 용신이고, 습토가 희신이며, 火는 병신이고, 木은 구신이며, 水는 희신이다.

그러므로 59년생 중 한 여성은 壬癸의 金水운행에 모친이 억척스럽게 살림을 일구어 괜찮게 살았고 전문대를 나왔다. 그러나 甲戌운행부터는 구신과 병신운이 계속되어 부군(乙未, 戊子, 己酉, 丁卯)과 1남 2녀를 두고 농사를 짓지만 늘어나는 것은 빚뿐이다.

그래서 그녀는 부부간에 마찰이 심했고 무당을 불러 여러 차례 굿도 했지만 마찬가지로 풀리지 않았다. 그리고 점치는 곳마다 이혼하라고 권한다는 것이다.

그리하여 그녀는 결국 다른 남자(壬辰, 壬寅, 己丑, 甲子)와 내연의 관계를 庚辰년 현재 맺고 있다. 甲木과 乙木을 간직한 木

들이 亥未로 목국을 이루어 午未로 합신하니 두 남자(木)와 합신하는 형상이다. 전성기는 金水로 이미 지났고 丁丑운행은 희신운이므로 잠시 안정할 것이며 戊寅은 불길하리라. 그녀는 남편과 이혼할 것인가를 상담해 왔기에 부군의 후반운이 괜찮으니 빨리 청산하고 아이들과 부군을 잘 섬겨보라고 했다.

본조의 주인공들이 다시 올 시기는 각

己亥(2199 · 2259, 2439 · 2499)년 소서 후 戊午일 巳시다.

또 10분을 기다렸다가 다시 전화를 걸라고 했다. 그러자 그녀가 남편 생년월일까지 말해주며 약속 시간에 다시 하겠다고 한다. 그 사주의 도표들도 아래와 같이 정리했다.

[1955-11-01 남명]

편관	乙(木土)未	비견	02	12	22	32	42	52	62
겁재	戊(土水)子	편재	丁	丙	乙	甲	癸	壬	辛
신주	己(土金)酉	식신	亥	戌	酉	申	未	午	巳
편인	丁(火木)卯	편관							

· 사주읽기 ·

신주 己土가 水왕절의 子월에 태어나 실령했고, 金에게 설신되며 卯未의 목국과 乙木에게 극신을 당하니 신약하다. 따라서 신약방조의 용법에 의해 火土가 용신이고, 水木은 병신이며, 金은 기신이다. 이 경우 卯酉가 충극되어 卯木의 목국이 와해된 채

木生火가 제대로 되지 않으므로 용신이 유력하지 못하다.

그러므로 55년생 중 한 명은 丙戌의 火土운행까지 호운(好運)을 만나 3남 1녀의 형제자매가 있으면서 대학을 졸업했다. 그 후 부인(己亥, 辛未, 戊午, 丁巳)과 1남 2녀를 두고, 申酉의 金운행에 농사를 짓고 있었는데 기신운이기 때문에 庚辰년 현재 빚만 늘어나고 있다. 그리하여 계속 정신이 위축되면 나중에 육체까지 위축되기 마련이니 돈으로 사는 여자인 부인과 자연히 소원해질 것은 뻔한 이치이다. 더욱이 일시형충까지 있으니 말이다.

그렇게 되자 부인이 다른 남자와 내통을 하고 있는 중인데 巳午未의 화방운은 상당히 길운이므로 그러지 말고 이 주인공을 잘 섬겨보라고는 했다. 부부란 서로 섬기면서 자아를 진화시켜 나가야 하니 말이다.

본조의 주인공들이 다시 올 시기는 각

乙未(2135 · 2195, 2375 · 2435)년 대설 후 己酉일 卯시다.

[1952-01-18 남명]

정재 壬(水土)辰 겁재　07　17　27　37　47　57　67
정재 壬(水木)寅 정관　癸　甲　乙　丙　丁　戊　己
신주 己(土土)丑 비견　卯　辰　巳　午　未　申　酉
정관 甲(木水)子 편재

· 사주읽기 ·

신주 己土가 木왕절의 寅월에 태어나 실령했고, 水木 즉 재관이 강해져 극신하므로 신약하다. 이 경우 己丑일로 간여지동이고 甲己合土가 있어 종격이 안되고 신약하기 때문에 신약방조의 용법에 의해 火土가 용신이고, 水木은 병신이다.

그러므로 52년생 중 한 명은 辰土운행에 일선 공무원으로 입신해 丙午운행에 子午가 충극하자 처성인 子水가 손상되어 이혼하고, 庚辰년 현재 혼자 생활하면서 그 직업을 유지하고 있는 중이다.

巳午未화방운행은 길운이기 때문이다. 그는 현재 유부녀(己亥, 辛未, 戊午, 丁巳)와 내통하고 있다. 이 사주는 처성인 水가 많고 子丑이 합신하여 일지편재와 유사하므로 편처와 동거하는 형상이다. 申酉운행은 불길하니 편처와 동거해서 재미날 일이 별로 없으리라.

본조의 주인공들이 다시 올 시기는 각

壬辰(2132 · 2192, 2372 · 2432)년 입춘 후 己丑일 子시다.

남편 사주는 초반운이 용신운이고, 중년운이 고비인데 일시형충이니 부부가 헤어지기 쉽고, 후반운은 상당히 안정될 운이다. 그리고 내연의 남자 사주는 중반운이 좋고, 후반운이 불길하다. 다시 통화가 시작되었다.

"부군은 중년운이 매우 불길하여 하는 일마다 실패가 계속되고 있지만 말년운은 상당히 좋아져 크게 안정될 운입니다. 그리고 아까 말한 남자는 중년운이 그런 대로 괜찮아 지금은 잘 나가고 있지만 후반운은 애 아빠와는 반대로 매우 불길합니다. 그 점을 잊지 말아야 합니다."

"그 남자는 말년이 나쁘다고요?"

그 남자 사주는 일지편재(日支偏財)와 유사하기 때문에 타고난 궁합이 본처와 해로를 못하는 스타일이다. 일지편재라는 것은 내 몸인 일주(日柱) 가운데 일지(日支)에 편재가 있는 사주인데 이 경우는 일지에 편재가 없지만 시지(時支)에 子水라는 편재가 내 몸인 己丑과 子丑이 합신하면서 그 편재를 일지로 끌고 들어와서 일지편재와 유사하게 되었다.

그런 사람들은 타고난 궁합이 본처(本妻)와 백년가약을 맺고 결혼하지만 중도에서 편처(偏妻)를 만나 살게 되는 것을 많이 목격했다. 그래서 이렇게 물어보았다.

"그 사람도 이혼했지요.?"

"예. 본처와 얼마 전에 이혼하고 그 사람 지금 보통 공무원입니다. 그런데 말년에 무엇이 나빠지겠습니까? 그때는 퇴직금이 나올 것 아닙니까? 제 생각으로는 그럴 리가 없을 것 같은데요."

"그건 어디까지나 사람의 생각이고 운이 나빠지면 우연히 실패가 따릅니다. 애 아빠도 대학을 나왔을텐데 예상 밖으로 지금 운이 잘못 걸려 그런 수난을 당하고 있지 않습니까? 운이 나빠지면 애 아빠뿐 아니라 누구든 고역을 피해갈 수 없어요."

"예. 애 아빠도 배울 만큼 배웠습니다. 그랬는데 누가 이렇게까지 될 줄을 꿈에나 생각했습니까? 듣고 보니 선생님 말씀이 일리가 있어 보입니다."

"지금이라도 늦지 않으니 지난 일을 깨끗이 청산하시고 가정으로 돌아가 애들과 남편을 잘 섬겨보세요. 그러면 말년에 상당히 안정될 테니까요."

"예. 잘 알았습니다. 고맙습니다."

그녀는 수화기를 놓았다.

32

혹 때러갔다가

바야흐로 봄날이다. 그래서 얼마 전 화분들을 손질하여 모두 밖으로 내놓았다. 그 화분들 가운데에는 아주 오래된 진달래가 있다. 그 진달래는 흰 바탕에 엷으면서 불그스레한 무늬를 띤 특이한 꽃을 피워내므로 내가 아끼는 것 중 하나이다. 그래서 오래 간직해왔기 때문에 비교적 늙었다고나 할까? 그래도 봄만 되면 젊은 나무들에 뒤지지 않고 어김없이 늙음과 상관없다는 듯 꽃망울을 탐스럽게 맺어 여느 때처럼 올 봄에도 그 특이한 꽃들을 활짝 피워내고 있었다.

그 꽃을 오늘 아침에도 보고 사무실에 나와서 그런지 오후에 이상한 여인이 방문했다. 그녀는 오십 대 후반으로 산뜻한 양장을 걸치고 화장도 곱게 했다. 金水쌍청이어서 그런지 살결이 약간 깨끗했고 밉상은 아니었다. 그런 그녀가 자리에 앉더니 말한다.

"골치 아픈 일이 있어 아주 멀리서 상담 하러 왔습니다. 잘 좀 봐주세요."

그리하여 그녀가 불러준 생년월일과 생시를 따라 아래와 같은
도표를 만들었다.

[1942-11-27, 2002-11-16 여명]
상관 壬(水火)午 편관   09 19 29 39 49 59 69
상관 壬(水水)子 식신   辛 庚 己 戊 丁 丙 乙
신주 辛(金金)酉 비견   亥 戌 酉 申 未 午 巳
식신 癸(水火)巳 정관   04 14 24 34 44 54 64

이 여명은 火가 용신이다. 이때 용신인 火는 이 여조에게는 남
자성(男子星)이기도 한데 午火와 巳火로 둘이다. 그런 가운데
子午가 충극하여 午火라는 남자는 손상된 채 그 주위를 둘러싼
水들에게 극을 강하게 당하고 있다. 그리고 나머지 巳火라는 남
자는 일주(日柱) 즉 내 몸과 巳酉로 합신(合身)한다. 이때 丙午
라는 火운행은 丙火가 아까 합신한 巳중 丙火와 상통하므로 다
른 남자가 합신하는 운이다.

그렇다면 그녀의 나이가 현재 59세인 庚辰년이므로 다 늙어 늦
바람이 난다는 말이 되는데 그게 가능할까? 의심이 되었지만 괜
히 말 한 번 잘못했다가 기대를 걸고 멀리서 온 그녀를 실망시
킬까봐 그 문제를 돌려서 말했다.

"운이 잘 열려 경제적으로는 여유가 많을 땝니다. 그런 면에서
는 골치 아픈 일이 없어 보입니다. 다만 잘못하면 제2의 사춘기

가 발동할 수 있으니 조심 좀 해야겠는데요."

내 말을 듣고 그녀가 빙긋이 웃더니 말한다.

"지금 집이 세 챕니다. 두 채는 사글세를 놓아 거기서 나온 돈으로 구애 없이 살고는 있습니다마는…."

여기까지 말하더니 금세 심각한 표정으로 변해서 이렇게 말하지 않는가?

"선생님께서 재미있게 말씀하시네요. 제 2의 사춘기란 것도 있나요. 사실 작년에 제가 빌려준 돈을 받으러 다니다가 그 남자의 꾐에 빠져 러브호텔에서 그만 넘어가고 말았습니다. 처음으로 다른 남자와 관계를 맺었다가 한동안 정신을 잃고 얼마 동안 유지하고 말았습니다.

그러다가 얼마 후 제정신이 들어 돈 이야기를 꺼냈더니 한동안 말이 없다가 뜬금없이 그 부인이 나타나서 간통죄로 고소를 하겠다는 것입니다. 내 몸 어디어디에 무슨 점이 있고 어디에 흉터가 있다며 구체적으로 들고 나왔어요. 그러면서 만약 돈을 받았다는 영수증을 써주면 고소를 않겠다는 각서도 써주겠다는 것입니다.

그런데 돈 액수가 크기 때문에 남편도 알고 있어서 어떻게 해야 할지를 몰라 이렇게 찾아온 것 아닙니까? 선생님 좋은 방법이 없겠습니까?"

"몸에 있는 특징을 가지고 그렇게 한다면 별 것 아니겠는데요. 그거야 뭐 목욕탕에서 일부러 봐두었다가 그렇게 들고 나올 수도 있다고 하면 그만 아닙니까?"

"그 정도로만 말하는 게 아닙니다. 여관에 드나든 시간대들을 들이대며 들고나는 시간에 몰래 찍어 놓은 사진들도 가지고 있다는 것입니다. 사진을 가지고 있는지 어쩐지 모르지만 들먹이는 시간들은 대강 다 맞아요. 그러니 섣불리 부인할 수도 없는 일이고…."

그녀의 말을 들으며 다음 해가 辛巳년이고 巳火가 득세하는 연도라는 것을 살피고 말했다.

"내년까지 계속 그 관계가 해결되지 않을 것 같습니다. 쉽게 떨어지지 않겠어요. 일단 빚 독촉을 말고 내 명년까지 넘겨야 하겠습니다. 독촉하지 않고 조용히 넘어가면 그쪽에서도 잠잠할 것이고, 부군도 못 받아서 그런 것으로 알면서 넘어갈 것 아닙니까? 그러면서 상황을 봐가며 처리해야 하겠는데 그 돈 받기는 모르긴 몰라도 다 틀린 것 같습니다. 갚지 않으려고 작정하고 함정을 파서 그런 식으로 나오는데 그게 받아질 것 같습니까?"

이렇게 결론을 내리자 그녀는 말없이 앉아 있기만 했다. 다음 운을 보니 길운이 계속된다.

"그 돈 아니더라도 앞으로 더 잘 돌아갈 운이니 한 번 실수는 미련 없이 빨리 정리해 버리고 다른 일에 눈을 돌리는 것이 훨씬 현명할 것입니다."

그녀는 나의 말을 듣고 무얼 생각했는지 고개를 몇 번 끄덕거리고 돌아갔다. 제 2의 사춘기가 다 늙어서도 발동한 것을 보니 아침에 보았던 나이든 진달래꽃이 눈앞에 어른거렸다.

· 사주읽기 ·

이 여조는 신주 辛金이 水왕절의 子월에 태어나 설신되니 신약 사주로 출발했으나 일주가 똑같은 金이고, 巳酉의 금국이 있어 신약하지 않다. 따라서 金水식상요견관의 용법에 의해 火를 사용할 수 있으니 木이 희신이고, 水는 병신이며, 金은 구신이다. 이 경우 巳午라는 화방이 있어 용신은 그런 대로 무력하지 않은 데 그것을 극하는 水가 너무 많아 흠이다.

그러므로 42년생 중 한 여성은 직장인(庚辰, 丁亥, 乙丑, ?)과 만나 1남 2녀를 두었다. 그리고는 丁未의 火운행부터 돈이 약간 모이자 사채놀이를 시작했다. 그런데 丙午운행 중 己卯년 구랍경 돈을 가져간 남자와 그만 정을 통하고 말았던 것이다. 나이가 59세지만 정욕은 꺼지지 않았는지 일을 저지르고 말았는데 직장에 다니는 남편 몰래 그 관계를 정리하려고 庚辰년에 애를 먹고 있다.

그녀의 말로는 돈도 받고 남편이 알기 전에 관계도 정리하고 싶다는데 아, 그래 돈 줄 남자가 '여보'로 만들어 버렸겠는가?

이 여명은 남자성이 午와 巳로 둘인데 巳酉로 巳火라는 남자성이 합신하고 있는 중에 巳火에 속한 丙火운행이 들어왔다. 그 남자에게 돈 받기는 벌써 글렀을 뿐만 아니라 辛巳년에는 巳火라는 것이 더욱 기세를 부릴 것이다. 午火운에 들어서면 정리가 될 것이고 생활도 괜찮으리라.

본조의 주인공들이 다시 올 시기는 각

壬午(2182 · 2242, 2422 · 2482)년 대설 후 辛酉일 巳시다.

33

남쪽 끝에서 온 남자

초여름 어느 날 오십 대 장년의 남자가 방문했다. 그는 남쪽 끝에 있는 큰 도시에서 살고 있는데 필자의 책을 보고 서울 근교에 있는 딸네집도 올 겸 방문했다고 예의 바르게 인사하며 자리에 앉았다. 그가 먼저 희미한 미소를 띠고 말한다.

"사주란 게 있긴 있는 겁니까?"

"제 책을 읽고 오셨다면서요. 그 책을 보고 오셨다면 어느 정도 인정이 되었기 때문에 저를 찾은 것 아닙니까?"

이렇게 반문하자 그가 다짜고짜 이렇게 말한다.

"제 처 사주 좀 봐 주시겠습니까?"

대개 방문자들은 자기 사주부터 보자고 하는데 이 사람은 자기 처부터 보자고 하며 생년월일을 불러준다. 어쨌건 그의 요구대로 그의 처 사주를 아래와 같이 작성했다.

[1955-01-24 여명]

정관 乙(木土)未 겁재   06   16   26   36   46   56   66

```
비견 戊(土木)寅 편관    己 庚 辛 壬 癸 甲 乙
신주 戊(土金)申 식신    卯 辰 巳 午 未 申 酉
편재 壬(水土)戌 비견
```

사주를 읽어보니 부군성인 木이 乙木과 寅木으로 두 개가 있으면서 乙未는 백호대살이자 부성입묘(夫星入墓)이고, 寅木은 공망살인데, 寅申이 충극하여 크게 손상되었다. 그리고 申金이라는 식신이 관성인 寅木을 충극하였으니 식상견관(食傷見官)이고 태어난 일진은 고란살이다.

한편 용신은 火土이고, 병신은 水金인데 巳午의 火운행은 그런대로 편안하게 사는 운이고, 지금은 庚辰년으로 병신 연도이며 癸水운행에 들어섰으니 이 또한 병신 운행이다. 이런 형상들을 종합해서 말했다.

"이 사주는 자식 낳고 잘 살다가도 첫 부군과 백년해로를 못하고 헤어질 소질이 다분합니다. 남자를 상징하는 별자리가 두 개나 있기 때문에 재혼할 가능성이 높습니다. 그리고 작년과 재작년은 戊寅과 己卯년으로 또 남자들에게 정신이 팔리는 木운들입니다."

"허, 그것 참! 사주가 있긴 있는가 봅니다. 사실대로 말하면 지금 저는 별거한 지 3년째입니다. 경제력은 탄탄한데 처가 다른 남자를 따라가 버렸어요. 사는 것이 힘들었다면 어느 정도 이해할 수도 있는 일이지만 자식들도 독립해서 괜찮게 살고 있는데 이게 무슨 변고인지 모르겠습니다."

그는 말끝을 흐리고 사무실 천장을 멍하니 바라보았다. 그리고는 다시 묻는다.

"언젠가는 다시 돌아올 수도 있겠습니까? 하는 짓으로 보아서는 다시 만나서 살고 싶지 않지만 자식들이 제 엄마를 데리고 왔으면 하는 눈치들입니다. 걔들이 이러지도 저러지도 못하고 내 눈치만 살피고 있는 것 같고 나도 늙어 혼자 식사 같은 것을 해결해야 하니 없는 것보다는 나을 것도 같다는 생각이 어떤 때는 들어서요."

· 사주읽기 ·

이 여조는 신주 戊土가 아직도 늦추위가 맹위를 떨치고 있는 木왕절의 寅월에 태어나 실령했고, 申戌의 금방에 설신되며 木들에게 극신을 당하니 신약하다. 따라서 신약방조의 용법에 의해 火土가 용신이고, 水는 병신이며, 金은 구신이다. 이 경우 寅申이 충극하여 식상견관이고 그로 인해 寅戌로 화국을 이루지 못하니 용신무력이다.

그러므로 55년생 중 한 여성은 3남 2녀의 형제자매로 태어나 庚辰운행까지 고생했고 巳午의 화방운행에 부군(丙戌, 乙未, 甲申, 己巳)과 1남 2녀를 둔 채 그런 대로 살림이 늘어났다.

그런데 이 여명은 고란살이 있고 부군성인 木이 두 개나 있으면서 癸水운행은 병신운이므로 집안이 모두 정상인데 다른 남자를 만나 내연관계를 庚辰년 현재까지 3년여 맺고 있는 중이다. 그리하여 부군과 별거하고 있다. 나머지 운행은 더욱 불길하니 빨리 원상복구를 해야 할텐데, 그렇지 못할 것이며 속담처럼 '사서 고생하기'가 계속되리라.

본조의 주인공들이 다시 올 시기는 각

乙未(2135 · 2195, 2375 · 2435)년 입춘 후 戊申일 戊시다.

그 말을 들으며 그의 처 사주를 유심히 살폈지만 그럴 가능성
은 없어 보였다. 그래서 본인 사주를 참작할 필요가 있어 그의
생년월일을 묻고 아래와 같이 정리해 놓았다.

[1946-06-11 남명]

식신 丙(火土)戌 편재   10   20   30   40   50   60   70

겁재 乙(木土)未 정재   丙   丁   戊   己   庚   辛   壬

신주 甲(木金)申 편관   申   酉   戌   亥   子   丑   寅

정재 己(土火)巳 식신

이 명조도 처를 가리키는 글자가 未戌로 둘이고 일시형충이다.
서로 비슷하게 끼리끼리(氣理氣理) 만난 것이다. 남자 사주는
천간끼리 甲己가 합하고 있는데 지지끼리는 巳申으로 형살이니
곤랑도화가 구성된다. 이렇게 짜이면 그 동안 다른 여자들과 관
계를 맺을 수 있다. 그래서 내가 확인하기 위해 말했다.

"댁의 관상이 약간 곱상해서 여자들이 따를 수 있는데 이런 사
단이 일어나기 전에 혹 다른 여자들과 좀 어울린 적이 없었습니
까?"

그러자 그가 또 예의 똑같은 말을 한다.

"사주가 있긴 있는가 봅니다. 직장에 있을 때 여자들이 따라서

한두 번 실수를 한 적이 있긴 있었습니다."

"그 사실을 부인이 알고 있었습니까?"

"원래 여자들이란 정을 주면 이쪽 사정은 생각지도 않고 집으로 전화질을 하지 않습니까? 그 바람에 들통이 나서 결국 다 알게 되었지요. 그랬어도 그 당시는 처가 지금과 같이 막나오지는 않았는데 이제 와서 왜 그런지 모르겠습니다."

"인과응보입니다. 원인을 제공해 놓았기 때문에 복수를 기다리다가 부인이 어떤 남자를 만나 달콤한 말을 듣자 금방 변해 버린 것일 겁니다. 그랬으니 돌아오겠습니까?"

"자기는 여자고 나는 남자가 아닙니까? 남자는 밖에서 돈을 벌기 위해 어울리다 보면 그럴 수도 있지만 자식새끼 있는 가정주부는 그럴 수 없지 않습니까?"

"그건 남자의 입장에서만 생각하는 옛날 사고방식입니다. 내가 하면 로맨스이고 부인이 하면 불륜이라는 생각 자체에 문제가 있지 않습니까? 하여튼 합쳐지기가 대단히 어렵겠습니다."

"정 그렇다면 다른 여자로 대체할 수밖에 없겠군요."

"그건 댁의 판단에 따라 처리할 문제입니다. 후운(辛丑운행)이 약간 불안해 보이니 모든 것을 신중하게 처리하기 바랍니다."

이렇게 해서 상담을 마치고 그는 돌아갔다.

사람들은 다가오는 미래를 염두에 두지 않고 지금만 즐겁기를 바라며 무심코 행동하는 경향이 강하다. 그러나 그게 뒷날에 벌어질 화근과 연결된다는 사실을 염두에 두어야 할 것이다. 왜냐하면 우리는 변화의 도상 속을 살아가는 존재이기 때문이다.

· 사주읽기 ·

신주 甲木이 삼복더위가 한창인 未월에 태어나 巳未의 화방과 丙火에게 설신이 심하고 땅도 메말라 나무가 시달리고 있으므로 신약하다. 따라서 신약방조의 용법에 의해 水木이 용신이고, 土金은 병신이며, 火는 기신이다. 이 경우 水가 전무해서 용신이 유력하지 못하다.

그러므로 46년생 중 한 명은 일찍 회사에 취업해 亥운행에 가장 재미있게 살았다. 亥未가 목국을 이루면서 水木운이 되었기 때문이다. 그런데 庚金운행이 들어서자 소통시키는 水가 없는 가운데 甲庚이 충극하여 신주가 혼란에 빠진다. 그리고 처성이 많아 재다신약도 겸했고 일시형충에도 해당되어 그 처(乙未, 戊寅, 戊申, 壬戌)가 바람이 잔뜩 들어 제 정신이 아니므로 庚辰년 현재 별거 중이다.

그는 직장 생활 30여 년으로 생활도 넉넉하고 1남 2녀도 괜찮아 집안은 안정적인데 말년에 이게 웬 일인지 모르겠다는 것이다. 자기 운도 그렇지만 부인 명조에 남자들이 많고 고란살에 병신 운행까지 닥쳤기 때문이다. 辛丑운행이 또 불길해 말년이 쓸쓸할까 염려된다.

본조의 주인공들이 다시 올 시기는 각

丙戌(2126 · 2186, 2366 · 2426)년 소서 후 甲申일 巳시다.

34
황금 들녘(작명)

이름은 한 번 지어 호적에 올리면 고치기가 힘들므로 애당초 여간 정성을 들여 짓지 않으면 안 되는 것이다. 통계에 따르면 이름이 일생 동안 불려지는 횟수가 약 십만 번쯤 된다고 한다.

부모 또는 형제나 친구들 혹은 선생님이 그 사람을 가리킬 때 이름을 불러야 하는데 부를 때마다 그 이름이 함축하고 있는 오행(五行:木水金土火)이 자기도 모르는 사이 본인에게 쌓여서 무의식에 작용한다.

사주에 맞는 이름은 본인의 잠재의식에 좋도록 작용하고, 그렇지 못한 이름은 역효과를 누적시킨다. 따라서 이름은 자기 평생에 간판이나 다름없다.

사람은 좋은 소리를 들으면 기분이 좋아지고 나쁜 소리를 들으면 기분이 상한다. 또 소리에 의해서 표정까지 변하게 된다. 전파(電波)가 눈에 보이지 않지만 TV를 켰을 때 화상이 보인다.

음파(音波)도 보이지 않지만 뇌리에 작용하여 얼굴 표정에 나타난다. 즐거운 프로그램을 보면 흥겨워지고 슬픈 프로그램을 보면 마음이 상하는 것처럼 이름이 전달하는 음파도 그와 비슷하다.

소리(音波)가 실제로 어떻게 작용하는가에 대해서 구체적으로 연구한 논문을 발표한 책이 있다.「물은 답을 알고 있다」라는 책은 일본 사람 에모토 마사루(江本勝) 씨가 썼다. 그는 눈(雪)의 결정(結晶) 하나하나가 모두 다르다는 사실에 착안해서 8년 동안 물을 얼리면서 결정(結晶) 사진을 120여 컷이나 찍었다.

그는 물을 얼리면서 일본어, 한국어, 영어, 프랑스어, 중국어 등 어느 나라말로든 '고맙습니다'라는 말을 들려준 뒤 사진을 찍었더니 정돈된 깨끗한 형태의 결정을 보여주었다. 그러나 '망할 놈'이나 '바보'라는 부정적인 말을 들려준 뒤 찍은 사진은 마치 어린 아이가 폭력을 당한 듯한 결정체를 이루었다. 이로 보아 말소리가 얼마나 정확하게 정보를 전달하고 있는가를 알 수 있다.

한편 음악소리로도 실험을 해보았는데 쇼팽의 <빗방울>을 감상한 결정은 빗방울처럼 생겼으나 <이별의 곡>을 들은 결정은 잘게 쪼개지며 서로 이별하는 형태를 취하고 있었다. 다시 <아리랑>을 들려준 결정은 가슴이 저미는 듯한 형상이었다.

이것은 음악소리에도 정보가 있다는 증거이다. 그런가 하면 컴퓨터나 휴대폰 내지 텔레비전 곁에서 얼린 결정은 파괴된 형태를 띠고 있었다. 이것은 전파가 얼마나 해로운가를 여실히 증명해 준 것이다.

글씨로도 실험을 해보았는데 '사랑·감사'라고 쓴 글씨를 보여준 물에서는 아름다운 육각형 결정이 나타난 반면 '악마'라고 쓴 글씨를 보여준 물은 중앙의 시커먼 부분이 주변을 공격하는 듯한 형상을 보이고 있었다.

이것은 글씨에도 정보가 있다는 증거이다. 이름은 글자와 소리가 다같이 작용하고 있는데 앞에서 나타난 정보들로 보아 얼마나 중요한가를 충분히 짐작할 수 있는 것이다.

그럼 이름을 짓는 실제를 소개해 보겠다.

때는 庚辰년 양력으로 1월 지방에서 독자라며 전화가 걸려왔다. 그는 며칠 전에 전화로 자기 사주를 감정한 바 있었는데 이번에는 자기 조카가 태어났다는 것이다. 그러면서 이름을 지어 선사해주고 싶다고 했다. 요즘에 친인척이 작명해서 선물하는 풍조가 퍼지고 있는 때여서 그런 것일까.

"성별은 무엇이죠?"

"여자아이입니다. 己卯년 음력으로 12월 17일 오전 5시 51분에 태어났습니다."

"이름을 짓는데 한두 시간쯤 필요합니다. 10분이나 20분만에지을 수도 있긴 있습니다. 그렇게 지어주어도 사주학과 성명학을 자세히 모르시는 분들은 역학자가 지었으니 믿고 이름을 사용합니다. 그러나 바쁘게 하는 일에는 실수가 끼어들 소지가 있어요. 이름은 사주를 뽑아보고 무엇이 그 사주에 더 필요하고 불필요한가를 정확히 살핀 다음 모자란 것은 이름에 보충해주고 사주에서 남아도는 것은 이름에 더 넣으면 안 됩니다. 그러니까 용신이 무엇인가를 확실히 파악한 후에 이름에 그것을 보강시키는 작업이 바로 이름짓기입니다.

그리고 숫자(또는 수리數理)가 풍기는 수리와도 사주가 어울리는가 그것도 따져봐야 합니다. 그래서 시간에 여유가 있어야 하므로 예약금을 송금하시고 몇 시간 후에 연락해 주시면 됩니다."

이렇게 작명에 대해 설명을 하자 그는 그렇게 하자며 들어갔다. 나는 곧바로 그 여아의 사주를 아래와 같이 정리해 놓았다.

[2000년 양력 01월 23일 오전 05:51분 여자]
[1999년 음력 12월 17일 일요일 卯시 출생]

정인	己(土木)卯	정재	04 14 24 34 44 54 64
정관	丁(火土)丑	정인	戊 己 庚 辛 壬 癸 甲
신주	庚(金土)辰	편인	寅 卯 辰 巳 午 未 申
정인	己(土木)卯	정재	

· 사주읽기 ·

신주 庚金이 土왕절의 丑월에 태어나 생신하고, 辰土와 己土들도 생신(生身)하니 신강하다. 따라서 신강의극의 용법에 의해 火가 용신이고, 木이 희신이므로 이름에 火木을 더 넣어야 한다. 운행이 木火로 달려 일생이 대략 즐거운 삶이다.

이 여조(女造:여자 사주)는 丁火가 있으니 엄동설한의 丑土가 약간 해동(解凍)되어 미온지토(微溫之土)가 되었기 때문에 土生金으로 생신(生身)하고, 辰土도 양금지토(養金之土)이기 때문에 생신한다. 金은 12운성으로 寅木에서 절(絶)이고, 卯木에서 태(胎)이며, 辰土에서 양(養)이고, 巳火에서 巳중 庚金이 있기 때문에 장생(生)하는 것이다. 그래서 庚金이 辰土를 만나면 辰土가 庚金을 양생(養生)한다고 해서 양금지토라는 사주학 용어를 쓰는 것이다. 따라서 두 土가 생신하므로 신주가 강해졌다. 바꿔 말하면 신강사주가 된 것이다. 이것은 마치 땅 속에서 쇠덩이(鐵)가 계속 생산−土生金−되고 있는 형상이므로 철은 충분하게 준비되어 있다는 형상이다.

이렇게 철이 많이 쌓이기만 하면 뭐 하겠는가? 그 많은 쇠는 뭐니뭐니해도 일단 풀무질을 당해야 삽이든 보신각종이든 어떤 그릇이 되어 그 용도가 생기는 것이다. 그러니까 성기(成器)가 되어야 쓸모 있는 주인공(신주 庚金)이 되므로 火중에서도 태양에 속한 丙火보다 제련용인 丁火가 있어야 사주가 격상(格上)된다.

丁火는 없고 丙火가 나타났으면 그만큼 사주가 격하(格下)되고 만약에 그나마 없으면 더욱 사주의 격이 떨어져 불미하게 된다. 丑월의 庚金과 酉월의 庚金은 丙丁의 火가 다 있는 것이 호명(好命)이라고 할 수 있다.

이밖에 金이 강해진 사주로 추수명검(秋水名劍)의 용법이라든가 종강이나 종왕에 의한 용법 그리고 관살병용(官殺竝用)이라는 용법에 의해야 하는 것들도 있다. 하지만 이 여조는 그런 짜임새가 아니므로 여기서는 신강(身强)하기 때문에 마땅히(宜) 신주를 제련(克)하는 신강의극(身强宜克)의 용법(用法:용신을 정하는 법)을 적용해야 한다.

그래서 丁火가 용신인데 마침 사주에 있다. 이 경우 용광로인 丁火가 약하므로 강해진 金을 제련하기에 힘이 부족한 형국이다. 따라서 불꽃을 강하게 해줄 연료가 필요하다. 그 연료는 나무인 木이다. 木生火로 火를 생조해주는 것이다. 그래야 용광로가 더욱 뜨거워져 金을 제대로 제련할 수 있다. 연료에 속하는 나무 중에서도 건조한 木(甲寅)이 丁火에게는 최선(最善)이고 습기가 찬 木(乙卯)은 차선(次善)이다.

이 사주의 경우 甲寅의 木이 없어 좀 서운하지만 차선책으로 卯木이 있다. 그래서 용신과 희신을 다 갖춘 셈인데 금상첨화로 운행이 寅卯辰의 목방(木方)운과 巳午未의 화방(火方)으로 힘차게 달린다. 그래서 木火가 제대로 작용하여 일생이 거의 즐거운 삶이 된다.

그 중에서 다만 庚辰운행만 金土이기 때문에 약간 침체할 것이지만 그 대신 일생의 황금기는 후반에 있는 午未이다. 그 때는 火운행인데 火는 이 여명(女命)에게는 남자(夫君)운이니 그 기간에 남편이 성공하고 본인도 안일(安逸)할 때이다.

따라서 이 여명은 용신이자 부군성에 해당되는 火와 희신이자 재물성에 해당하는 木을 이름에 더 보충해야 한다. 이렇게 파악한 후 소리 오행(音五行)에서 火와 木에 속한 글자들을 발굴하기 시작했다.

그리하여 여러 개의 이름들이 나왔지만 최종적으로 아래의 선명(選名)에 쓰인 대로 도경(稻坰)이라고 확정했다. 성씨는 조상의 터로 누구도 고칠 수 없다. 성씨가 다행히 사주가 요구하는 소리오행이면 좋거니와 그렇지 못할 경우는 이름 두 자만이라도 강력하게 보강해야 한다.

그러므로 火에 속한 '벼 도'자와 木에 속한 '들 경'자를 선택했다. 들이 텅 비어 있는 것보다 벼로 가득 차 있는 황금들판이라면 얼마나 풍성한가.

게다가 수리오행(數理五行)에 속한 숫자도 맞아야 한다. 여기서 말하는 원형이정(元亨利貞)은 주역에서 따온 말로 일년 중 봄(元)과 여름(亨)과 가을(利)과 겨울(貞), 즉 사계절을 의미한다. 봄에 씨를 뿌려 여름에 왕성하도록 성장시켜 가을에 추수해서 겨울에 창고에 저장해 놓고 일년을 보내는 것이다. 사람의 일생으로 말하면 소년기와 청년기 그리고 장년기와 말년을 의미한다. 따라서 원격의 수리 뜻은 소년기에 작용하고 형격은 청년기에, 그리고 이격은 장년기에, 정격은 말년에 작용하는데 그러면서도 그 모든 것들이 일생 전체에도 합해서 작용한다.

그리고 이름끼리의 숫자를 더한 것이 원격이고, 성명 가운데 자와 성씨를 합친 것이 형격이며, 성씨와 이름 끝 자를 합한 것이 이격이고, 정격은 성명 전체의 숫자를 합한 것이다.

이름은 보다시피 혁신격 왕성운이 소년기와 청년기에 작용한다는 뜻이고 덕망격 유재운은 특히 여자에게 아주 좋은 수리오행이며 말년에는 세상을 살피면서 집안을 일으키는 세찰격 흥가운이 배치되어 있다.

만약 수리 오행을 뽑아 보았는데 20이라는 숫자가 걸리면 공허격(空虛格) 허망운(虛妄運)이고 22라는 숫자가 걸리면 중절격(中折格) 단명운(短命運)이 된다. 이 얼마나 무서운 수리오행들인가. 그러므로 그런 것이 걸리지 않도록 주의했다.

이렇게 면밀하도록 정리하는데 시간이 한두 시간씩 걸린다. 아무리 숙달되었다고 해도 빨리 처리하는 일에는 실수가 약간이라도 끼어들 수 있기 때문이다.

이리하여 아래와 같이 정리해서 사주와 선명을 각각 한 장씩 프린트로 뽑아 부탁한 주소로 우송했다.

[선명(選名)]

성명	한글	O	도	경
姓名	한문	O	稻벼	坰들
오행	五行	金	火	木
획수	劃數	08	15	08

[수리(數理)에 따른 영적(靈的) 운동(運動)]

원격(元格) 春(소년)二十三數 혁신격(革新格) 왕성운(旺盛運)

형격(亨格) 夏(청년)二十三數 혁신격(革新格) 왕성운(旺盛運)

이격(利格) 秋(장년)十六 數 덕망격(德望格) 유재운(裕財運)

정격(貞格) 冬(말년)三十一數 세찰격(世察格) 흥가운(興家運)

* 음파의 파동은 에너지(氣:힘)의 전달이며 의식의 변화를 일으키게 한다.
「파동의 세계와 의식의 진화」 이차크 벤토프 (정신세계사)

* 모든 소리는 각자의 독특한 파장과 진동율을 갖는다.
「The Many Mansions」(윤회의 비밀) 지나 서미나라 (장경각)

35

제왕절개와 태교

때는 임오(壬午)년 양력으로 5월 중순경이었다. 저 멀리 남쪽에 사는 임산부가 여아를 분만하려고 하는데 날짜와 생시를 받고 싶다는 것이다. 예정일은 양력으로 7월 중순경이라고 하니 아직도 두 달 남짓 남아 있었다.

어떤 사람들은 제왕절개로 태어난 것은 인위적이기 때문에 효력이 없다고 말하기도 한다. 그들에 의하면 똑같은 명기(命器:사주)에 태어난 사람들이라도 그냥 태어난 사람에게는 그 사주의 효력이 있고 제왕절개로 태어난 사람은 그 사주의 효력이 없다는 말이 된다.

그러면 만약 그 사주가 아주 불길한 것이었을 경우 그냥 태어난 아이와 제왕절개로 태어난 아이 가운데 어느 쪽이 더 불행하다고 단언할 수 있겠는가? 그들의 주장대로라면 그 나쁜 사주에 제왕절개로 태어난 주인공은 인위적으로 태어났기 때문에 효력이 없어 불길한 인생을 살지 않고 그냥 태어난 주인공만 곤욕을 치르며 산다는 논리가 성립된다. 그리고 생시를 받지 않고 어쩔 수 없이 제왕절개로 태어난 아이도 인위적이기 때문에 역시 나쁜 인생살이가 될 수 없다는 말이 된다.

반대로 아주 귀한 사주에 태어난 사람들 가운데 제왕절개로 태어난 사람과 그냥 태어난 사람은 어떤 작용이 있다고 하겠는가? 제왕절개로 태어난 사람만 효력이 없고 그냥 태어난 사람만 효력이 있다는 말이 된다.

과연 그럴 수 있을까? 어떤 경우로 태어났든 사주는 있기 마련이고 그 속에 간직된 원리도 그대로 작용하며 그 사주에 태어나게 된 것도 노력에 따른 부모와 자기의 분복(分福)이다.

또 심지어 어떤 사람은 천기누설이기 때문에 하늘의 뜻을 거슬린다고 말하기도 한다. 그렇다면 사주학은 학문이 아니라 그 어떤 신비한 비결이라는 말이 된다. 이거야말로 사주학이 어떤 학문이라는 것조차도 근본적으로 모르는 소리이다.

사주는 하늘의 비밀이라기보다 누구든 열심히 공부하면 그 깊은 원리를 파악할 수 있는 학문이다. 그러므로 노력에 따라서는 선생을 얼마든지 능가할 수 있다.

그런데도 어느 일부 층만 비밀리 알고 있는 것처럼 말하는 사람들은 대개 사주학의 깊은 원리를 터득하지 못하고 자기만이 특별하게 도통하고 있는 것처럼 위장하기 위해서 그런 소리를 하는 것이 아니겠는가?

일년에 구성되는 사주는 약 8640개로 이것을 남녀로 나누면

4320개씩이다. 다시 말해 남자 사주가 일년에 4320개이고 여자도 마찬가지인데 그 분포를 마름모(◇)의 형상으로 연상할 수 있다. 보는 바와 같이 최상과 최하의 꼭지점의 면적이 매우 적은 분포를 이루고 있듯이 남명(男命)이든 여명(女命)이든 최상과 최하의 사주가 구성되는 생년월일은 불과 몇 개에 지나지 않는다. 대통령과 거지가 드물듯이 말이다.

마름모의 중앙에 선을 긋고 위아래로 세 등분씩 나눈다면 위로부터 최상위급, 상위급, 중상위급, 그리고 중하위급, 하위급, 최하위급 이렇게 여섯 단계로 대충 분류할 수 있다. 중앙에서 보면 50 대 50이지만 최상에서 나머지들과 비교한다면 1 대 99이다. 그리고 상위급에서 나머지들과 비교한다면 15 대 85 정도 될 것이다. 그 다음 중상위급에서 중급이하들과 비교한다면 35 대 65 정도 될 것이다.

이때 중급 이하에 속하지 않는 생년월일과 생시를 찾아내서 임산부에게 알려주려면 예정일보다 적어도 보름 내지 이십여 일 정도의 것을 검토해야 한다.

이미 남녀가 구분된 상태에서 검토하게 되니까 이십여 일 것을 볼 경우 240개의 사주를 모두 면밀히 검토해야 한다. 그 240개 중에는 마침 최상위급이 들어 있을 수도 있다. 그러나 예상 밖으로 230여 개가 하위급에 속하며 겨우 10개만 추려냈는데 그 중에서 7개는 그저 중급 정도에 불과하고 나머지 3개만 중상위급이나 상위급에 속할 수도 있다.

그것을 찾아내려면 240개를 낱낱이 사주학 원리에 입각해서 검토하지 않으면 안 되기 때문에 참으로 힘든 작업이 아닐 수 없다. 그것을 다 검토하려면 약 1주일 정도 필요하다.

그러므로 필요한 임산부는 적어도 한두 달 전부터 자기 의사를 밝혀두어야 한다. 그런데 마침 앞에서 말한 임산부는 지혜롭게도 대략 두 달 전부터 의논을 해온 것이다.

예정일이 양력으로 7월 13일경이라니 6월 23일부터 검토해야 한다. 그 임산부는 예정일보다 약 10여 일 앞당겨 큰아이를 생산한 경험이 있기 때문에 그 리듬도 염두에 두고서 검색을 하지 않으면 안 된다.

그건 내가 해야 할 작업이고, 그 동안에 임산부가 준비해야 할 일들이 있어 나는 그녀에게 임산부로서 가져할 자세가 매우 중요하므로 다음과 같은 사항들을 실천할 것을 당부했다.

첫째, 부부간에 언쟁을 하지 말아야 한다.

왜냐하면 뱃속에 들어있는 태아가 빠짐없이 부모들의 언행을 다 듣고 있기 때문이다. 부부간의 언동은 임산부의 정신과 육체에 파장을 일으킨다. 그러면 그 파장이 전파나 음파처럼 필연적으로 태아에게 미치어 그 영향을 받는 것이다.

한 생명이 자궁에 자리 잡기까지는 엄청난 생명력을 발휘한 끝에 약동하고 있는 중이다. 약 2만에 가까운 정자가 치열한 경쟁을 벌이다가 한 정자가 냄새로 난자를 찾아가 도킹에 성공한다. 그러니까 태아는 2만 대 1의 경쟁 끝에 비로소 자궁에 안주하여 성장하고 있는 것이다.

그러니 얼마나 스트레스가 쌓였겠는가? 그런 태아를 안정적으로 성장시키려면 부모의 언행이 매우 안정적이어야 할 것은 당연한 일이다. 같은 이유로 부부간은 말할 것도 없거니와 타인들과도 다투지 않아야 한다.

둘째, 태아를 향해서 다음과 같은 내용의 말을 되풀이하여 속삭여야 한다.

"우리는 당신을 귀빈으로 맞이할 준비가 되어 있으니 좋은 인연을 맺도록 합시다.", "당신은 이 세상에 와서 보람된 일을 해보십시오. 당신은 능히 할 수 있습니다. 당신이 오심을 진심으로 축하합니다."

자식은 부부를 통해서 오기는 하지만 부부의 전유물이 아니다. 하나의 생령(生靈)이 이 세상에 올 때는 자기가 구사하고 싶은 일이 있어 부모라는 통로를 통해 탄생하는 것이다. 그런 태아에게 그가 하고 싶은 일이 보람되기를 기원해 주는 것은 부모로서 당연히 가져야할 마음가짐이다. 그렇게 함으로써 서로 좋은 협력자의 관계가 맺어질 수 있다.

셋째는 태아가 어떤 인물로 태어나기를 바라는가에 따라서 구체적인 태교를 실행해야 한다는 것이다.

어떤 임산부가 영능력자인 에드가 케이시에게 다음과 같이 질문했다.

"이제부터 저는 몇 달 동안을 어떤 마음가짐으로 지내야 할까요?"

"당신이 어떤 아이를 바라고 있는지에 따릅니다. 만약 음악적

재능이 있는 예술적인 아이를 바란다면 음악이나 미술 또는 아름다움에 대하여 생각하십시오. 또는 기술자가 될 아이를 바란다면 기계를 생각하고 그것을 만지시오. 그런 것이 무슨 효과가 있을까 하고 생각해서는 안 됩니다. 여기에 모든 어머니들이 알아야만 할 것이 있습니다. 임신 중의 태도는 그 양친을 거쳐 태어나는 영혼의 성격과 밀접한 관계가 있다는 사실입니다."

실제로 壬午년에 '국악 신동'이라고 일컬어지는 유태평양군은 그 부모이자 국악인인 아버지가 다음과 같이 증언했다.

"태평양이 엄마 뱃속에 있을 때 태교 삼아 국악을 들려줬다." 며 "첫 돌 무렵 친척들이 모였는데 태평양이 냄비 뚜껑을 들고 국악 장단을 척척 맞추는 걸 보고 모두 깜짝 놀랐다."고 말했다. 그런 유군은 항상 판소리 가락을 흥얼거리고 다닌다는 것이다. 이렇게 남달리 일찍 자기 재능을 발휘하는 것은 태교에 힘입은 바 크다고 할 것이다. 우연히 된 일이 아니다.

그러므로 가령 당신의 아이가 소설가나 시인 또는 학자가 되게 하려면 임산부는 그것을 생각하고 그런 책을 읽어주는 태교를 해야 할 것이다.

그 임산부가 가진 아이의 성별은 여자이다. 그래서 필자는 240개의 사주를 컴퓨터로 작성해서 전부 뽑아 놓고 며칠 동안 검토를 거듭한 끝에 5개로 압축했다. 그 중에는 金운행을 소화하기가 어려운 것도 있고 또 생모(生母) 외에 또 다른 어머니가 있을 명조(命造)도 있어서 더 압축 해 보았더니 아래와 같은 사주가 되었다.

[2002년 양력 07월 06일 오후 9:33분 여자]
[2002년 음력 05월 26일 토요일 亥시 출생]

정인 壬(水火)午 식신　10　20　30　40　50　60　70
상관 丙(火火)午 식신　乙　甲　癸　壬　辛　庚　己
신주 乙(木水)亥 정인　巳　辰　卯　寅　丑　子　亥
식신 丁(火水)亥 정인

· 사주읽기 ·

 이 여자 사주는 자기(주인공)에 속한 乙木(신주)이 무더위가
한창일 때 초목이므로 땡볕 때문에 나무가 더위에 시달릴 대로
시달린다. 그래서 성성한 신록(新綠)을 구가할 수가 없는 형상
이다. 실제로 2002년 양력으로 6월 말과 7월 초는 무더위가 맹
위를 떨치고 있었다. 그런 시기의 나무는 무엇보다 물이 필요하
다. 그래야만 성성한 신록을 마음껏 발휘할 수가 있는 것이다.
이때 신록을 구가할 신주(乙木)는 주인공이다.

 세상에 한번 태어났으면 신록을 맘껏 발휘해야 할 것이다. 그
러므로 亥水라는 물이 약해서는 안 된다. 그리하여 나는 생시도
무더위가 한창인 낮을 택하지 않고 밤이슬이 내리는 亥시를 골
라낸 것이다. 그 亥水는 인성으로 학문성이니 공부와 관련이 있
고 운행도 水木으로 배치되어 오래도록 계속된다.

 그럼 辛丑운행부터 金운행이 시작되면 어떻게 될 것인가? 그게

문제이다. 왜냐하면 金克木으로 신주를 극하니 말이다. 이 경우 亥水가 하나도 아닌 둘이나 되어서 튼튼하고 金운을 만나도 金吸水로 흡수해서 水生木으로 소통하니 쇠파이프(金) 속에서 물이 계속 나와 초목인 신주를 성장시키는 형상이므로 무난히 소화할 수 있다. 그 金은 이 여명에게 남자에 속한 운이니 그 때에 관인상생격이 구성되어 남자의 지위가 강해지고 혹은 본인이 관록에서 성공할 수도 있다. 金은 관록이자 남자에 속한 것이니까 말이다.

이 사주를 전문적인 용어로 읽으면 신주 乙木이 火왕절의 午월에 태어나 火의 세력에게 설신되니 식상패인(食傷佩印)의 용법에 의해 水가 필요하다. 이때 두 亥水가 있어서 풍부한 물로 나무(身主 乙木)를 충분히 성장시켜 신록을 구가할 수 있고 金도 흡수해서 소화할 수 있으므로 평생 안일할 여명이다.

이 명조를 그 임산부에 일러주고 처음 일러준 대로 열심히 실천해 보라고 한 다음 한 가지를 더 첨부했다. 고의가 아닌 어쩔 수 없는 불가항력으로 어렵게 된 사람들 다시 말해서 소년소녀 가장이나 어려운 처지에 놓인 사람들을 찾아 힘닿는 대로 정성 껏 도와보라고 했다. 그런 공덕도 들이지 않고 좋은 사주만 원해서야 되겠는가?

그리고 만일의 경우에 대비해서 그보다 좀 못하지만 그날보다 앞당겨진 한 개의 사주를 더 일러주었다. 그리고 기다렸다. 위에 것이든 앞당겨준 것에 태어나든 그것은 그 집안의 인연이자 태아의 분복이니 어쩔 수 없는 것이다. 다만 하는 데까지 해보고 기다릴 수밖에(盡人事待天命) 다른 도리가 없는 것이다.

어느 덧 날이 가고 달도 바뀌었다. 그런 어느 날 소식이 도착했다. 밤늦게 제왕절개를 하려고 여러 곳의 산부인과를 찾았더니 모두가 훤한 낮이 아니므로 거절을 당했다는 것이다. 그래서 수소문 끝에 아주 풍부한 경험을 오래도록 쌓은 조산원을 만났다고 한다. 그리하여 유도분만을 시도했는데 그게 성공했다는 것이다. 말하자면 제왕절개가 아닌 것이다. 그러나 그와 같이 된 것이나 다름없다. 생일과 생시를 받아서 낳았으니까 말이다. 아무튼 그 아이의 이름을 지어달라고 하기에 그렇게 하기로 약속하고 이제 어머니의 역할로써 태어난 아이의 교육에도 참고가 될 다음과 같은 이야기도 첨부해 주었다.

고려 때부터 참선(參禪)으로 전통이 깊은 남동화사와 북용화사에 속한 선지식으로 용화사(龍華寺)를 이끈 송담(宋潭)스님의 증언이다.

어떤 아이가 학교에서 가르쳐준 구구단을 아무리 외려고 노력했지만 어떻게 된 일인지 도무지 암송할 수가 없었다. 그러자 아이의 어머니는 송담 스님의 충고를 받아들여 아이가 깊이 잠든 두 시간이 되었을 무렵 아들의 머리맡에 대고 간절한 마음으로 속삭이듯 여러 번 구구단을 외워주었다. 그러면서 내일 아침에는 구구단을 한 번만 읽어도 줄줄 욀 수 있을 거라는 암시를 해주었다.

그리고 날이 샌 아침에 어머니가 아이를 향해서 구구단을 한 번만 읽어본 뒤 외워보라고 말했다. 그러자 아이는 어머니의 말대로 구구단을 한 번 읽었다. 그런 다음 거짓말 같이 구구단을 줄줄 암송했던 것이다.

왜 그런 놀라운 효과가 나타났을까? 송담스님의 법문에 따르면 이렇다.

아이가 활동을 하고 있을 때는 정신활동이 쉬지 않고 있기 때문에 마치 무언가로 가득 차 있는 그릇과도 같다는 것이다. 그렇게 가득 찬 상태에 있는 아이에게 부모가 공부해라 공부해라고 하면 마치 받아들일 빈 공간이 없는 그릇이 넘쳐버리는 것처럼 수용할 자세가 되지 않고 반발만 하게 된다는 것이다. 그런데 잠이 깊이 들면 의식이 쉬어서 마치 빈 그릇같이 되어 있다는 것이다. 그때를 활용하여 그 무의식에 어떤 암시를 주면 거부감 없이 순수하게 그대로 받아들인다는 것이다.

여러분은 「젊은 베르테르의 슬픔」이라는 작품을 잘 알고 있을 것이다. 그 작품은 발표될 당시에도 독일과 유럽의 청년들을 열광의 도가니로 몰아넣었을 뿐만 아니라 후세에도 불후의 명작으로 남아 세계의 독자층을 끊임없이 창출하며 감동케 하는 매력을 지닌 작품이다.

필자도 그 책을 옆에 두고 젊어서부터 60대에 이르기까지 열 번도 넘게 읽고 있다. 나이가 들수록 그 책을 보면 왠지 힘이 솟는 듯하다.

그 책의 저자는 괴테이다. 그런데 그에게는 그가 어렸을 때 밤마다 이야기를 들려준 어머니가 계셨다. 말하자면 이야기꾼 어머니가 어린 괴테에게 매일 밤 이야기를 들려준 것이다. 그 어머니는 매우 의도적이었다는 것을 알 수 있다.

그런가 하면 경우는 조금 달라도 어머니의 역할에 관한 것으로 이런 이야기도 있다.

두 살 때부터 열한 살 때까지 만성적으로 밤에 오줌을 싸는 소년이 있었다. 그 아이는 두 살 때 동생이 생기면서부터 밤마다 실수를 하는 야뇨증이 계속되었다. 그래서 양친은 동생에게 빼앗긴 애정 때문에 불안해져서 그런가 싶어 온갖 노력을 다 기울였다. 그러나 그 증세는 전혀 호전되지 않았다.

양친은 그 아이가 세 살이 되자 정신과 의사를 찾아가 일 년 남짓 치료를 받았지만 조금도 나아지지 않았고 5년이 흐르도록 여전히 이부자리를 적시는 것이었다. 그 뒤로도 전문의를 다 찾아 다녔는데 모두가 허사였고 여덟 살이 되어도 야뇨증은 하루도 빠짐없이 계속되었다. 2년 동안 더 치료를 계속해 보았지만 모두 헛된 노력에 지나지 않아 결국에는 의사의 치료를 단념하고 말았다.

그러다 아이가 열 살일 때 양친은 영능력자인 에드가 케이시의 소문을 듣고 그에게 의뢰했다. 그러자 그가 들려준 내용인즉 그 아이는 전생 중 청교도 시대, 즉 마녀재판 시대에 복음 전도사로서, 마녀 혐의자를 걸상에 묶어 연못(물로 오줌과 관련됨)에 처넣는 형벌을 적극적으로 집행했기 때문에 그런 것이니 소년이

잠들었을 때 정신적인 암시를 주라는 것이었다. 그리하여 소년의 어머니는 아이가 잠들었을 때 그의 머리맡에서 낮은 목소리로 속삭였다. "당신은 친절하고 훌륭한 사람입니다. 당신은 많은 사람들을 행복하게 해줄 것입니다. 당신은 당신에게로 오는 모든 사람들을 도와 줄 것입니다. 당신은 친절하고 훌륭한 사람입니다." 대개 이런 뜻으로 약 십 분 동안 되풀이했다. 그랬더니 그 날 밤은 10년 만에 처음으로 오줌을 싸지 않았다. 어머니는 몇 달 동안 이렇게 암시를 해나갔다. 그러자 그 사이 한 번도 실수가 없었다. 그 후 차츰 암시가 1주일에 한 번으로 줄었으며 마침내는 그럴 필요도 없어지게 완전히 치유되었다. 정말 놀라운 효과가 아닐 수 없다.

그렇게 케이시의 지시대로 암시를 준 어머니는 법률가이자 지방검사로 미신을 가까이 할 여성이 아니었다. 만일 어머니가 미신 같은 소리라고 치부해 버리고 그런 암시를 해주지 않았다면 그 아이는 계속해서 부모를 실망시키고 있었을 것이다.

이로 보아 이미 명예욕과 재물욕 등에 찌들 대로 찌든 어른들도 천진무구한 아이들에 비할 수는 없겠지만 녹음기에 쓸 만한 내용을 녹음해 놓았다가 잠든 뒤에 들을 수 있도록 스스로 해보는 것도 나쁘지 않을 것이다.

가령 법어(法語)나 경전의 말씀 혹은 좌우명이나 은은한 멜로디 등등을 녹음해서 잠든 뒤에 들을 수 있도록 해두면 그 효과가 적지 않을 것으로 생각된다. 텅 빈 무의식은 무엇이든 받아들일 수 있기 때문이다.

 이상의 사실들을 주위 사람들에게 알려주는 것도 하나의 공덕을 쌓는 것이 아니겠는가?

 다음도 필자의 정성을 거쳐 제왕절개로 태어난 경우이다. 물론 이 경우도 위에서 그 임산부에게 일러준 말들을 그대로 당부했고 그 말을 따라 곧바로 그 임산부는 어려운 환경에 처한 사람들에게 자기 통장에서 매달 얼마씩 나가도록 조치했다고 한다.

[2002년 양력 05월 24일 오후 4:30분 남자]
[2002년 음력 04월 13일 금요일 申時 출생]
  비견 壬(水火)午 정재 04 14 24 34 44 54 64
  상관 乙(木火)巳 편재 丙 丁 戊 己 庚 辛 壬
  신주 壬(水土)辰 편관 午 未 申 酉 戌 亥 子
  편관 戊(土金)申 편인

· 사주읽기 ·

 이 사주는 水生木하고 木生火하며 火生土하고 土生金해서 金生水하고 다시 水生木하여 오행이 마치 염주알 돌듯 빙빙 돌고 도는 순환상생(循環相生)격이다. 그리하여 어디가 시작이고 어디서 끝나는지 알 수 없이 원만한 형상이다. 이렇게 짜이면 운행에서 어떤 운이 들어와도 각 오행과 연결이 자연스럽게 이루어져 소화시킬 수 있는 특징이 있다.

가령 丙丁의 火운을 만나도 습기 찬 辰土가 火吸土로 흡수해서 소통시킨다. 비록 그렇다고 해도 이 사주는 다른 오행에 비해서 火土가 강하고, 金水가 약하므로 申酉戌의 金方운행과 亥子丑의 水方운행에 만사가 여의(如意)할 것이다. 다시 말해 살아갈수록 대기만성(大器晚成)하는 운행이다. 특히 金水운행은 학문으로써 빛을 구사할 운이다.

이 경우도 만약을 몰라서 두 개의 사주를 뽑아 알려주었다. 그런데 이 보다 앞의 것은 재물에 강한 사주이고, 이 사주는 학문에 강한 사주이다. 그런 가운데 재물이 강한 사주가 구성되는 날 임산부로부터 전화가 걸려왔다. 그래서 필자가 더 참을 수 있다는 자신감이 든다면 다음 사주(여기서 말하는 사주)를 활용해보라고 말하면서 만약 무리가 된다고 판단되면 오늘 낮도록 하라고 했다. 그랬더니 자기가 알아서 하겠다며 수화기를 놓았다.

그 후 위의 사주에 태어났다는 것이다. 그러면서 아이 할아버지는 교장 선생님이고, 외할아버지도 교육자이며, 아버지는 교수를 목표로 외국에 유학중이라는 것이다. 나는 속으로 감탄했다.

'허, 제대로 찾아오셨구면! 돈 많은 사주는 제쳐두고 교육자 집안으로⋯.'

필자는 성명의 수리에 따른 영적 운동을 다음과 같이 구성되도록 지어서 우송했다. 원격(元格)은 8로 발전하면서 앞으로 힘차게 나가는 발전격(發展格) 전진운(前進運)이고, 형격(亨格)은

15로 앞장서서 지휘하며 선망의 대상이 되는 통솔격(統率格) 복수운(福壽運)이며, 이격(利格)은 13으로 더욱 지혜가 발전하는 총명격(聰明格) 지달운(智達運)이고, 정격(貞格)은 융성하게 번창하는 발전격(發展格) 융창운(隆昌運)이다.

오행의 배치는 金土火이다. 火生土하고 土生金해서 누구도 바꿀 수 없는 성(姓)씨인 金이 강해지도록 한 것이다. 그러면 金生水로 자연히 水도 강해져 운행과 상통한다.

E·P·I·L·O·G·U·E

　지금까지 필자는 사주학 이론에 따라 많은 사람들과 상담했던 사례들 가운데서 그 일부를 이 책에 소개했다. 그 경험에서 알게 된 것은 대부분의 사람들이 사주팔자대로 살아가고 있다는 사실이다. 한 번 타고난 팔자는 누구도 그 범위를 벗어나지 못하고 그 안에서 주어진 대로 살아가고 있었던 것이다. 간혹 필자는 사주팔자를 무시해 버리려고 생각 하다가도 상담을 통해 사주학 이론과 적중하는 사례들을 목격하면서 그럴 수가 없는 자신을 발견하게 된다.

　정말 중요한 문제는 팔자를 고칠 수 없다는 것이다. 혹자는 미신적인 방법으로 고칠 수 있을 것같이 말하면서 부적이나 다른 방법을 쓰고 있지만 그것은 아무런 효력이 나타나지 않는다. 만약 그런 방법으로 액운을 행운으로 바꿀 수만 있다면 그보다 더 신통한 방법이 이 세상에 또 어디에 있겠는가마는 한번 정해진 운은 그런 방법으로 없애거나 고치거나 다른 어떤 것으로 대체할 수 없다. 그렇게 해서 개선되었다는 사례가 지금까지 한 번도 없었다는 사실이 그것을 증명해 주고 있다.

오직 방법이 있다면 한 가지뿐이다. 그것은 태어나는 생일과 생시를 조절해서 조금이라도 괜찮은 사주가 구성되도록 하는 것이다. 이 책 중에서도 보았듯이 한두 시간의 차이로 태어난 생시 하나 때문에 삶의 질이 엉뚱하게 달라지는 사례들을 여러 명 보았지 않았던가? 그것은 시사하는 바가 매우 크다. 그런 사례들을 보면서 산모들은 생시만이라도 조절하여 태어나는 아이의 운명을 조금이나마 개선시켜 줄 수 있다는 사실을 알아차렸을 것이다.

하지만 그렇게 하고 싶어도 그 일이 쉽지만은 않다. 거기에는 많은 정성과 공덕이 무엇보다 선행되어야 한다. 그리고 그 바탕 위에 고도로 숙련된 높은 수준의 사주학자를 만나야 그 일이 비로소 가능해진다. 이 두 가지가 병행되지 않고는 좀 더 나은 운명을 만나기는 기대하기 어렵다. 세상에는 공짜도 없거니와 우연이란 있을 수 없기 때문에….

이 책을 읽는 독자들은 항상 매사에 정성을 드리고 공덕을 지어 그런 기회를 맞이하기 바란다. 그리고 이 자리를 빌어 그 동안 필자의 졸작들을 읽고 격려의 전화와 서신들을 보내주신 수많은 독자들에게 심심한 사의를 표함과 동시에 건투를 빌어마지 않으며 앞으로도 더욱 관심을 가지고 지도 편달해 주시길 바라마지 않는다.

인간들이 살고 있는 이 지구는 태양을 중심으로 영원한 공전과 자전을 거듭하고 있다. 공전은 지구가 태양을 중심으로 한 바퀴 도는 것으로 인해 일년이란 연도가 생긴다. 그에 따라 사주에 연주(年柱)가 생기고 공전하는 가운데 절기가 바뀌면서 달이 생기므로 월주(月柱)가 정해진다. 그리고 지구가 자전 하면서 날짜가 바뀌고 시간이 생겨 일주(日柱)와 시주(時柱)가 정해지는 것이다. 그리하여 사주는 여덟 자로 구성되기 때문에 사주팔자(四柱八字)라고도 한다. 이때 사주란 기둥 주(柱)자를 써서 네 기둥이란 뜻이다.

모든 사주는 터(위치)라고 하는 궁(宮)이 있다. 연주(年柱)는 조상의 터(祖上宮)요, 월주(月柱)는 부모(父母宮)와 형제자매의 터(兄弟姉妹宮)이다. 그리고 일주(日柱)는 내 몸인데, 그 가운데 일간(日干)은 나의 터로서 내 몸의 주인이니 신주(身主)요, 일지(日支) 즉 신주 오른쪽—옛날식으로는 신주 아래 즉, 밑에 있는 글자—에 있는 글자는 배우자의 터(配偶者宮)로서 여자는 부군궁(夫君宮)이며, 남자일 경우는 처궁(妻宮)이다. 부부는 일심

동채이기 때문에 일주 전체를 내 몸이라고 한다. 그리고 시주(時柱)는 남녀를 불문하고 자녀의 터(子女宮)이다.

그렇다면 이 궁으로 모든 육친 관계를 다 풀 수 있느냐? 그렇지 않다. 이것은 사주를 풀 때 염두에 두고 참고만 한다. 이것보다 더 정확한 것이 있는데 그것은 별자리이다. 이 별자리(星)를 빨리 이해하려면 먼저 오행(五行)이란 것부터 알고 넘어가야 한다.

오행은 수(水), 목(木), 화(火), 토(土), 금(金) 이렇게 다섯 가지를 말한다. 이 오행은 우주가 다섯 가지의 원소로 구성되어 있다고 본 데서 나온 것이다.

바꿔 말하면 우주는 대별(大別)해서 물과 초목(식물)과 불(태양도 포함), 그리고 땅(흙 또는 먼지나 별)과 쇠(철분) 이렇게 다섯 가지로 이루어져 있다고 보는 것이다. 물의 경우를 보면 바다가 지구의 70.8%을 차지하고 있다.

사람도 우주처럼 다섯 가지 오행으로 구성되어 있다고 본다. 다시 말해 우리의 몸은 혈액과 침 등 약 70%가 水인 물로 되어 있고, 세포와 근육질은 木, 36도라는 체온을 유지하는 것을 火, 살(肉)은 土, 그리고 손톱 발톱과 치아, 뼈대 등은 金에 해당된다고 볼 수 있다. 이렇듯 우주와 인간이 밀접한 상관관계를 맺고 있기 때문에 사주에도 이 오행이 빠질 수 없는 것이다.

그런데 이 오행은 때로는 서로 돕기도-상생(相生)-하고, 때로는 서로 배척-상극(相剋)-하기도 한다. 우주적인 견지에서 보면 전자(前者)는 순환상생에 해당되고 후자(後者)는 신진대사에 속한다.

이 상생과 상극을 한마디로 생극(生克)의 원리라고 하는데 이 두 가지 원리가 인간과 우주의 생명체를 유지하고 발전시키는 기본 바탕이다.

그렇다면 오행은 어떻게 순환상생하고 신진대사를 하는가?

순환상생(循環相生)은 생태계의 먹이사슬과 같은 것으로서, 수생목(水生木), 목생화(木生火), 화생토(火生土), 토생금(土生金), 금생수(金生水). 이렇게 해서 다시 水生木하고 木生火해서 마치 염주알 돌 듯 빙빙 도는 것을 말한다.

이제부터는 오행과 생극 정도는 한자로 쓰고 읽어갈 것으로 보고 괄호 없이 쓰겠으니 양지해 주시기 바란다.

먼저 水生木부터 보면 水인 물이 초목인 木을 생산 내지 생조(生助)해주는 것을 말하는 것으로, 물은 나무를 키워낸다. 이 경우 물의 입장에서 보면 木을 키워내기 위해서 자신의 힘이 약화 내지는 소멸되어 희생당한다. 이것을 木의 입장에서 보면 자기의 융성을 위해 水를 희생시킨 것이다. 먹이사슬과 유사한 것이다.

다음 木生火는 나무가 불을 피워 불꽃을 생산해 준다. 이것도 불을 위해 초목이 희생되는 것이고 나무로 인해서 불이 번성하는 것이다.

이어 火生土는 땅인 土를 데워내기 위해서 불빛이 빨려 들어가 소멸된다. 만일 土가 불빛인 태양의 기운을 흡수해 내지 못한다면 가뭄 때문에 초목은 말할 것도 없거니와 인간과 우주의 생명체는 유지, 발전할 수 없을 것이다. 이 경우 흙인 土가 만물—다른 모든 오행—을 번성시키려면 반드시 열(熱)을 가진 불빛을 필요로 한다. 그래야 땅이 따뜻해져 그 기운을 발휘할 수 있기 때문이다. 이렇게 보면 흙은 불인 火에 생조를 받는 것이다.

그 다음 土生金은 태양인 火가 흙인 土를 데워(生)놓으면 그 흙 속에서 쇠인 金을 파낼 수 있다. 이때 흙 속에서 나온 金은 땅에서 생산된 것이다. 지금은 포크레인으로 아무 때나 흙을 파고 그 속에서 광물질을 파낼(생산) 수 있지만 옛날에는 얼어붙은 흙 속에서는 쇠(鐵)를 파낼 수 없었고 따뜻한 태양이 땅을 녹여준 뒤에야 비로소 캐낼 수 있었던 것이다. 오행은 우리 조상들이 자연에 의지하며 살 때 생겨난 학문이기 때문에 土生金의 원리는 순전히 자연산(自然産)의 바탕 위에서 마련된 것이다.

그리고 金生水는 쇠가 물을 생산한다는 것으로서, 지금으로 말할 것 같으면 쇠파이프 속에서 물이 나오는(생산) 것이다. 수돗물이 그런 형상인데, 옛날식으로 말하면 땅속에서 생산한 쇠로 삽이나 괭이 등 도구를 만들어 그것으로 샘물이나 저수지를 파서 물길을 잡아내는 것이라고 할 수 있다.

앞에서 水와 木, 그리고 火에서만 먹이사슬의 관계를 말했으나 火土와 土金 그리고 金水도 마찬가지 원리이다. 그렇다면 희생된 오행은 아주 없어지는가? 그렇지 않다. 고래가 새우를 잡아

먹었다고 새우가 없어지지 않듯 다시 金生水, 水生木, 木生火…
로 순환상생을 계속하기 때문에 다시 복구된다.

이번에는 신진대사(新陳代謝)에 대하여 알아보자.

가령 인체로 본다면 이것은 헌 것을 몰아내(剋)고 새 것으로
바꾸기 위한 작업이다. 그래야만 균형을 이루어 생명의 불이 단
절되지 않는다. 그와 마찬가지로 우주도 오행이 신진대사를 하
고 있다. 이것을 구체적으로 말해 보면 水克火, 火克金, 金克木,
木克土, 土克水라고 말한다.

水克火는 水인 물이 불인 火를 제압(克)한다. 또는 꺼버린다
(克)는 뜻이고, 火克金은 火인 불이 金인 쇠를 녹인다(克)는 것
이며, 金克木은 금속으로 된 칼이나 톱 등이 나무나 초목을 자
르거나(克) 다듬는다(克)는 의미이고, 木克土는 木인 나무가 땅
속을 비집고 들어가면서 흙을 헤쳐(극) 박토로 만든다는 뜻이
다. 그리고 土克水란 土인 흙이 제방이 되어 水인 물길을 막거
나(克) 흡수해서 그 힘을 약화 내지 소멸시킨다는 의미이다.

이상에서 오행과 생극의 원리를 알았다. 그러나 이것만으로는
사주를 다 읽어내기 어렵다. 사주의 기본을 이루고 있는 바탕을
더 터득해야 한다. 그러기 위해서 이 세상 어떤 사주든 모두 한
결같이 적용되는 기본바탕인 도표를 아래에 소개했다. 그 도표
들을 일단 한 번 정도 읽어본 후 이 책에 실린 사주들을 보면
굉장히 빠른 속도로 이해할 것이다. 좀 귀찮겠지만 그 도표를

한 번 더 확인하기 바란다. 그렇게 몇 번 읽고 대강이라도 암기해 두면 더 많은 지식을 빨리 습득하게 될 것이다. 그래도 암기가 다 되기 어려울 테니 그 도표를 복사하거나 오려서 이 책에서 설명하고 있는 사주들과 일일이 대조해 보기 바란다.

 모든 사주의 기본 바탕이 되는 다음 도표를 보기로 하자. 이 도표에서 기본 바탕은 29가지이다. 그 중에서 오행(水, 木, 火, 土, 金)인 다섯 자와 음양(+,−)인 두 자를 제외한 십간(十干 또는 天干)인 갑(甲), 을(乙), 병(丙), 정(丁)…과 십이지지(十二地支)인 자(子), 축(丑), 인(寅), 묘(卯)…이렇게 22자에 부여된 뜻만 정확히 알아두면 모든 사주를 독파할 수 있다. 모든 사주는 우리말이 40개의 음운을 벗어날 수 없듯이 이 22자를 떠날 수 없고 그 변형에 불과하다. 그러므로 이 도표들을 복사하거나 오려서 각 사주들과 대조해보기 바란다.

〈도표 1〉

10간	한자	오행	음양	+/-	형상(떠올림)	계절	색깔	방위	성품	기氣	기관	맛	인체	주역	12지
갑	甲	木	양	+	거목, 삼림, 마른 나무	봄	청색	동	인仁	혼魂	간담	신맛	근육질 섬유	진震	寅卯
을	乙		음	-	초목, 등나무, 습목(濕木)										
병	丙	火	양	+	태양	여름	적색	남	예禮	신神	심장	쓴맛	체온	이離	巳午
정	丁		음	-	전기불, 용광로, 촛불										
무	戊	土	양	+	대지, 지구, 마른 흙	사계	황색	중앙	신信	의意	비위	단맛	살(肉)	간坤	辰戌丑未
기	己		음	-	전원, 논밭, 축축한 흙										
경	庚	金	양	+	광산, 무쇠덩이	가을	백색	서	의義	백魄	폐 대장	매운 맛	뼈 치아	태兑	申酉
신	辛		음	-	금, 칼, 연장										
임	壬	水	양	+	호수, 저수지, 바다	겨울	흑색	북	지智	정精	신장 방광	짠맛	혈액 눈물	감坎	亥子
계	癸		음	-	눈, 비, 이슬, 구름, 샘물										

이 도표를 보고 혹자는 왜 갑(甲)을 양(陽)이라고 하고, 을(乙)을 음(陰)이라고 보느냐고 물어 볼지도 모른다. 양과 음이라는 것은 하나의 분류 기호에 불과하다. 수천 년간 학자들이 관찰해 온 결과 갑자년과 을축년의 현상은 같은 점이 있기도 하고 다른 점이 있기도 했고 또 그것이 반복되는 모습을 보였다. 이에 학자들은 그 같은 점은 '木'이라는 기호로, 다른 점은 '양'과 '음'이라는 기호로 표현한 것일 뿐이다.

같은 원리로 우주에 혼재하는 다섯 가지 기운을 표현하기 위해 火水木金土의 다섯 가지 기호를 사용했던 것이다. 표현 대상과 표현 기호가 그런 식으로 연결된 것일 뿐 둘 사이에 절대적 필연성이 있는 것은 아니다. 어차피 우리가 쓰는 언어 자체는 상징적 기호체계에 불과하다. 대상과 언어 사이에 필연적 관련성이 있다면 왜 우리는 책을 '책'이라고 부르는데 미국인은 '북'이라고 하겠는가?

세상만사는 모두 어떤 약속을 부여해 놓고 거기에 따라가는 것이다. 1, 2, 3 등 숫자가 그렇고 파란 신호등이 켜지면 건너가기로 모두가 약속했기 때문에 시공을 초월하여 그렇게 하고 있듯이 말이다. 그러므로 우리는 옛날 사람들이 어떤 현상에 어떤 기호를 부여했는지를 먼저 배워야 한다. 실상 학교에서 우리가 배우는 모든 것이 그렇지 않은 것이 없다.

甲乙부터 보자. 이것은 모두 오행으로는 木이라 하고, 그 중 甲木은 양이며 형상으로는 木 중에서도 거대한 나무 또는 마른 나무로 약속했으며, 乙木은 木중에서도 초목이나 등나무 등 연약한 나무이자 습기 찬 나무라고 그 뜻을 부여해 놓았다.

그리고 甲乙의 木은 계절적으로 봄에 속하고 색은 청색이요, 방위로는 동쪽을 가리키고 성품으로는 어질 인(仁)에 속하며 기(氣)로는 혼(魂)에 속하고 인체기관으로는 간담(간과 쓸개)으로 본다. 그리고 맛으로는 신맛이고 인체로는 세포이자 근육질이며, 주역의 괘상(卦象)으로는 진괘에 속하고 지지(地支)중에서는 甲木에 寅木이, 乙木에는 卯木이 해당된다.

이런 식으로 다른 것들도 그렇게 의미를 부여해 놓고 있는 것이다. 이 도표 중에서 가장 중요한 것은 (떠올릴)형상이다. 이것은 사주를 읽어내는 데 매우 중요한 역할을 하므로 이것을 모르면 무슨 말인지 이해하기도 어렵거니와 읽어내기도 힘들다.

이상에서는 천간(天干)인 열자 즉, 십간(十干)에 대해서만 보았다. 그럼 나머지 지지(地支) 즉, 12지에 대한 도표를 보기로 하자. 누구든 도표 1과 2만 잘 파악해 두면 이 세상 모든 사주를 읽어낼 수 있다고 해도 과언이 아니다.

〈도표 2〉

12지	오행	+−	월	지장간 초기	지장간 중기	지장간 정기	시각	합변	충살	형살	삼형살	방(方)	합국(合局)
인(寅)	木	+	1월	戊	丙	甲	03:30~05:30	寅亥 合木		寅巳		寅卯辰 木方	巳酉丑 金局
묘(卯)		−	2월	甲		乙	05:30~07:30	卯戌 合火		子卯			申子辰 水局
진(辰)	土	+	3월	乙	癸	戊	07:30~09:30	辰酉 合金			寅巳申		亥卯未 木局
사(巳)	火	−	4월	戊	庚	丙	09:30~11:30	巳申 合水		巳申		巳午未 火方	寅午戌 火局
오(午)		+	5월	丙	己	丁	11:30~ 1:30	午未 不變			丑戌未		
미(未)	土	−	6월	丁	乙	己	1:30~ 3:30			戌未			
신(申)	金	+	7월	戊	壬	庚	3:30~ 5:30		寅申			申酉戌 金方	
유(酉)		−	8월	庚		辛	5:30~ 7:30		卯酉				
술(戌)	土	+	9월	辛	丁	戊	7:30~ 9:30		辰戌				
해(亥)	水	−	10월	戊	甲	壬	9:30~11:30		巳亥			亥子丑 水方	
자(子)		+	11월	壬		癸	11:30~01:30		子午				
축(丑)	土	−	12월	癸	辛	己	01:30~03:30		丑未	丑戌			

모든 연도는 1월부터 시작해서 12월에 끝난다. 그리고 모든 연도의 1월은 寅월부터 시작해서 卯월 辰월…이런 순서로 되어 있다. 예외는 하나도 없다. 그러니까 어느 해든 12월은 丑월이다. 여기서 寅卯는 오행으로 木에 속하고, 음양으로는 寅木이 양이며, 卯木은 음이다. 이것도 甲乙처럼 양음이 계속 반복된다.

여기서 중요한 것은 지장간(支藏干)이다. 이것은 十干에서 떠올릴 형상처럼 매우 중요하다. 지장간이란 지지(12지)가 속으로 품어 간직하고 있는 천간(天干)이라는 뜻이다.

좀더 구체적으로 말하면 寅이라는 지지에는 戊와 丙과 甲을 안으로 몰래 숨겨 간직하고 있다는 말이다. 이것을 암장(暗藏)이라는 용어로도 말할 때가 있다. 속 암자에 간직할 장자이니 암암리에 안으로 간직하고 있다는 말이다.

그럼 이것을 어떻게 암기할 것인가? 연상법을 권하겠다. 寅월은 정월(正月) 즉 1월이다. 1월에는 이제 엄동설한이 슬슬 물러날 때다. 그러니 대지인 戊土가 서서히 꿈틀대기 시작한다. 그다음 태양─십간의 丙火를 참조─인 丙火가 서서히 그 빛을 발휘하려고 한다. 그리고는 초목이나 나무들인 甲木도 다가올 봄을 준비하기 위해서 기지개를 펴기 시작한다. 그래서 寅중에는 戊土와 丙火 그리고 甲木이 그 속에서 약동하기 시작한다고 보는 것이다.

다음 卯월은 2월이다. 2월에는 寅月의 정기(正氣)인 甲木이 2월의 초기(初氣)─또는 여기(餘氣)─로 넘어오고 그 다음 乙木이 정기로 작용한다. 辰월은 3월로서 전월인 卯월의 정기인 乙木이 여기―남은 기―로서 넘어오고 3월 곡우(穀雨)를 맞이해 봄비가 내리기 때문에 癸水―천간 참조하면 더욱 이해가 잘 됨―가 중기 (中氣)로 자리 잡았으며 그렇게 비가 내리자 이제 땅이 본격적으로 만물을 키워낼 차비를 하기 때문에 戊土가 정기로서 작용한다. 그래서 辰중에는 乙癸戊가 안으로 간직되어 작용하고 있는 것이다. 그런 식으로 나머지들도 연상하면 어렵지 않게 암기할 수 있다.

다음은 각 지지에 해당되는 시간이다. 인시(寅時)는 오전 3시 30분부터 두 시간이 지난 5시 30분까지요, 卯시는 5시 30분부터 역시 두 시간이 지난 7시 30분까지이다. 나머지 다른 것들도 그런 식으로 본다.

그런데 여기서 하나 알아둘 것은 지금까지 모든 역서들이 거의 30분을 떼고 3시에서 5시, 5시에서 7시…이렇게 말해 왔다. 그럼 왜 여기서는 30분을 늘려 말하고 있는가? 너저분하게 여러 잔소리 늘어 놓지 않겠다.

간단히 말해서 긴 막대기를 일정한 지상에 꽂고 날마다 그 그림자를 조사해 보면 낮 12시에 가장 짧아지는 것이 아니라 12시 30분을 전후해서 ±2~3분 정도이다. 여러분도 한 번 실험해 보시라. 음력 2월과 8월에 실험해 보는 것이 가장 정확하다. 왜냐하면 그때에 태양이 정 동쪽에서 뜨기 때문이다.

그 실험을 해본 다음에는 그리니치 천문대가 어떻고, 동경 몇

도가 어떻고 그런 너저분한 소리로 설명할 필요가 없다. 사주를 공부하려면 실험 정신도 매우 강해야 한다. 이론도 무시할 수 없지만 실제가 더욱 중요한 것이다.

사주책도 역시 그렇게 엮어져야 할 것이다. 증거나 실증 없이 이론만 떠벌린 책이야말로 귀중한 시간만 허비하게 하는 골치 아픈 악서(惡書)이다. 그런 책들을 보고 나면 속된 말로 '넋 빠진' 또는 '넋 나간'이란 말이 괜히 생긴 빈말이 아니라는 것을 번번이 느끼게 된다. 잠시 말이 제 정신을 잃고 딴 길로 갈팡질팡했다.

본론으로 이어 합변(合變)을 보면 寅자가 亥자를 보면 寅亥로 합(合)해서 木으로 변(變)하게 된다는 뜻이다. 많은 깊은 뜻이 더 있지만 그것은 기회 닿을 때마다 차차 이야기하기로 하고 여기서는 우선 이런 원리가 있다는 것만 알아두면 될 것이다.

다음 충살(沖殺)은 충돌(衝突)해서 살상(殺傷)이 생기는 것이라고 생각하면 무리가 없다. 寅과 申이 충돌해서 寅木도 申金도 손상을 입는 것이다. 그렇게 충돌하면 寅중에 암장된 戊土도 丙火도 甲木도 손상되고 그뿐만 아니라 申중 戊壬庚도 손상을 입게 된다. 이때 손상을 입었다고 모두 다 나쁘게만 되는 것은 아니고 좋아지는 경우도 생긴다는 것을 잊어서는 안 된다. 대개는 나쁘게 작용하지만 드물게나마 번갯불을 맞고도 오히려 다른 병까지 고치는 사람이 있듯이 간혹 좋아지는 경우도 있다. 여기서는 이렇게 충돌하는 충살이 있다는 것과 그것들이 무엇 무엇이 있는가만 알아두면 된다.

형살(刑殺)과 삼형살(三刑殺)도 충살과 유사하다고 보면 되는데 충살보다는 약간 약한 것으로서 이때 형(刑)자를 싸움 또는 민사나 형사에 관계된 일들이라고 보아도 무리가 없다.

끝으로 방(方)과 국(局)을 보자. 여기서 방은 방향, 국은 형국이라고 생각하면서 다음의 설명을 이해해 보자. 寅 속에 간직된 정기는 甲이고 卯 중에 암장된 정기는 乙이다. 도표 1에서 보았듯이 甲과 乙은 봄이자 방향으로는 동쪽이다. 그러므로 그것을 간직한 寅과 卯도 방향으로는 동방(東方)이고 달로는 1월과 2월이다. 1, 2월은 봄으로서 3월까지 이어진다. 따라서 동쪽 방향으로 이어지는 寅, 卯, 辰의 1, 2, 3월은 木이 왕성한 달이다. 그래서 사주에 寅卯辰이 다 있거나 셋 중 둘만 있어도 木方이 있다고 본다. 그리고 寅卯辰월에 태어난 사주를 木이 왕성한 달, 즉 목왕절(木旺節)에 태어났다고 한다.

그런 식으로 다음도 巳(4)월과 午(5)월, 未(6)월은 태양인 火가 작열하는 석 달이므로 이것들이 사주에 모두 있거나 셋 중 두자만 있어도 화방(火方)이 있다고 보며 巳午未월에 태어난 사주를 화왕절(火旺節)에 태어났다고 한다. 이어 申(7)월과 酉(8)월, 戌(9)월은 낫과 괭이, 삽 그리고 탈곡기 등 金이 바쁘고 왕성한 달이니 금왕절(金旺節)이고 사주에 申酉戌이 다 있거나 셋

가운데 두 자만 있어도 금방(金方)이 있다고 본다.

마찬가지로 亥(10)월과 子(11)월 그리고 丑(12)월은 비 또는 구름 등 수기(水氣)가 왕성한 석 달이므로 수왕절(水旺節)이라고 하며 亥子丑이 다 있거나 그 가운데 두 자만 만나도 수방(水方)이라고 한다. 이것은 겨울철에 왕성한 水(겨울)가 水生木으로 木(봄)을 낳으면 겨울 다음은 봄이 되고 木이 木生火로 火를 낳으면 봄 다음은 여름이 되며, 火가 火生土(태양 生 흙)로 땅을 데워놓으면 土가 土生金으로 金을 낳아 가을이 된다. 이어 金이 金生水로 水를 상생하면 水가 왕성한 겨울이 된다. 이렇게 순환상생을 거듭해서 춘하추동이 계속 부활한다.

사계절뿐 아니라 하루도 냉기와 습기 또는 이슬 등 水氣가 많은 亥子丑의 水의 시간-밤 9:30~새벽 3:30-이 水生木으로 木을 상생하면 丑시 다음부터는 낮의 태양을 맞으러 초목들인 寅卯辰의 木의 시간-오전 3:30~9:30-이 이어져 밤중 다음에 새벽과 아침이 되고, 木의 시간이 木生火로 火를 낳아놓으면 태양이 솟아 빛을 내리쬐는 巳午未의 火의 시간-9:30~오후 3:30-이 되어 아침 다음에 낮이 된다. 그리고 낮의 빛이 火生土로 땅을 데워놓은 다음 土生金으로 金을 상생하면 申酉戌의 金의 시간-오후 3:30~밤 9:30-이 되어 오후로 접어들어 밤이 된다.

하루도 이렇게 밤과 아침과 정오와 저녁때가 순환상생해서 윤회를 거듭한다. 이런 자연의 이치를 따라서 만물이 생로병사와 흥망성쇠를 되풀이할 수밖에 없기 때문에 인간사도 예외가 될 수 없다.

이제 국(局)에 대해서 보기로 하자.

흔히 바둑을 두는 것을 대국(對局)이라고 한다. 바둑을 둘 때 처음에 판국을 짜기 위해 돌을 여기저기 듬성듬성 놓는 것을 볼 수 있다. 그처럼 사주라는 판국에도 여기저기 다음에 속한 글자들이 있으면 국을 이룬 것으로 본다.

가령 寅午戌이라는 이 석 자가 사주라는 판국에 있으면 화국(火局)을 이룬다. 왜 그런가? 寅중에는 丙火가 있고 午중에는 丁火가 있으며 戌중에도 丁火가 있다. 모두 火를 간직하고 있어서 이것들이 만나면—이것을 회합(會合:모여서 합함) — 火의 형국(形局)을 이룬 것으로 보는 것이다.

셋 중 두자만 만나도 반이 모여 합해—반회(半會)—진다고 본다. 이렇게 보는 것은 다른 것들도 마찬가지이다. 亥卯未는 亥중 甲木과 卯중 乙木 그리고 未중 乙木 이렇게 木을 간직하고 있어서 이것들이 둘이나 셋이 모여 있는 사주면 木의 형국인 목국(木局)이 있다고 보는 것이고, 申子辰 역시 申중 壬水와 子중 癸水 그리고 辰중 癸水 이렇게 水들을 암장하고 있으므로 그들 가운데 두 자나 세 자가 모이면 水의 형국이라고 해서 수국(水局)이라고 한다. 그리고 巳酉丑은 巳중 庚金, 酉중 辛金, 丑중 辛金 이렇게 金을 간직한 것들인데 그것들이 둘이나 셋이 만나면 金이 모인 형국이라고 해서 금국(金局)이라고 한다.

이렇게 해서 도표 1과 2를 대충 설명했다.

마지막으로 도표 1과 2를 활용해 별자리에 대해서 알아보자. 그래야 모든 사주를 실감나게 독파할 수 있기 때문이다. 여기서는 주로 오행끼리의 관계와 음양을 따진다는 데에 주목하면 이해가 빠르다.

별자리(星)에는 인성(印星)과 재성(財星)과 관성(官星) 그리고 비겁(比劫)과 식상(食傷) 이렇게 다섯 가지가 있다. 이 모든 것은 신주(身主:내 몸, 日柱에서 日干)의 오행과 음양을 기준으로 해서 판별된다.

첫째 인성은 신주를 생(生 또는 생조)하는 오행이다. 다시 말해서 생신(生身)하는 오행이다. 가령 신주가 木일 경우 木을 생조하는 오행은 水-水生木-이니 水가 인성이다. 인성에는 정인(正印)과 편인(偏印) 이렇게 둘로 구분된다.

그럼 어떨 때 정인이 되고 어떨 때 편인이 되는가? 신주와 생조하는 오행의 음양이 똑같을 때는 편자를 붙이고 음양이 다를 때는 정자를 붙인다. 이 원리는 다음에 설명할 다른 것들에도 똑같이 적용되므로 여기서 확실하게 알고 넘어가야 한다.

가령 신주의 오행이 甲木이라면 그 木은 음양 가운데 양이다. 이때 그것을 생조하는 水가 壬水라면 그것은 음양 중 양이니 신주와 같은 양으로서 편인에 해당한다. 만약 癸水라면 음이므로 신주와 음양이 다르기 때문에 정인이 된다.

한 번 더 부연하면 신주가 丁火일 때는 음이니 火를 생조하는 木이 인성인데 그 가운데서 甲木은 양이니 음양이 신주와 다르므로 정인이고, 乙木은 음이니 신주와 음양이 똑같아 편인이다.

왜 이렇게 자꾸 판별하려 드는가?

인성은 나인 신주를 생조하니 나를 낳아준 사람은 남녀 사주를 막론하고 어머니를 나타내는 별자리로서, 정인은 음양이 다르니 나의 정식 생모(生母)이다.

왜냐하면 가령 내가 남성이라면 양이고 생모는 여자로서 음이니 음양이 달라 정인이다. 반면에 편인은 계모(繼母)나 대모(代母) 또는 양모(養母) 등 편모(偏母)로서 가령 내가 남성으로서 +라면 +와는 정이 없어 서로 밀어낸다. 편모가 아무리 여자인 -라고 하지만 실제에 있어서는 정답기보다는 나(+)와는 깊은 정이 거의 없기 때문에 -이면서 +와 같다. 그러므로 편법으로 어머니 노릇만 하고 있어서 편인이 되는 것이다.

이런 별자리를 알고 나서 어떤 사주를 보니 정인과 편인이 모두 있다고 하자. 그런 사주는 생모가 이혼했거나 일찍 사별한 후 십중팔구 생모 외에 편모가 있다. 어린 아이 사주가 그렇게 구성되어 있다면 예방책을 세워야 할 것이다.

이런 경우는 부적—또는 부작—으로 해결될 사항이 절대 아니니 일찍이 대모를 정해 주어야 한다. 본의 아니게 아주 어렵게 사는 여자 가장(家長)을 찾아가 형편껏 도와주면서 자기 아이의 편모 역할을 하게 하는 방법도 좋을 것이다.

인성은 육친상 이렇게 생모 또는 편모이고, 또 다른 측면으로 말할 것 같으면 스승이며 학문성이고 주택이며 문서에 해당된다. 스승은 내 정신을 낳아주고 주택은 나의 보금자리로서 어머니와 같으며 문서는 나를 이롭게 하도록 쓰여져야 하기 때문이다.

운행이나 연운에서 인성운을 만나면 먼저 말한 것 중 하나나 둘이 이루어질 때가 많다. 물론 신약사주―이것은 차차 말하겠음 ―로서 인성이 용신―이것도 나중에 설명하겠음―일 때에 말이다.

둘째, 재성에 대해서 알아보자. 이것은 신주가 극하는 오행이다. 가령 신주가 火라면 火가 火克金으로 극하는 오행은 金이다. 이 金이 재성에 속하는데 재성에는 정재(正財)와 편재(偏財)가 있다. 신주가 극하는 오행의 음양과 다른 때에는 정재이고 음양이 같을 때는 편재가 된다.

가령 丙火가 신주라면 양이니 극하는 것이 庚金이라면 같은 양이므로 편재이고 辛金이라면 음양이 다르니 정재가 된다. 한 번더 설명하면 신주가 辛金일 경우 음이니 金이 극하는 木이 재성인데 甲木일 때는 양으로서 신주와 음양이 다르므로 정재가 되고 乙木일 때는 같은 음이니 편재가 된다.

정재와 편재는 남녀 사주를 불문하고 아버지 즉 부친성에 속한다. 왜 그런가? 신주인 내가 극하는 재성을 부친성(父親星)으로 보는 것은 아버지가 나를 낳고 먹이며 가르치고 독립을 시켜야 하기 때문에 나를 낳자마자 갖은 고생을 겪게 된다. 그것은 나를 낳았기 때문이다.

그래서 아버지는 내가 이 세상에 태어나자마자 고생으로 늙어

가고 쇠약해진다. 반면에 나는 오히려 점점 자라 왕성해져 간다. 그러므로 아버지는 나에게 극을 당하는 입장에 서 있다. 그래서 신주에게 극을 당하는 오행이 부친성인 재성이 되는 것이다.

그 중에서도 남자 사주일 경우는 편재가 아버지성이다. 왜냐하면 나와 오행이 같기 때문이다. 가령 내 신주가 戊土라면 양이고 이것이 극하는 오행 중 壬水가 편재인데 이것도 오행이 신주와 같은 양이다. 내가 양으로서 남자이고 편재도 나와 같이 양으로서 남자이다. 그래서 같은 양과 양으로서 남자 대 남자이기 때문이다.

그럼 정재는 누구에 해당되는가? 음양이 다르니 아버지의 누이동생으로서 나와는 고모가 된다. 원칙은 그렇지만 내 사주에 정재와 편재가 많으면 아버지와 백부 그리고 숙부나 고모 등 부친의 형제자매가 많은 경우가 흔하다.

그럼 여자 사주와는 어떤 육친 관계가 성립하는가? 나인 신주와 음양이 다른 정재가 아버지에 해당하고 편재는 고모와 시부모로 본다. 그러나 방금 남자사주—이하 남명(男命:남자 명조로 남자 사주란 뜻)—에서 말했듯이 정,편재가 혼합되어 있으면 역시 백,숙부나 고모 등 부친의 형제자매가 많은 경우로 본다. 혹은 의붓아버지에 속할 때도 있는데 그것은 사주를 실제로 읽을 때 설명한다.

그리고 재성은 남녀 공히 재물성(財物星)으로도 본다. 내가 다스리며 거느려야 하는 것이 재물이기 때문이다. 정재는 남녀를 막론하고 정식으로 차근차근 벌어들이는 재물이고 편재는 간혹 가다 왕창 횡재하는 식으로 벌어들이는 재물이다. 전자가 꽁생 원 식으로 돈을 모은다고 하면 후자는 투기 등 일확천금 식으로 모으는 형상이다.

또 재성은 남명에게 부친성과 재물성 말고도 처성(妻星)으로도 본다. 그렇게 보는 것은 먼저 말했듯이 아내도 다스리며 거느려 야 하는 의미도 있고 또 돈으로 사는 존재이므로 재물을 벌어들 여 주어야 하기 때문이다.

돈이 사랑이고 돈이 남편일 경우가 비일비재하다. 특히 자본주 의 사회에서는 내가 말하는 것이 아니고 주머니가 말하는 세상 이라고 해도 과언이 아니다. 돈 없는 남자는 지나가던 개도 돌 아보지 않는다는 속담도 있지 않는가?

아니, 쓸데없는 방향으로 이야기가 흐를 뻔했다. 그건 그렇고 왜 여자사주—이하 여명(女命)이라고 함—는 재성을 시부모로 보 는가? 가령 여자의 신주가 壬水라고 하자. 그러면 신주를 극하 는 관성—아래에 곧 설명됨—이 부군성이므로 土이다. 그 土를 낳아준(火生土) 오행은 火이다. 이 火는 부군성을 낳아준 오행 으로서 그의 어버이이다.

이때 신주인 나의 壬水 입장에서 보면 그 火는 내가 극하는 재 성으로서 부군성의 어버이이자 나에게는 시부모에 해당된다. 그 래서 여명에는 재성이 시부모에 속하는 것이다. 만일 여명에 부 군성(夫君星)이 많으면서 재성 또한 많으면 특별한 경우(종재격 이나 종살격)를 제외하고는 여러 번 개가(改嫁 또는 재혼)하는 수가 있다.

셋째, 관성에 대하여 알아보자. 이것은 나를 극하는 오행이다. 나인 신주를 극하는 오행이 관성이란 말이다. 그러니까 극신(克身:신주를 극함)하는 오행을 말한다. 예를 들어 신주가 金이라면 이것을 극하는 오행은 火(火克金)이다. 이 火가 극신(克身)하는 오행인데 이것이 관성이다. 관성에도 정관과 편관 이렇게 두 가지가 있다. 극신하되 신주와 음양이 똑같으면 편관이고 음양이 다르면 정관이다.

예를 들어 신주가 木이라고 할 때 극신하는 오행은 金克木이니 金이다. 이 金이 관성인데, 신주가 甲木이라면 양이니 극신하는 金 가운데 양에 속하는 것은 庚金이므로 이것이 편관이고, 음에 속한 辛金이 정관이다. 가령 신주가 乙木이라면 음이니 庚金은 양으로서 정관이고 辛金은 신주와 같은 음이므로 편관이 된다.

이렇게 정관과 편관을 통틀어 관성이라고 하는데, 이 관성이 남명에게는 자녀성(子女星)이 된다. 왜냐하면 자녀를 낳으면 신주인 나는 늙어가고 쇠퇴해지는 반면 자녀들은 앞으로 성해가기 때문이다. 앞에서 예를 든 木의 경우 金克木은 金이라는 자녀가 木이라는 나(신주)를 극하므로 나인 木은 노쇠해져 가고 金은 성장해 간다. 이런 이치로 관성이 남명에게 자녀가 되는 것이다.

그리고 남명에는 관록(官祿)이 된다. 관청(官廳)은 신주인 나를 법으로 다스려서 법도에 맞게 살아가도록 하기 때문이다. 그래서 관성은 관록으로서 명예성(名譽星)이 된다. 관록을 높게 가지면 자연히 명예가 나기 때문이다. 보통 사주에는 직장이 되기도 한다.

그럼 여명에 관성은 무슨 뜻이 숨겨 있는가? 여자는 나를 억제(克)하고 다스리며 이끌어 가는 존재가 남편이므로 관성은 부군성(夫君星)이 된다. 이때 정관은 음양이 다르므로 정식 남편에 속한다. 신주가 양일 때 정관은 음이고 신주가 음일 때 정관은 양인데 남녀는 음양이 다르므로 정식 남편이 되는 것이다.

그럼 편관은 누구냐? 편법에 의한 부군으로 재혼한 남편이나 억센 남편 또는 법을 집행하는 직업에 종사하는 남편에 속한다. 만약 짜임새가 나쁜 여명에 정관과 편관이 혼잡-관살혼잡이라고 함-되어 있다면 그 여주인공은 일생 동안 여러 번 재혼을 거듭하게 되고, 그 때문에 평생 가정이 안정되지 않아 방황하게 된다. 이런 집시의 여명은 험난한 인생살이가 이어진다.

넷째, 비겁에 대해서 알아보기로 하자.

비겁(比劫)이란 비교할 비(比)자에 겁탈한다는 겁(劫)자이다. 비겁은 비견(比肩)과 겁재(劫財) 이렇게 두 가지로 나뉜다. 이 둘을 한데 묶어 비겁이라고 하는데, 신주가 火일 때 사주 내에 있는 같은 오행들인 火들이 비겁이 된다. 사주 내에 있는 火들은 신주인 나와 같은 오행으로서 동류(同類)이니 남녀를 불문하고 형제자매나 친구들이다. 비견이란 어깨를 나란히 견준-어깨견(肩)자에 비교할 비(比)자-다는 뜻으로 집에서 나와 어깨를 나란히 하는 사람은 형제자매들이다. 그리고 사회에서는 친구들이다.

그럼 어떤 것이 비견이 되고 어떤 것이 겁재가 되는가? 신주의 오행이 양일 때 사주 내에 있는 동류의 오행이 같은 음양일 경우는 비견이 되고 음양이 다를 경우는 겁재가 된다.

가령 신주가 甲木이라면 양이니 사주 내에 다른 곳에 甲木이 있으면 같은 양으로서 비견이 되고, 乙木이 있으면 음이니 음양이 달라 겁재가 된다. 그러니까 남명에 비견은 음양이 같은 동류이니 형제가 되고 겁재는 음양이 다르니 누이나 여동생이 되며, 여명에 비견은 자매요 겁재는 오빠나 남동생이 된다.

만약 사주에 비겁이 많이 있으면서 정인과 편인이 보이면 이복 형제자매가 있다. 이로 미루어 생모 외에 또 다른 편모—이것을 모외유모(母外有母) 사주라고 함—가 있다는 것을 알 수 있는 것이다. 실제로 그런 사주들을 꽤 많이 보게 된다.

겁재를 이복 형제자매로도 보는 경우가 있다. 어떤 경우에 그렇게 보는가는 각 사주를 해독(解讀:풀어 읽음)할 때 설명하고 있으니 그곳에서 그 까닭을 알기로 하고 여기서는 긴 설명을 피한다.

그리고 왜 겁재라는 이름이 붙었는가에 대해서 말해보겠다. 우리는 재성을 설명할 때 신주에게 극을 당하는 오행이 재성에 속한다는 것을 알았다. 그 재성은 신주만 극하는 것이 아니다. 신주와 음양만 다를 뿐 겁재도 나와 더불어 재성을 극한다. 재성은 재물이라고 했으니 그 재물을 겁재가 나와 함께 극하는 것이다. 그러니까 일정한 재물을 놓고 겁재가 내 재물(財)을 겁탈

(劫奪)하는 것이다. 그래서 겁재라고 이름 붙인 것이다.

　이제 마지막으로 식상(食傷)에 대해서 알아보자. 이것은 신주가 생조해 주는 오행으로서 식신(食神)과 상관(傷官) 이렇게 두 가지를 통틀어 말한다.

　가령 신주가 木이라면 木生火로 생조하는 오행은 火이다. 이 火가 식상이 된다. 이때 신주와 음양이 같으면 식신이고 음양이 다르면 상관이다. 예를 들면 甲木이 신주일 때 丙火가 식신이고 丁火는 상관이다. 甲木은 음양 가운데 양인데 丙火도 양이니 음양이 같기 때문에 식신이 되고, 丁火는 음이니 신주와 음양이 다르므로 상관이 된다.

　식상은 여명일 경우 자녀성이다. 왜냐하면 내(신주)가 생산해 놓은 오행이기 때문이다.

　가령 여명에 신주의 오행이 水라고 하자. 그러면 그 水가 水生木으로 생산 내지 생조해 놓은 오행은 木이다. 水의 입장에서 보면 내가 생산해 놓은 것이 木이니 이것이 자녀성이 된다. 이때 식신은 신주와 음양이 같기 때문에 자녀 중 딸이 되고 상관은 음양이 다르기 때문에 아들이 된다.

　이것은 일반론이고 사주에 따라서 약간 변모되는데, 그것은 사주의 상황에 따라서 다르게 된다. 이것도 각각의 사주를 해독할 때마다 그곳에서 설명하고 있으니 여기서는 이 정도로 하겠다.

　그럼 남명에게는 어떤 육친에 속하는가? 남명에게 자녀성은 관성이라고 했으니 식상은 자녀성이 아니고 장모님 또는 손자손녀에 해당된다. 왜냐하면 가령 남명으로서 신주가 木일 때 처성은 신주에게 극을 당하는 土로서 재성인데, 그 재성인 土를 낳아주며 생조하는 오행은 火(火生土)로서 이 火는 처(土)의 어머니이다. 처의 어머니인 火를 신주인 木의 입장에서 보면 장모님으로서 木生火니 이 火는 식상이 된다.

그리고 그 火는 나(木)의 자녀성인 관성(金)을 극하는 관성으로서 그의 아들이 되어 나에게는 손자손녀가 되기 때문이다. 그러므로 남명인 나의 사주에 식상이 가득 찼다면 손자손녀가 크게 잘 된다는 뜻을 나타내고 있는 것이다.

그리고 식상은 내가 생하여 놓은 오행이므로 나의 기운이 설기(洩氣) 내지 발산(發散)된 것이다. 여기서 설기란 빠질 설(洩)자에 기운 기(氣)자로서 나의 기운이 빠져나간다는 뜻이고, 발산이란 나의 기운이 발산되는 것이다.

그래서 설신(洩身) 시키는 오행인 식상은 내가 남을 가르치는 교육적 의미도 있고 구변(口辯) 또는 기술(技術)에도 해당된다. 그래서 일명 교육자, 달변, 기술 등의 직업을 가지는 수가 많다. 탤런트나 체육, 음악, 미술 등 예체능 방면에도 속하고 저작자에도 해당된다.

이제까지 신주와 인성과 재성과 관성 그리고 비겁과 식상 이렇게 육신(六神)에 대해서 알아보았다. 이것을 육친(六親)이라고도 말하는데, 그것은 앞에서 본 바와 같이 나 자신과 부모와 형제자매 그리고 처와 부군, 자녀 이렇게 여섯 가지와의 관계를 볼 수 있는 것이다. 이것을 도표로 만들어 보면 다음과 같은데 굳이 이것을 외울 필요는 없다. 다만 위에서 설명한 것과 대조하여 사실 여부만 판단해 두면 그것으로 족하다.

〈도표 3〉

육신 신주	비견	겁재	식신	상관	편재	정재	편관	정관	편인	정인
甲(+)	甲(+)	乙(-)	丙(+)	丁(-)	戊(+)	己(-)	庚(+)	辛(-)	壬(+)	癸(-)
乙(-)	乙(-)	甲(+)	丁(-)	丙(+)	己(-)	戊(+)	辛(-)	庚(+)	癸(-)	壬(+)
丙(+)	丙(+)	丁(-)	戊(+)	己(-)	庚(+)	辛(-)	壬(+)	癸(-)	甲(=)	乙(-)
丁(-)	丁(-)	丙(+)	己(-)	戊(+)	辛(-)	庚(+)	癸(-)	壬(+)	乙(-)	甲(+)
戊(+)	戊(+)	己(-)	庚(+)	辛(-)	壬(+)	癸(-)	甲(+)	乙(-)	丙(+)	丁(-)
己(-)	己(-)	戊(+)	辛(-)	庚(+)	癸(-)	壬(+)	乙(-)	甲(+)	丁(-)	丙(+)
庚(+)	庚(+)	辛(-)	壬(+)	癸(-)	甲(+)	乙(-)	丙(+)	丁(-)	戊(+)	己(-)
辛(-)	辛(-)	庚(+)	癸(-)	壬(+)	乙(-)	甲(+)	丁(-)	丙(+)	己(-)	戊(+)
壬(+)	壬(+)	癸(-)	甲(+)	乙(-)	丙(+)	丁(-)	戊(+)	己(-)	庚(+)	辛(-)
癸(-)	癸(-)	壬(+)	乙(-)	甲(+)	丁(-)	丙(+)	己(-)	戊(+)	辛(-)	庚(+)

아래는 천간끼리 합하고 충돌하는 것으로써 이상에서 보아온 도표 1, 2와 더불어 중요하다.

甲己合土. 乙庚合金. 丙申合水. 丁壬合木. 戊癸合火.

이를테면 甲과 己가 합해서 土로 변하는 것이다. 왜 그렇게 합하게 되는가? 앞에서 설명한 바 있듯이 가령 신주가 甲木일 경우 己土는 내가 극하는 오행으로서 육신(六神)상 정재이다. 그 정재는 신주의 여자 즉 처성(妻星)이 된다. 그러니까 내가 여자 즉 처와 합하여 결혼하는 이치를 따라 甲이 己를 보면 합하는 것이다. 이것은 거꾸로도 합한다. 다시 말해 己土가 신주일 경우 甲木을 볼 때도 합하는 것이다. 만일 여명의 신주가 己土인데 사주 내에 관성인 甲木(남자 또는 부군성)이 여러 개 나타났다면 그 여주인공은 염문을 뿌릴 수가 많다. 지장간에 있는 甲木도 그렇다고 봐야한다. 남자도 마찬가지일 경우가 많다. 그러므로 궁합을 볼 때 그런 사주라면 처음부터 문제를 안고 있다고 보아야 한다. 왜냐하면 일생 동안 본처와는 상관없이 여러 여성과 놀아나게 되니까 말이다.

이 다섯 개의 합의 원리는 궁합 볼 때 매우 중요하기 때문에 암기해 두는 것도 나쁘지 않다. 다른 것도 그처럼 이해하면 되는데 한 번 더 예를 들어 설명해 보자.

乙庚의 경우 乙의 입장에서 보면 庚金은 정관으로서 남자 즉, 부군성이고 庚金의 입장에서 보면 乙木은 정재로서 여자, 즉 처성이다. 그러기 때문에 둘이 만나면 합한다고 보는 것이다. 일종의 연애라고나 할까. 아무튼 마음에 맞는 남녀끼리 만나면 연애를 하듯이 만나서 기쁜 천간끼리는 합하는 것이다.

아래는 충돌하는 천간들이다.

甲庚沖, 乙辛沖. 丙壬沖. 丁癸沖.

甲木과 庚金은 金克木으로 金이 木을 충극한다. 이 경우 양간끼리 충하고 음간끼리 충한다는 사실만 알아두면 된다. 사주풀이에서 간혹 이 원리를 이용해 설명하는 경우가 있기 때문에 소개한 것이다. 이외에 학도들이 익혀야 할 기본으로 다음 도표들이 있다.

〈종합도표 1〉

신주	甲	乙	丙	丁	戊	己	庚	辛	壬	癸
건록	寅	卯	巳	午	巳	午	申	酉	亥	子
천을	丑未	子申	酉亥	酉亥	丑未	子申	丑未	寅午	巳卯	巳卯
양인	卯		午		午		酉		子	
백호	甲辰	乙未	丙戌	丁丑	戊辰				壬戌	癸丑
고란	甲寅	乙巳		丁巳	戊申			辛亥		
괴강							庚辰庚戌		壬辰壬戌	
양차			丙子丙午		戊寅戊申				壬辰壬戌	
음착				丁丑丁未				辛卯辛酉		癸巳癸亥
교록	甲庚申寅	乙辛酉卯	丙癸子巳	丁壬亥午	戊癸子巳	己壬亥午	庚甲寅申	辛乙卯酉	壬丁午亥	癸戊巳子
효신	甲子	乙亥	丙寅	丁卯	戊午	己巳	庚辰庚戌	辛丑辛未	壬申	癸酉

입묘	辛丑	壬辰	乙未	丙戌	戊辰, 戊戌

건록(建祿)은 원래 양간에 한해서만 구성되는 것으로 보았다.

그런데 어떤 명서(命書)에는 음간도 해당되는 것으로 본 경우들이 있다. 일록귀시 편을 참조한다.

천을은 천을귀인(天乙貴人)의 준말로서 가령 신주가 甲木일 때 사주에 丑자나 未자가 있으면 귀인의 도움을 받는다는 것이다. 공귀격 편을 참조한다.

양인(羊刃)살은 매우 강한 것을 의미한다. 양인가살편과 살인상정편을 참조한다.

백호대살(白虎大殺)은 피를 본다는 흉살이다. 그러나 남명이 호명인 경우는 오히려 사람을 제압하는 위엄이 있다.

고란살(孤鸞殺)은 외로운 새로 여조에게만 쓰이는 살이다. 이 두 살은 무조건 외워야 한다.

괴강살은 괴강격 편을 참조한다.

양차살과 음착살도 그 편에 설명되어 있다.

교록은 호환교록 편에 자세히 상술되어 있다. 혹은 호환재록(互換財祿)이나 호환관록(互換官祿)이라도 한다.

효신살(梟神殺)은 거의가 정인이나 편인인데 신약에는 필요하고 신강에는 오히려 흉살이 된다.

입묘살은 부성입묘(夫星入墓) 편에 상술되어 있다.

	원진살	귀문관	수옥살	급각살	과숙살	고신살	도화살
寅	酉	未	子	亥子	丑	巳	卯
卯	申	申	酉	亥子	丑	巳	子
辰	亥	亥	午	亥子	丑	巳	酉
巳	戌	戌	卯	卯未	辰	申	午
午	丑	丑	子	卯未	辰	申	卯
未	子	寅	酉	卯未	辰	申	子
申	卯	卯	午	寅戌	未	亥	酉
酉	寅	子	卯	寅戌	未	亥	午
戌	巳	巳	子	寅戌	未	亥	卯
亥	辰	辰	酉	丑辰	戌	寅	子
子	未	酉	午	丑辰	戌	寅	酉
丑	午	午	卯	丑辰	戌	寅	午

원진살은 자신들도 모르는 사이에 눈 흘기며 미워한다는 살이다. 그 살이 가정궁인 일시(日時)에 있으면 부부간에 그런 현상이 벌어진다는 것이다. 또 어느 육친과 그렇게 구성되어 있는가에 따라 그 육친과 서두에서 말한 대로 되어진다는 것이다.

생월을 기준으로 산출하는데 가령 寅月생으로 사주에 酉자가있으면 그게 원진살이다. 그렇지만 꼭 생월만 기준이 되는 것이아니고 사주 내에 서로 가까이 寅酉가 있으면 원진살이 구성되는 것으로 본다.

귀문관살(鬼門關殺)은 양면성을 띠고 있다. 호명에는 선견지명(先見之明)으로 작용하고 불미한 명조에는 정신이상살(精神異狀殺)로 본다. 그 구성방법은 원진살과 같은 방식으로 본다. 귀문관살 편에 상술되어 있다.

수옥살(囚獄殺)도 양면성을 지녔다. 호명에는 사람들을 제압하는 힘을 발휘하지만 불미한 명조는 감옥에 갇힐 수 있는 살이다. 운에서도 호운과 불운에 따라 모든 살처럼 마찬가지 원리가 적용된다.

급각살(急脚殺)은 수족이 불구가 될 수 있다는 것인데 寅卯辰의 목방월 생으로 사주에 亥子가 있으면 그럴 수 있다는 것이다. 급각살 편을 참조한다.

과숙살은 일명 과부살이고, 고신살은 일명 홀아비살이다. 그 구성은 寅卯辰의 목방을 기준으로 볼 때 목방 바로 뒤에 있는 丑자는 과숙살이고, 목방 바로 앞에 있는 巳자는 고신살이다. 巳午未의 화방은 뒤에 있는 辰자가 과숙살이고, 앞에 있는 申자가 고신살이다. 방(方)을 기준 삼아 다른 것들도 마찬가지인데 생년이나 일지를 기준으로 산출한다.

도화살은 일명 바람끼라고도 하는데 어떤 사주든 子午卯酉가 있으면 그것들을 도화살이라고 보아도 과언이 아니다. 곤랑도화 편을 참조한다. 이 살은 12신살을 검토해 보면 子午卯酉가 도화살이라는 것이 밝혀진다.

⟨12신살표⟩

	겁	재	천	지	연	월	망	장	반	역	육	화
목국	申	酉	戌	亥	子	丑	寅	卯	辰	巳	午	未
화국	亥	子	丑	寅	卯	辰	巳	午	未	申	酉	戌
금국	寅	卯	辰	巳	午	未	申	酉	戌	亥	子	丑
수국	巳	午	未	申	酉	戌	亥	子	丑	寅	卯	辰

이 살은 국(局)을 기준으로 삼아 산출한다. 가령 목국(木局) 즉 亥卯未년에 태어난 사람은 지지의 순서로 未자 다음에 있는 申자부터 겁살(劫煞)이 시작되고, 다음 酉자가 재살(災殺)이 되며, 그 다음 戌자가 천살(天殺)이고, 연속 그런 식으로 지살(地殺), 연살(年殺), 월살(月殺), 망신(亡身), 장성(將星), 반안(攀鞍), 역마(驛馬), 육해(六害), 화개(華蓋) 순으로 나간다. 그러니까 申부터 겁살을 헤아릴 띠들은 亥년생과 卯년생 그리고 未년생이 동일하다.

여기서 겁살과 재살 그리고 천살, 월살, 육해는 중요하지 않다. 다만 연살만이 도화살로 바꾸어 보면 子午卯酉가 모두 도화이고 지살은 역마살과 동의어인데 둘 다 寅申巳亥이며 이것은 망신살이기도 하다. 그리고 화개살은 종교성이자 학문성인데 辰戌丑未는 모두 화개이다. 사주에 辰戌丑未가 있는 경우 불교든 기독교든 종교를 가진 경우들이 많다.

끝으로 한 가지 학도들에게 당부하고 싶은 것이 있다.

우리는 水生木, 木生火, 火生土, 土生金, 金生水 다시 水生木 이렇게 어떤 오행이 다른 오행을 상생한다고만 생각하고 있다. 그러나 가령 신주가 水인데 사주에 木이 많으면 이때는 水生木으로 木을 생조한다는 고정관념을 가져서는 안 된다.

그 경우는 수설목(水洩木)으로 水의 기운이 설기(洩氣) 내지는 설신(洩身)된다고 보아야 한다. 같은 이치로 木이 신주일 때 火가 많으면 이것도 木生火가 되지 않고 木洩火로 설신되는 것이다. 반대로 水가 많은데 木이 있으면 水生木도 되지만 이때는 목흡수(木吸水)로 보아야 한다. 말하자면 木이 水를 흡수한다는 말이다. 이 경우 火가 있으면 木은 水를 흡수해 火로 소통(疏通)시키는 것이다.

왜 이런 말을 하는가? 사주에 있는 오행들은 서로 밀고 당기며 합하는데 생조로만 보게 되면 어느 세력이 강하고 약한가를 쉽게 터득하지 못하기 때문이다. 그러면 신주의 강약을 판별하기가 어려워 사주읽기가 까다로워진다. 그러므로 고정관념을 버리고 사주 상황을 점검하기 위해서 생신(生身) 또는 설신(洩身) 그리고 극신(克身) 등의 용어를 잘 파악하여 응용하기 바란다.

음파메세지(氣) 성명학

신비한 동양철학 51

새로운 시대에 맞는 새로운 성명학

지금까지의 모든 성명학은 모순의 극치를 이루고 있다. 이제 새로운 시대에 맞는 음파메세지(氣) 성명학이 탄생했으니 차근차근 읽어보고 복을 계속 부르는 이름을 지어 사랑하는 자녀가 행복하고 아름다운 삶을 살아갈 수 있도록 하는데 도움이 되었으면 한다.

・청암 박재현 저

정법사주

신비한 동양철학 49

독학과 강의용 겸용의 책

이 책은 사주추명학을 연구하고자 하는 분들에게 심오한 주역의 이해를 돕고자 하는 의도에서 시작되었다. 음양오행의 상생상극에서부터 육친법과 신살법을 기초로 하여 격국과 용신 그리고 유년판단법을 활용하여 운명판단에 첩경이 될 수 있도록 했고, 추리응용과 운명감정의 실례를 하나 하나 들어가면서 독학과 강의용 겸용으로 엮었다.

・원각 김구현 저

찾기 쉬운 명당

신비한 동양철학 44

풍수지리의 모든 것 !

이 책은 가능하면 쉽게 풀려고 노력했고, 실전에 도움이 되도록 했다. 특히 풍수지리에서 방향측정에 필수인 패철(佩鐵)사용과 나경(羅經) 9층을 각 층별로 간추려 설명했다. 그리고 이 책에 수록된 도설, 즉 오성도, 명산도, 명당 형세도 내거수 명당도, 지각(枝脚)형세도, 용의 과협출맥도, 사대혈형(穴形) 와겸유돌(窩鉗乳突)형세도 등은 국립중앙도서관에 소장된 문헌자료인 만산도단, 만산영도, 이석당 은민산도의 원본을 참조했다.

· 호산 윤재우 저

명리입문

신비한 동양철학 41

명리학의 필독서 !

이 책은 자연의 기후변화에 의한 운명법 외에 명리학도들이 궁금해 했던 인생의 제반사들에 대해서도 상세하게 기술했다. 따라서 초보자부터 심도있게 공부한 사람들까지 세심히 읽고 숙독해야 하는 책이다. 특히 격국이나 용신뿐 아니라 십신에 대한 자세한 설명, 조후용신에 대한 보충설명, 인간의 제반사에 대해서는 독보적인 해설이 들어 있다. 초보자들에게는 더할 수 없이 훌륭한 길잡이가 될 것이다.

· 동하 정지호 편역

사주대성

신비한 동양철학 33

초보에서 완성까지

이 책은 과거 현재 미래를 모두 알 수 있는 비결을 실었다. 그러나 모두 터득한다는 것은 어려울 것이다.역학은 수천 년간 동방의 석학들에 의해 갈고 닦은 철학이요 학문이며, 정신문화로서 영과학적인 상수문화로서 자랑할만한 위대한 학문이다.

· 도관 박흥식 저

해몽정본

신비한 동양철학 36

꿈의 모든 것 !

막상 꿈해몽을 하려고 하면 내가 꾼 꿈을 어디다 대입시켜야 할지 모를 경우가 많았을 것이다. 그러나 이 책은 찾기 쉽고, 명료하며, 최대한으로 많은 갖가지 예를 들었으니 꿈해몽을 하는데 어려움이 없을 것이다.

· 청암 박재현 저

기문둔갑옥경

신비한 동양철학 32

가장 권위있고 우수한 학문 !

우리나라의 기문역사는 장구하지만 상세한 문헌은 전무한 상태라 이 책을 발간하기로 했다. 기문둔갑은 천문지리는 물론 인사명리 등 제반사에 관한 길흉을 판단함에 있어서 가장 우수한 학문이며 병법과 법술방면으로도 특징과 장점이 있다. 초학자는 포국편을 열심히 익혀 설국을 자유자재로 할 수 있도록 하고 개인의 이익보다는 보국안민에 일조하기 바란다.

· 도관 박흥식 저

정본 · 관상과 손금

신비한 동양철학 42

바로 알고 사람을 사귑시다

이 책은 관상과 손금은 인생을 행복으로 이끌기 위해 있다는 관점에서 다루었다. 그야말로 관상과 손금의 혁명이라고 할 수 있을 것이다. 여러분도 관상과 손금을 통한 예지력으로 인생의 참주인이 되기 바란다. 용기를 불어넣어 주고 행복을 찾게 하는 것이 참다운 관상과 손금술이다. 이 책으로 미래의 좋은 예지력을 한번쯤 발휘해 보기 바란다. 이 책이 일상사에 고민하는 분들에게 해결방법을 제시해 줄 것이다.

· 지창룡 감수

조화원약 평주

신비한 동양철학 35

명리학의 정통교본!

이 책은 자평진전, 난강망, 명리정종, 적천수 등과 함께 명리학의 교본에 해당하는 것으로 중국 청나라 때 나온 난강망이라는 책을 서낙오 선생께서 설명을 붙인 것이다. 기존의 많은 책들이 격국과 용신으로 감정하는 것과는 달리 십간십이지와 음양오행을 각각 자연의 이치와 춘하추동의 사계절의 흐름에 대입하여 인간의 길흉화복을 알 수 있게 했다.

· 동하 정지호 편역

龍의 穴·풍수지리 실기 100선

신비한 동양철학 30

실전에서 실감나게 적용하는 풍수지리의 길잡이!

이 책은 풍수지리 문헌인 조선조 고무엽(古務葉) 태구승(泰九升) 부집필(父輯筆)로 된 만두산법(巒頭山法), 채성우의 명산론(明山論), 금랑경(錦囊經) 등을 알기 쉬운 주제로 간추려 풍수지리의 길잡이가 되고자 했다. 그리고 인간의 뿌리와 한 사람의 고유한 이름의 중요성을 풍수지리와 연관하여 살펴보아야 하기 때문에 씨족의 시조와 본관, 작명론(作名論)을 같이 편집했다.

· 호산 윤재우 저

동양철학전문출판 삼한

천직·사주팔자로 찾은 나의 직업

신비한 동양철학 34

역경없이 탄탄하게 성공할 수 있는 방법!

잘 되겠지 하는 막연한 생각으로 의욕만 갖고 도전하는 것과 나에게 맞는 직종은 무엇이고 때는 언제인가를 알고 도전하는 것은 근본적으로 다르고, 결과 또한 다르다. 더구나 요즈음은 I.M.F.시대라 하여 모든 사람들이 정신까지 위축되어 생기를 잃어가고 있다. 이런 때 의욕만으로 팔자에도 없는 사업을 시작했다고 하자, 결과는 불을 보듯 뻔하다. 그러므로 이런 때일수록 침착과 냉정을 찾아 내 그릇부터 알고, 생활에 대처하는 지혜로움을 발휘해야 한다.

· 백우 김봉준 저

통변술해법

신비한 동양철학 ㉑

가닥가닥 풀어내는 역학의 비법!

이 책은 역학에 대해 다 알면서도 밖으로 표출되지 않아 어려움을 겪는 사람들을 위한 실습서다. 특히 틀에 박힌 교과서적인 역술의 고정관념에서 벗어나, 한차원 높게 공부할 수 있도록 원리통달을 설명하는데 중점을 두었다. 실명감정과 이론강의라는 두 단락으로 나누어 역학의 진리를 설명했기 때문에 누구나 쉽게 이해할 수 있다. 역학계의 대가 김봉준 선생의 역서 「알기쉬운 해설·말하는 역학」의 후편이다.

· 백우 김봉준 저

주역육효 해설방법上·下

신비한 동양철학 38

한 번만 읽으면 주역을 활용할 수 있는 책!

이 책은 주역을 해설한 것으로, 될 수 있는 한 여러 가지 사설을 덧붙이지 않고 주역을 공부하고 활용하는데 필요한 요건만을 기록했다. 따라서 주역의 근원이나 하도낙서, 음양오행에 대해서도 많은 설명을 자제했다. 다만 누구나 이 책을 한 번 읽어서 주역을 이해하고 활용할 수 있도록 하는데 중점을 두었다.

· 원공선사 저

사주명리학의 핵심

신비한 동양철학 ⑲

맥을 잡아야 모든 것이 보인다!

이 책은 잡다한 설명을 배제하고 명리학자들에게 도움이 될 비법만을 모아 엮었기 때문에 초심자가 이해하기에는 다소 어려운 부분도 있겠지만 기초를 튼튼히 한 다음 정독한다면 충분히 이해할 것이다. 신살만 늘어놓으며 감정하는 사이비가 되지말기를 바란다.

· 도관 박흥식 저

동양철학전문출판 **삼한**

이렇게 하면 좋은 운이 온다

신비한 동양철학 ㉗

한 가정에 한 권씩 놓아두고 볼만한 책 !

좋은 운을 부르는 방법은 방위·색상·수리·년운·월운·날짜·시간·궁합·이름·직업·물건·보석·맛·과일·기운·마을·가축·성격 등을 정확하게 파악하여 자신에게 길한 것은 취하고 흉한 것은 피하면 된다. 간혹 예외인 경우가 있지만 극소수에 불과하고 대부분은 적중하기 때문에 좋은 효과를 본다. 이 책의 저자는 신학대학을 졸업하고 역학계에 입문했다는 특별한 이력을 갖고 있기 때문에 더 많은 화제가 되고 있다.

・역산 김찬동 저

말하는 역학

신비한 동양철학 ⑪

신수를 묻는 사람 앞에서 말문이 술술 열린다!

이 책은 그토록 어렵다는 사주통변술을 이해하기 쉽고 흥미롭게 고담과 덕담을 곁들여 사실적인 인물을 궁금해 하는 사람에게 생동감있게 통변하고 있다. 길흉작용을 어떻게 표현하느냐에 따라 상담자의 정곡을 찔러 핵심을 끄집어내고 여기에 대한 정답을 내려주는 것이 통변술이다. 역학계의 대가 김봉준 선생의 역작이다.

・백우 김봉준 저

술술 읽다보면 통달하는 사주학

신비한 동양철학 ㉗

술술 읽다보면 나도 어느새 도사 !

당신은 당신 마음대로 모든 일이 이루어지던가. 지금까지 누구의 명령을 받지 않고 내 맘대로 살아왔다고, 운명 따위는 믿지도 않고 매달리지 않는다고, 이렇게 말하는 사람들이 많다. 그러나 그것은 우주법칙을 모르기 때문에 하는 소리다.

• 조철현 저

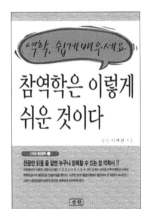

참역학은 이렇게 쉬운 것이다

신비한 동양철학 ㉔

음양오행의 이론으로 이루어진 참역학서 !

수학공식이 아무리 어렵다고 해도 1, 2, 3, 4, 5, 6, 7, 8, 9, 0의 10개의 숫자로 이루어졌듯이, 사주도 음양과 목, 화, 토, 금, 수의 오행으로 이루어졌을 뿐이다. 그러니 용신과 격국이라는 무거운 짐을 벗어버리고 음양오행의 법칙과 진리만 정확하게 파악하면 된다. 사주는 단지 음양오행의 변화일 뿐이고, 용신과 격국은 사주를 감정하는 한가지 방법에 지나지 않는다.

• 청암 박재현 저

동양철학전문출판 삼한

나의 천운 운세찾기

신비한 동양철학 ⑫

놀랍다는 몽골정통 토정비결 !

이 책은 역학계의 대가 김봉준 선생이 놀랍다는 몽공토정비결을 연구 ·분석하여 우리의 인습 및 체질에 맞게 엮은 것이다. 운의 흐름을 알리고자 호운과 쇠운을 강조했으며, 현재의 나를 조명해보고 판단할 수 있도록 했다. 모쪼록 생활서나 안내서로 활용하기 바란다.

· 백우 김봉준 저

쉽게푼 역학

신비한 동양철학 ❷

쉽게 배워서 적용할 수 있는 생활역학서 !

이 책에서는 좀더 많은 사람들이 역학의 근본인 우주의 오묘한 진리와 법칙을 깨달아 보다 나은 삶을 영위하는데 도움이 될 수 있도록 가장 쉬운 언어와 가장 쉬운 방법으로 풀이했다. 역학계의 대가 김봉준 선생의 역작이다.

· 백우 김봉준 저

역산성명학

신비한 동양철학 ㉕

이름은 제2의 자신이다 !

이름에는 각각 고유의 뜻과 기운이 있어서 그 기운이 성격을 만들고 그 성격이 운명을 만든다. 나쁜 이름은 부르면 부를수록 불행을 부르고 좋은 이름은 부르면 부를수록 행복을 부른다. 만일 이름이 거지 같다면 아무리 운세를 잘 만나도 밥을 좀더 많이 얻어 먹을 수 있을 뿐이다. 이 책의 저자는 신학대학을 졸업하고 역학계에 입문했다는 특별한 이력을 갖고 있기 때문에 더 많은 화제가 되고 있다.

· 역산 김찬동 저

작명해명

신비한 동양철학 ㉖

누구나 쉽게 배워서 활용할 수 있는 체계적인 작명법 !

일반적인 성명학으로는 알 수 없는 한자이름, 한글이름, 영문이름, 예명, 회사명, 상호, 상품명 등의 작명방법을 여러 사례를 들어 체계적으로 분석하여 누구나 쉽게 배워서 활용할 수 있도록 서술했다.

· 도관 박흥식 저

동양철학전문출판 **삼한**

관상오행

신비한 동양철학 ⑳

한국인의 특성에 맞는 관상법 !

좋은 관상인 것 같으나 실제로는 나쁘거나 좋은 관상이 아닌데도 잘 사는 사람이 왕왕있어 관상법 연구에 흥미를 잃는 경우가 있다. 이것은 중국의 관상법만을 익히고, 우리의 독특한 환경적인 특징을 소홀히 다루었기 때문이다. 이에 우리 한국인에게 알맞는 관상법을 연구하여 누구나 관상을 쉽게 알아보고 해석할 수 있도록 자세하게 풀어놓았다.

· 송파 정상기 저

물상활용비법

신비한 동양철학 31

물상을 활용하여 오행의 흐름을 파악한다 !

이 책은 물상을 통하여 오행의 흐름을 파악하고, 운명을 감정하는 방법을 연구한 책이다. 추명학의 해법을 연구하고 운명을 추리하여 오행에서 분류되는 물질의 운명 줄거리를 물상의 기물로 나들이 하는 활용법을 주제로 했다. 팔자풀이 및 운명해설에 관한 명리감정법의 체계를 세우는데 목적을 두고 초점을 맞추었다.

· 해주 이학성 저

운세십진법 · 本大路

신비한 동양철학 ❶

운명을 알고 대처하는 것은 현대인의 지혜다!

타고난 운명은 분명히 있다. 그러니 자신의 운명을 알고 대처한다면 비록 운명을 바꿀 수는 없지만 충분히 향상시킬 수 있다. 이것이 사주학을 알아야 하는 이유다. 이 책에서는 자신이 타고난 숙명과 앞으로 펼쳐질 운명행로를 찾을 수 있도록 운명의 기초를 초연하게 설명하고 있다.

・백우 김봉준 저

국운 · 나라의 운세

신비한 동양철학 ㉒

역으로 풀어본 우리나라의 운명과 방향!

아무리 서구사상의 파고가 높다하기로 오천년을 한결같이 가꾸며 살아온 백두의 혼이 와르르 무너지는 지경에 왔어도 누구나 입을 열어 말하는 사람이 없으니 답답하다. IMF라는 특수한 상황에서 불확실한 내일에 대한 해답을 이 책은 명쾌하게 제시하고 있다.

・백우 김봉준

동양철학전문출판 **삼한**

명인재

신비한 동양철학 43

신기한 사주판단 비법 !

살(殺)의 활용방법을 완벽하게 제시하는 책!

이 책은 오행보다는 주로 살을 이용하는 비법이다. 시중에 나온 책들을 보면 살에 대해 설명은 많이 하면서도 실제 응용에서는 무시하고 있다. 이것은 살을 알면서도 응용할 줄 모르기 때문이다. 그러나 이 책에서는 살의 활용방법을 완전히 터득해, 어떤 살과 어떤 살이 합하면 어떻게 작용하는지를 자세하게 설명하고 있다.

· 원공선사 지음

사주학의 방정식

신비한 동양철학 18

가장 간편하고 실질적인 역서 !

이 책은 종전의 어려웠던 사주풀이의 응용과 한문을 쉬운 방법으로 터득할 수 있게 하는데 목적을 두었고, 역학의 내용이 어떤 것이며 무엇이 어디에 속하는지를 알고자 하는데 있다.

· 김용오 저

원토정비결

신비한 동양철학 53

반쪽으로만 전해오는 토정비결의 완전한 해설판

지금 시중에 나와 있는 토정비결에 대한 책들을 보면
옛날부터 내려오는 완전한 비결이 아니라 반쪽의 책이
다. 그러나 반쪽이라고 말하는 사람이 없다. 그것은 주
역의 원리를 모르기 때문이다. 따라서 늦은 감이 없지
않으나 앞으로의 수많은 세월을 생각하면서 완전한 해
설본을 내놓기로 한 것이다.

· 원공선사 저

내가 보고 내가 바꾸는
DIY사주

신비한 동양철학 40

내가 보고 내가 바꾸는 사주비결!

이 책은 기존의 책들과는 달리 한 사람의 사주를 체계
적으로 도표화시켜 한 눈에 파악할 수 있고, DIY라는
책 제목에서 말하듯이 개운하는 방법을 제시하고 있다.
초심자는 물론 전문가도 자신의 이론을 새롭게 재조명
해 볼 수 있는 케이스 스터디 북이다.

· 석오 전 광 지음

남사고의 마지막 예언

신비한 동양철학 29

이 책으로 격암유록에 대한 논란이 끝나기 바란다

감히 이 책을 21세기의 성경이라고 말한다. 〈격암유록〉은 섭리가 우리민족에게 준 위대한 복음서이며, 선물이며, 꿈이며, 인류의 희망이다. 이 책에서는 〈격암유록〉이 전하고자 하는 바를 주제별로 정리하여 문답식으로 풀어갔다. 이 책으로 〈격암유록〉에 대한 논란은 끝나기 바란다.

· 석정 박순용 저

진짜부적 가짜부적

신비한 동양철학 7

부적의 실체와 정확한 제작방법

인쇄부적에서 가짜부적에 이르기까지 많게는 몇백만원에 팔리고 있다는 보도를 종종 듣는다. 그러나 부적은 정확한 제작방법에 따라 자신의 용도에 맞게 스스로 만들어 사용하면 훨씬 더 좋은 효과를 얻을 수 있다. 이 책은 중국에서 정통부적을 연구한 국내유일의 동양오술학자가 밝힌 부적의 실체와 정확한 제작방법을 소개하고 있다.

· 오상익 저

한눈에 보는 손금

신비한 동양철학 52

논리정연하며 바로미터적인 지침서

이 책은 수상학의 연원을 초월해서 동서합일의 이론으로 집필했다. 그야말로 완벽하리만치 논리정연한 수상학을 정리한 것이다. 그래서 운명적, 철학적, 동양적, 심리학적인 면을 예증과 방편에 이르기까지 아주 상세하게 기술했다. 이 책은 수상학이라기 보다 한 인간의 바로미터적인 지침서 역할을 해줄 것이다. 독자 여러분의 꾸준한 연구와 더불어 인생성공의 지침서가 될 수 있을 것이다.

· 정도명 저

만세력 | 사륙배판·신국판
사륙판·포켓판

신비한 동양철학 45

찾기 쉬운 만세력

이 책은 완벽한 만세력으로 만세력 보는 방법을 자세하게 설명했다. 그리고 역학에 대한 기본적인 내용과 결혼하기 좋은 나이·좋은 날·좋은 시간, 아들·딸 태아감별법, 이사하기 좋은 날·좋은 방향 등을 부록으로 실었다.

· 백우 김봉준 저

수명비결

신비한 동양철학 14

주민등록번호 13자로 숙명의 정체를 밝힌다

우리는 지금 무수히 많은 숫자의 거미줄에 매달려 허우적거리며 살아가고 있다. 1분 · 1초가 생사를 가름하고, 1등 · 2등이 인생을 좌우하며, 1급 · 2급이 신분을 구분하는 세상이다. 이 책은 수명리학으로 13자의 주민등록번호로 명예, 재산, 건강, 수명, 애정, 자녀운 등을 미리 읽어본다.

· 장충한 저

운명으로 본 나의 질병과 건강상태

신비한 동양철학 9

타고난 건강상태와 질병에 대한 대비책

이 책은 국내 유일의 동양오술학자가 사주학과 더불어 정통명리학의 양대산맥을 이루는 자미두수 이론으로 임상실험을 거쳐 작성한 표준자료다. 따라서 명리학을 응용한 최초의 완벽한 의학서로 질병을 예방하고 치료하는데 활용한다면 최고의 의사가 될 것이다. 또한 예방의학적인 차원에서 건강을 유지하는데 훌륭한 지침서로 현대의학의 새로운 장을 여는 계기가 될 것이다.

· 오상익 저

오행상극설과 진화론

신비한 동양철학 5

인간과 인생을 떠난 천리란 있을 수 없다

과학이 현대를 설정하여 설명하고 있으나 원리는 동양철학에도 있기에 그 양면을 밝히고자 노력했다. 우주에서 일어나는 모든 일을 과학으로 설명될 수는 없다. 비과학적이라고 하기보다는 과학이 따라오지 못한다고 설명하는 것이 더 솔직하고 옳은 표현일 것이다. 특히 과학분야에 종사하는 신의사가 저술했다는데 더 큰 화제가 되고 있다.

· 김태진 저

사주학의 활용법

신비한 동양철학 17

가장 실질적인 역학서

우리가 생소한 지방을 여행할 때 제대로 된 지도가 있다면 편리하고 큰 도움이 되듯이 역학이란 이와같은 인생의 길잡이다. 예측불허의 인생을 살아가는데 올바른 안내자나 그 무엇이 있다면 그 이상 마음 든든하고 큰 재산은 없을 것이다.

· 학선 류래웅 저

동양철학전문출판 **삼한**

쉽게 푼 주역

신비한 동양철학 10

귀신도 탄복한다는 주역을 쉽고 재미있게 풀어놓은 책

주역이라는 말 한마디면 귀신도 기겁을 하고 놀라 자빠진다는데, 운수와 일진이 문제가 될까. 8×8=64괘라는 주역을 한 괘에 23개씩의 회답으로 해설하여 1472괘의 신비한 해답을 수록했다. 당신이 당면한 문제라면 무엇이든 해결할 수 있는 열쇠가 이 한 권의 책 속에 있다.

· 정도명 저

핵심 관상과 손금

신비한 동양철학 54

사람을 볼 줄 아는 안목과 지혜를 알려주는 책

오늘과 내일을 예측할 수 없을만큼 복잡하게 펼쳐지는 현실에서 살아남기 위해서는 사람을 볼줄 아는 안목과 지혜가 필요하다. 시중에 관상학에 대한 책들이 많이 나와있지만 너무 형이상학적이라 전문가도 이해하기 어렵다. 이 책에서는 누구라도 쉽게 보고 이해할 수 있도록 핵심만을 파악해서 설명했다.

· 백우 김봉준 저

진짜궁합 가짜궁합

신비한 동양철학 8

남녀궁합의 새로운 충격

중국에서 연구한 국내유일의 동양오술학자가 우리나라 역술가들의 궁합법이 잘못되었다는 것을 학술적으로 분석·비평하고, 전적과 사례연구를 통하여 궁합의 실체와 타당성을 분석했다. 합리적인 「자미두수궁합법」과 「남녀궁합」 및 출생시간을 몰라 궁합을 못보는 사람들을 위하여 「지문으로 보는 궁합법」 등을 공개한다.

· 오상익 저

좋은꿈 나쁜꿈

신비한 동양철학 15

그날과 앞날의 모든 답이 여기 있다

개꿈이란 없다. 꿈은 반드시 미래를 예언한다. 이 책은 프로이드의 정신분석학적인 입장이 아닌 미래판단의 근거에 입각한 예언적인 해몽학이다. 여러 형태의 꿈을 체계적으로 정리했으니 올바른 해몽법으로 앞날을 지혜롭게 대처해 보자. 모쪼록 각 가정에서 한 권씩 두고 이용하면 생활하는데 많은 도움이 될 것이다.

· 학선 류래웅 저

동양철학전문출판 **삼한**

완벽 만세력

신비한 동양철학 58

착각하기 쉬운 썸머타임 2도 인쇄

시중에 많은 종류의 만세력이 나와있지만 이 책은 단순한 만세력이 아니라 완벽한 만세경전으로 만세력 보는 법 등을 실었기 때문에 처음 대하는 사람이라도 쉽게 볼 수 있도록 편집되었다. 또한 부록편에는 사주명리학, 신살종합해설, 결혼과 이사택일 및 이사방향, 길흉보는 법, 우주천기와 한국의 역사 등을 수록했다.

· 백우 김봉준 저

周易·토정비결

신비한 동양철학 40

토정비결의 놀라운 비결

지금 시중에 나와 있는 토정비결에 대한 책들을 보면 옛날부터 내려오는 완전한 비결이 아니라 반쪽의 책이다. 그러나 반쪽이라고 말하는 사람이 없다. 그것은 주역의 원리를 모르기 때문이다. 따라서 늦은 감이 없지 않으나 앞으로의 수많은 세월을 생각하면서 완전한 해설본을 내놓기로 했다.

· 원공선사 저

현장 지리풍수

신비한 동양철학 48

현장감을 살린 지리풍수법

풍수를 업으로 삼는 사람들이 진(眞)과 가(假)를 분별할 줄 모르면서 24산의 포태사묘의 법을 익히고는 많은 법을 알았다고 자부하며 뽐내고 있다. 그리고는 재물에 눈이 어두워 불길한 산을 길하다 하고, 선하지 못한 물(水)을 선하다 하면서 죄를 범하고 있다. 이는 분수 밖의 것을 망녕되게 바라기 때문이다. 마음 가짐을 바로하고 고대 원전에 공력을 바치면서 산간을 실사하며 적공을 쏟으면 정교롭고 세밀한 경지를 얻을 수 있을 것이다.

· 전항수 · 주관장 편저

완벽 사주와 관상

신비한 동양철학 55

사주와 관상의 핵심을 한 권에

자연과 인간, 음양(陰陽)오행과 인간, 사계와 절후, 인상(人相)과 자연, 신(神)들의 이야기 등등 우리들의 삶과 관계되는 사실적 관계로만 역(易)을 설명해 누구나 쉽게 이해할 수 있도록 썼으며 특히 역(易)에 대한 관심과 흥미를 갖게 하고자 인상학(人相學)을 추록했다. 여기에 추록된 인상학(人相學)은 시중에서 흔하게 볼 수 있는 상법(相法)이 아니라 생활상법(生活相法) 즉 삶의 지식과 상식을 드리고자 했으니 생활에 유익함이 있기를 바란다.

· 김봉준 · 유오준 공저

동양철학전문출판 삼한

해몽·해몽법

신비한 동양철학 50

해몽법을 알기 쉽게 설명한 책

인생은 꿈이 예지한 시간적 한계에서 점점 소멸되어 가는 현존물이기 때문에 반드시 꿈의 뜻을 따라야 한다. 이것은 꿈을 먹고 살아가는 인간 즉 태몽의 끝장면인 죽음을 향해 달려가고 있는 인간이기 때문이다. 꿈은 우리의 삶을 이끌어가는 이정표와도 같기에 똑바로 가도록 노력해야 한다.

· 김종일 저

역점

신비한 동양철학 57

우리나라 전통 행운찾기

주역을 무조건 미신으로 치부해버리는 생각은 버려야 한다. 주역이 점치는 책에만 불과했다면 벌써 그 존재가 없어졌을 것이다. 그러나 오랫동안 많은 학자가 연구를 계속해왔고, 그 속에서 자연과학과 형이상학적인 우주론과 인생론을 밝혀, 정치·경제·사회 등 여러 방면에서 인간의 생활에 응용해왔고, 삶의 지침서로써 그 역할을 했다. 이 책은 한 번만 읽으면 누구나 역점가가 될 수 있으니 생활에 도움이 되길 바란다.

· 문명상 편저

명리학연구

신비한 동양철학 59

체계적인 명확한 이론

이 책은 명리학 연구에 핵심적인 내용만을 모아 하나의 독립된 장을 만들었다. 명리학은 분야가 넓어 공부를 하다보면 주변에 머무르는 경우가 많아, 주요 내용을 잃고 헤매는 경우가 많다. 그러므로 뼈대를 잡는 것이 중요한데, 여기서는 「17장. 명리대요」에 핵심 내용만을 모아 학문의 체계를 잡는데 용이하게 하였다.

・권중주 저

쉽게 푼 풍수

신비한 동양철학 60

현장에서 활용하는 풍수지리법

산도는 매우 광범위하고, 현장에서 알아보기 힘들다. 더구나 지금은 수목이 울창해 소조산 정상에 올라가도 나무에 가려 국세를 파악하는데 애를 먹는다. 그러므로 사진을 첨부하니 많은 도움이 되길 바란다. 물론 결록에 있고 산도가 눈에 익은 것은 혈 사진과 함께 소개하니 참고하기 바란다. 이 책을 열심히 정독하면서 답산하면 혈을 알아보고 용산도 할 수 있을 것이다.

・전항수・주장관 편저

동양철학전문출판 삼한

올바른 작명법

신비한 동양철학 61

세상의 부모들에게 가장 소중한 것이 무엇이냐고 물으면 누구든 자녀라고 할 것이다. 그런데 왜 평생을 좌우할 이름을 함부로 짓는가. 이름이 얼마나 소중한지를. 이름의 오행작용이 사람의 일생을 어떻게 좌우하는지를 모르기 때문이다. 세상만물은 음양오행의 영향을 받지 않는 것이 없다. 봄이 가면 여름이 오고, 여름이 가면 가을이 오고, 가을이 가면 겨울이 오고, 겨울이 가면 봄이 오는 것 또한 음양오행의 원리다.

· 이정재 저

신수대전

신비한 동양철학 62

흉함을 피하고 길함을 부르는 방법

신수를 보는 방법은 여러 가지가 있는데 대부분이 주역과 사주추명학에 근거를 둔다. 수많은 학설 중에서 몇 가지를 보면 사주명리, 자미두수, 관상, 점성학, 구성학, 육효, 토정비결, 매화역수, 대정수, 초씨역림, 황극책수, 하락리수, 범위수, 월영도, 현무발서, 철판신수, 육임신과, 기문둔갑, 태을신수 등이다. 역학에 정통한 고사가 아니면 제대로 추단하기 어려운데 엉터리 술사들이 넘쳐난다. 그래서 누구나 자신의 신수를 볼 수 있도록 몇 가지를 정리했다.

· 도관 박흥식

음택양택

신비한 동양철학 63

현세의 운 · 내세의 운

이 책에서는 음양택명당의 조건이나 기타 여러 가지를 설명하여 산 자와 죽은 자의 행복한 집을 만들 수 있도록 했다. 특히 죽은 자의 집인 음택명당은 자리를 옳게 잡으면 꾸준히 생기를 발하여 흥하나, 그렇지 않으면 큰 피해를 당하니 돈보다도 행·불행의 근원인 음양택명당에 관심을 기울여야 한다.

· 전항수 · 주장관 지음

이런 집에 살아야 잘 풀린다

신비한 동양철학 64

운이 트이는 좋은 집 알아보는 비결

힘든 상황에서 내 가족이 지혜롭게 대처하고 건강을 지켜주는, 한마디로 운이 트이는 집은 모두의 꿈일 것이다. 가족이 평온하게 생활할 수 있는 집, 나가서는 발전을 가져다 줄 수 있는 그런 집이 있다면 얼마나 좋을까? 그런 소망에 한 걸음이라도 가까워지려면 막연하게 운만 기대해서는 안 된다. '호랑이를 잡으려면 호랑이 굴로 들어가라'는 속담이 있듯이 좋은 집을 가지려면 그만한 노력이 있어야 한다.

· 강현술 · 박흥식 감수

사주에 모든 길이 있다

신비한 동양철학 65

사주를 간명하는데 조금이라도 도움이 되었으면 하는 바람에서 이 책을 쓰게 되었다. 간명의 근간인 오행의 왕쇠강약을 세분해서 설명했다. 그리고 대운과 세운, 세운과 월운의 연관성과, 십신과 여러 살이 운명에 미치는 암시와, 십이운성으로 세운을 판단하는 법을 설명했다.

· 정담 선사 편저

사주학

신비한 동양철학 66

5대 원서의 핵심과 실용

이 책은 사주학을 체계적으로 공부하려는 학도들을 위해 꼭 알아야 할 내용과 용어를 수록하는데 중점을 두었다. 이 학문을 공부하려고 찾아온 사람들에게 여러 가지 질문을 던져보면 거의 기초지식이 시원치 않다. 그런 상태로 사주를 읽으려니 제대로 될 리가 없다. 이 책으로 용어와 제반지식을 터득하면 빠른 시일에 소기의 목적을 이룰 수 있을 것이다.

· 글갈 정대엽 저

주역 기본원리

신비한 동양철학 67

주역의 기본원리를 통달할 수 있는 책

이 책에서는 기본괘와 변화와 기본괘가 어떤 괘로 변했을 경우 일어날 수 있는 내용들을 설명하여 주역의 변화에 대한 이해를 돕는데 주력하였다. 그러나 그런 내용을 구분할 수 있는 방법을 전부 다 설명할 수는 없기에 뒷장에 간단하게설명하였고, 다른 책들과 설명의 차이점도 기록하였으니 참작하여 본다면 조금이나마 도움이 될 것이다.

· 원공선사 편저

사주특강

신비한 동양철학 68

자평진전과 적천수의 재해석

이 책은 『자평진전(子平眞詮)』과 『적천수(滴天髓)』를 근간으로 명리학(命理學)의 폭넓은 가치를 인식하고, 실전에서 유용한 기반을 다지는데 중점을 두고 썼다. 일찍이 『자평진전(子平眞詮)』을 교과서로 삼고, 『적천수(滴天髓)』로 보완하라는 서낙오(徐樂吾)의 말에 깊이 공감한다.

청월 박상의 편저